Ergebnisse der Pränatalen Psychologie
Band 2

Herausgegeben von Ludwig Janus
für die Internationale Studiengemeinschaft
für Pränatale und Perinatale Psychologie
und Medizin (ISPPM)
www.isppm.de

Gustav H. Graber

Vorgeburtliche Wurzeln der Individuation

Im Gedenken an Leben und Werk von Gustav H. Graber

Herausgegeben von
Alfons Reiter

Mattes Verlag Heidelberg

Herausgeber:
Prof. Dr. Alfons Reiter
Hellbrunner Straße 34
5020 Salzburg
Österreich
alfons.reiter@sbg.ac.at

Bibliographische Information Der Deutschen Bibliothek
Die Deutsche Bibliothek verzeichnet diese Publikation in der Deutschen Nationalbibliographie; detaillierte bibliographische Daten sind im Internet über http://dnb.ddb.de abrufbar.

ISBN 3-930978-78-4
Mattes Verlag 2005. Hergestellt in Deutschland

Inhaltsverzeichnis

Einleitung
    Alfons Reiter 7

■ **Biographie, Einbettung Grabers in die Ideengeschichte der Tiefenpsychologie**

Leben und Werk von Gustav Hans Graber (1893–1982)
    Eva Eichenberger 15

Von der Ambivalenz zum Ursprung. Fakten und Überlegungen zu den grundlegenden Einsichten Gustav Hans Grabers
    Sepp Schindler 31

Die Stellung Gustav Hans Grabers im Prozeß der psychoanalytischen Forschung
    Ludwig Janus 41

■ **Philosophische und evolutionsbiologische Aspekte**

Der personale Aspekt im Individuationsprozeß: Versuch einer Würdigung des Anliegens von Gustav Hans Graber
    Augustinus Karl Wucherer-Huldenfeld 53

Das Versagen absoluter Individuierung. Zur philosophischen Ambiguität von Grabers Idee der Selbstverwirklichung
    Artur R. Boelderl 67

Graber Reloaded. Zum evolutionsbiologischen Sinn einer pränatalpsychologischen Teleologie
    Horia Crisan 79

■ **Pränatale Psychotraumatologie**

Bilder als Halt und Bindemöglichkeit am Abrißpunkt – dem Fokus höchsten Schmerzes und größter Einsamkeit
    Natascha Unfried 89

Die therapeutische Arbeit mit pränatalen existentiellen Erfahrungen
Renate Hochauf 97

Schwere Seelenverletzungen und ihre Auswirkungen
auf das werdende Leben
Margret Overdick 109

■ Grabers Selbstbegriff. Jungsche, transpersonale Ansätze

Gustav H. Graber
Vom „unbewußten vorgeburtlichen Selbst" zum „bewußten Selbst"
Alfons Reiter 127

Immer im Keime liegt das Geheimnis, das reift
Leo Prothmann 139

Auf dem Weg zu einer Psychologie des Bewußtseins
Wilfried Belschner 151

Liebeskraft als Erkenntniskraft
Grundzüge einer spirituellen Wissenschaft
Claus Eurich 187

Östliche Wege zum Selbst
Christine Schönherr 205

■ Pränatalzeit und Kunst

Ursprungsbilder
Alfons Reiter 215

Pränatale Koenästhesie und bildliche Symbolisierungen
Ruth Hampe 221

■ Begegnung mit Graber

Dr. phil. Gustav Hans Graber, 1893–1982
Gedanken, Eindrücke und Erinnerungen eines ehemaligen Schülers
und Lehranalysanden
Gerhard Juchli 235

Ansprache anläßlich des 80. Geburtstages von Gustav H. Graber (1973)
Gerhard Juchli 247

Einleitung
Gustav Hans Graber – ein Pionier der Psychoanalyse und der pränatalen Psychologie

Alfons Reiter

Gustav Hans Graber (1893–1982) reiht sich würdig in die Reihe der Pioniere der Psychoanalyse bzw. Tiefenpsychologie ein. Er ergänzte ihre Hauptvertreter in substantieller Weise durch seine psychogenetische Entwicklungssicht des Seelischen. So war er der Ansicht, nicht nur die körperliche, sondern auch die psychische Entwicklung des Menschen sei von der Zeugung an über das Intrauterin-Dasein, Geburt und nachgeburtliche Reifung bis zum Tode nur als unteilbare Ganzheit zu betrachten und zu verstehen.

Wie *Ludwig Janus* ausführt, ist nach Graber das „Seelenleben des Ungeborenen" ein Bezugspunkt der Erwachsenenidentität und Individuation, gleichsam ein Hintergrundfilm, von dem tiefe Motivationen und Orientierungen ausgehen. Die modernen bildgebenden Verfahren, die uns den Embryo und Föten von Anfang an dreidimensional beobachten lassen, ermutigen uns, uns mit diesen Einsichten neu auseinanderzusetzen. Was lange Zeit als bloße Spekulation abgetan wurde, wird heute durch die Forschungsergebnisse der Pränatalen Psychologie, Medizin, Embryologie und Gehirnforschung weitgehend gestützt.

In Anbetracht der wichtigen Erkenntnisse Grabers ist es verwunderlich, daß er nahezu vergessen wurde, ja seine Beiträge von Anfang an kaum registriert wurden. Seine Dissertation „Die Ambivalenz des Kindes" erschien im gleichen Jahr (1924) wie das bekanntere Werk „Das Trauma der Geburt" von Otto Rank. Wie dieses wurde auch Grabers Werk aus der psychoanalytischen Tradition ausgegrenzt, weil seine Gedanken die Dogmen der Trieblehre – wie auch die von Jung, Adler und Reich – untergruben. Die Ausgrenzung – so Janus – gehöre zur Dynamik des analytischen Forschungsprozesses. Das Ausgegrenzte bleibt dennoch wirksam und induziert Reintegrations- und Wachstumstendenzen.

Für viele Beiträge Grabers ist eine solche Reintegration nun an der Zeit.

Ausgrenzungen erfolgen nicht nur auf Grund einer Abwehr des Neuentdeckten. Häufig sind solche Widerstände von der Psyche des Betreffenden unbewußt selbst geweckt: Erkenntniskonzepte und Theorien werden von Menschen entwickelt. Sie sind eng mit der Biographie des Forschers verwoben. Handelt es sich um Beiträge zum Menschenbild, sind sie Ausdruck und Stationen seiner Persönlichkeitsentwicklung, Stationen einer progressiven Bewußtwerdung. Diese wird nur so weit freigegeben, wie Widerstände gegen nicht Bewußtseinsfähiges dabei überwunden werden können.

So geben Persönlichkeitskonzepte neue Sichten frei, aber verhüllen gleichzeitig, was der Forscher selbst noch nicht sehen darf. Dies wird umso mehr der Fall sein, wenn es sich um besonders sensible Bereiche unserer Existenz handelt, wie unsere vorgeburtliche Zeit, die unsere Erfahrungsbasis bildet, aber ins nachgeburtliche Ich nur mangelhaft integriert werden kann. Graber spricht in diesem Zusammenhang von „Urwiderständen", die sich den betreffenden Erlebnisinhalten entgegenstellen.

Aus dieser Perspektive kommt der Wiederentdeckung Grabers besondere Bedeutung zu. Durch ihn erhalten wir Einsichten in die Dialektik von „innerem Entwicklungswissen" zu besonders sensiblen und frühen Bereichen unserer Existenz, der vorgeburtlichen psychischen Entwicklung, aber auch den Kräften, die sich der Bewußtwerdung dieser Inhalte entgegenstellen. So erfahren wir die Stärken, aber auch die Begrenzungen seines Konzeptes. Uns wird nahegebracht, was wir selbst zu bedenken haben, wenn wir uns mit diesem Forschungsgebiet beschäftigen.

Die Stärken Grabers liegen in der Tiefe seiner Intuition für die Wirklichkeit des vorgeburtlichen Seelischen, wie er sie sich in seiner Selbsterfahrung und seinen Therapien erschlossen hat. Dieses Gespür für das vorgeburtliche seelische Erleben hat ihn, wie *Ludwig Janus* ausführt, zum Begründer und Pionier der pränatalen Psychologie gemacht. Was seine Intuition freilegte, tendierten allerdings gleichzeitig diejenigen Kräfte zu verschleiern, die sich einer Freilegung solch verwundbarer Bereiche entgegensetzten, wie es im besonderen vorgeburtliche Erfahrungsinhalte sind. So kam es in seinem Werk zu einer Verdichtung einer intuitiv erfaßten und feinsinnig herausgearbeiteten psychischen Entwicklung vom Ursprung an und einem apriorischen ontologischen Selbstbegriff („vorgeburtliches unbewußtes Selbst").

Wohl zurückführend auf eine eigene frühe psychische Traumatisierung, von der *Eva Eichenberger* berichtet, war Grabers Entwicklungsperspektive nicht positiv in die Zukunft, sondern zum Ursprung zurückgewandt. Er idealisierte das vorgeburtliche Leben und bewertete das nachgeburtlich entstandene Ich negativ. In indischen Weisheitslehren und bei Romantikern, hier besonders Carl Gustav Carus, fand er Vorbilder für seine Annahmen.

Diese Haltung prägte sein gesamtes Werk und kommt besonders in seinem zentralen Aufsatz „Ursprung, Zwiespalt und Einheit der Seele" zum Ausdruck, auf den die meisten der hier referierten Autoren Bezug nehmen.* Der Text beginnt mit einem leidenschaftlichen Bekenntnis zur „Einheit der vorgeburtlichen Seele", die nach Graber die eigentliche Seele ist. Anschließend werden die Folgen des ökologischen Wandels mit der Geburt, die Bildung des nachgeburtlichen zwiespältigen Ichs im Umgang mit den Trieben und der daraus resultierenden Ambivalenz herausgearbeitet. Das aus dem nachgeburtlichen Zwiespalt entstandene Ich wird dabei zum Gegenspieler des „vorgeburtlichen, unbewußten Selbst". Der abschließende dritte Teil wird zu einem Manifest für das „bewußte Selbst". Graber fordert, die Ambivalenz des Ichs müsse aufgehoben und zur Einheit mit dem bewußten Selbst geführt werden. Das Streben nach dieser Einheit – ein Drang zur Selbstverwirklichung – sei im „vorgeburtlichen unbewußten Selbst" grundgelegt. *Alfons Reiter* geht in seinem Beitrag näher auf diese These ein.

Insgesamt zerfällt diese Hauptwerk Grabers in auffälliger Weise in zwei Positionen: Einerseits findet sich ein Denken vom Ursprung her, die absolute Stellung des „vorgeburtlichen, unbewußten Selbst", das zum „bewußten Selbst" werden soll. Auf der anderen Seite steht die analytische Aufarbeitung der nachgeburtlichen Ambivalenz- und Ich-Entwicklung. Die jeweiligen Sichtweisen sind von entgegengesetzten Paradigmen bestimmt. Wie aber kommt Graber nun von der nachgeburtlichen Ambivalenz zum Denken vom Ursprung her, zum Wissen um das „vorgeburtliche Selbst"? *Sepp Schindler* geht in seinem Beitrag dieser Frage nach.

Von ihm erfahren wir, daß Graber erst im Vorwort des ersten Bandes seiner Gesammelten Schriften von seinem „Erleuchtungserlebnis" in seiner ersten Analyse berichtet, und wie dieses einen Quell der Kreativität erschloß, der zeitlebens nicht versiegte. Erst später verband er diese Erfahrung – einem Gedanken Franz Alexanders folgend – mit dem Nirwanaerlebnis Buddhas. Diese Erfahrung verband ihn mit seinem Ursprung und ließ ihn von der Zeugung ins Leben hinein blicken und aus dieser Perspektive den Verkörperungsweg der Seele verfolgen. Diese Sichteise ist in östlichen Traditionen beheimatet, wie *Christine Schönherr* zeigt. Sie sind Wege zum Selbst und Variationen der Selbstverwirklichung.

Graber beschäftigte sich eingehend mit den indischen Erlösungslehren. Er war, wie *Horia Crisan* ausführt, überzeugt davon, daß wir bei der Selbstwerdung viel von diesen lernen könnten. In seinen Büchern finden sich Verweise auf die einschlägigen Werke der indischen bzw. vedantischen Weisheitsliteratur. In vielen handschriftlich verfaßten Randbemerkungen wird deutlich, wie sehr er sich mit dem Selbstbegriff indischer Weisheitslehren identifizierte. Für den westlich sozialisierten Menschen – so Crisan

---

* Interessierte finden einen Abdruck in Internet unter
http://graber-symposium.sbg.ac.at/literatur.htm

– bestehe die Gefahr, daß er Elemente dieser Traditionen auf Grund einer regressiven Sehnsucht nach Verschmelzung und Alleinsein übernimmt und damit aus der Realität flüchtet. Auch bei Graber werde deutlich, wo seine Hinwendung zum vedantischen Selbstbegriff regressiven Zielen dient. Sein Hauptwerk wird von der Idealisierung des „vorgeburtlichen unbewußten Selbst" dominiert. Der Schlußteil ist von missionarischem Geist beseelt. Im Gegenzug werden die nachgeburtliche Zeit und das hier aus Not entstandene Ich negativ bewertet.

In Grabers Individuationsweg fehlt weitgehend der „personale Aspekt". Personales Sein, so führt *Augustinus Wucherer-Huldenfeld* aus, gehe über sich hinaus, überschreite sich selbst „transpersonal" und sei aufeinander bezogen. Bei Graber ist die Erfahrung der vorgeburtlichen Dualeinheit mit der Mutter das Bestimmende. In seinen Beziehungen fand er nicht zu einem personalen Du. Er agierte beziehungsvermeidend. In so einer Position besteht die Gefahr, Spiritualität in einer ausschließlichen Rückbindung zum essentiellen Selbst als Flucht aus der Realität zu nutzen.

In Grabers „Literarischen Schriften" (Graber, Bd. 4) kommt sein Kampf zwischen idealisierender Liebe und Angst und Flucht vor einer realen Beziehung zum Ausdruck. Die Dichtung „Ardschuna" läßt die Art seiner Probleme erahnen. Er fühlte sich hin und her gerissen zwischen ausgeprägtem Ehrgeiz und dem Bedürfnis nach Anklammerung, Verschmelzung und Erlösung vom Ich. *Eva Eichenberger* zitiert Graber in einer persönlichen Mitteilung: „Damals glaubte ich noch, das unbewußte Selbst im Du zu finden. Später ersetzte ich das Du durch den Begriff des bewußten Selbst".

Das Streben nach der Einheit im bewußten Selbst kann auch im Dienste des Widerstandes stehen und so zu einer Verweigerung der Individuation werden. *Arthur Boelderl* führt aus, im Gegensatz zur angesagten Desillusionierung des Subjektes in der Psychoanalyse werde in diesem Falle die Aufrechterhaltung und Stärkung einer Illusion von der Verwirklichung eines „wahren" Kerns, dem Selbst, gefordert. Graber geriet in Gefahr, einer Illusion aufzusitzen: Wenn man nur den richtigen Weg gehe, könne die vorgeburtliche Ganzheit ins bewußte Erleben und Erkennen gebracht werden. Mit zunehmender Einsicht in die psychische Entwicklung im Vorgeburtlichen liegt die Einsicht nahe, daß die Möglichkeiten der „Ganzwerdung" bzw. Individuierung nachgeburtlich nur begrenzt möglich ist. Ein therapeutisches Ziel kann es so nur sein, die Begrenztheit dieser Annäherung zu erkennen.

Horia Crisan fragt, ob Graber nicht mit diesen quasireligiösen Schlüssen unbewußt den Lockrufen einer Idealisierungstendenz als Folge eigener dramatischer Erfahrungen erlag. Grabers Bewertung des postnatalen Ichs ist negativ, während er die frühen Erfahrungen idealisiert und als eine

Art Erlösung darstellt. Aus evolutionsbiologischer Sicht lasse sich das Ich schwer auf ein psychodynamisches Phänomen zurückführen. Das semantische Bewußtsein erhöht unsere Anpassungsfähigkeiten. Allerdings sei es ein noch junges Experiment der Evolution mit noch nicht absehbarem Ausgang. Aus evolutionsbiologischer Sicht werde die Abwehr gegen solch frühe „Erfahrungen" verstehbar. Archaische Formen des Ichs beherbergten archaische Erfahrung des intrauterinen Einsseins und der existenziellen Bedrohungen. Diese seien mit dem späteren Ich ungenügend verknüpft; ihr Auftauchen bewirke Ängste. Ziel der Erfahrungen aus den Tiefenregressionen sei nicht die Aufhebung des Ichs, sondern die Annäherung an das, was von den frühesten Wurzeln seines Ichs einem selbst bewußt werden solle.

Die Haltung dem Ich gegenüber bleibt bei Graber unklar definiert. Das Ziel der Individuation sei die Überwindung des Ichs, damit der „Kraftstrom aus dem unbewußten Selbst" wirksam werden könne. Er fordert eine Überwindung des Ichs. Es geht ihm laut *Leo Prothmann* um eine Lösung und Erlösung vom Ich. Aber welche Instanz sollte den erstrebenswerten Zustand im „bewußten Selbst" noch wahrnehmen, wenn nicht ein „Ich" in der Einheit mit dem unbewußten Selbst, das in dieser Einheit zum „bewußten Selbst" wird? C. G. Jung sagt dazu deutlich: Das Selbst sorgt für die ganzheitliche Sicht. Das Ich ist die Instanz des Bewußtseins. Die Aufgabe des Ichs ist es, das Wissen aus dem Selbst sinnenhaft wahrzunehmen. Das Ich – so Jung – ist nicht nur eine Bürde, sondern auch ein Geschenk der Evolution, das nicht auf dem Altar einer religiös verklärten Regression geopfert werden sollte.

Graber selbst beklagte oft, daß er 50 Jahre lang eine Studiengemeinschaft mit sich allein betrieben habe. Er erlebte immer wieder Enttäuschung, wenn seine Gedanken nicht verstanden wurden. Das lag nicht nur am sensiblen Inhalt seines Forschungsbereichs, sondern auch in seiner Person begründet.

Um seine Erkenntnisse für die Forschung wie auch für die eigene Persönlichkeitsentwicklung zu nützen, müssen wir die Widerstände erkennen, die ihm auf seinem Bewußtwerdungsweg – möglicherweise – zu Entwicklungsfallen wurden.

Die Intensität, mit der Gustav Hans Graber den Weg zum „bewußten Selbst" beschwört, diesen Weg aber beziehungsvermeidend, ichabwertend und in einer Weise der Selbsterlösung anstrebt, läßt eine regressive Tendenz, das heißt diese Form der Spiritualität als Widerstandsprodukt, vermuten.

Diese Haltung kann heute im Lichte der Psychotraumatologie, und hier im Besonderen bei frühesten psychischen Traumatisierungen, differenzierter verstanden werden. *Natascha Unfried* geht in ihrem Beitrag von den

Erkenntnissen der Gehirnforschung aus, in denen deutlich wird, daß auch spirituelle Positionen aus einem Überlebenskampf sich speisen können: Mythenbildung steht der Bewußtseinsentwicklung Pate. Ohne Zeitempfinden ist kein Bewußtsein möglich. Es wird somit zwangsläufig mit der eigenen begrenzten Zeit konfrontiert, die es mit Mythenbildungen zu transzendieren sucht, um damit den Tod zu übersteigen. In lebensbedrohlichen Situationen werden basale Gehirnfunktionen bemüht, um dem befürchteten Ende zu entkommen. Wir greifen auf früheste Erfahrungen – bisweilen auch auf pränatale – zurück, wo wir diesem Druck entkommen können. Selbstentwicklung ist auf Impulse der Außenwelt angewiesen, um zwischen dem Selbst und den anderen zu unterscheiden. Fallen diese wie bei traumabedingten Abspaltungen aus, bleibt das Selbst endlos mit allem verbunden.

Untersuchungen bei Menschen mit spirituellen Erfahrungen – so Unfried – hätten dafür gemeinsame biologische Ursachen finden lassen. In Traumapositionen komme es zu „intrapsychischen Rettungsillusionen"; auf der biologischen Ebene zum Erleben von Leichtigkeit, Schweben, hellem Licht, einem Eintauchen in eine vernetzte Einheit als Überlebensmöglichkeit. Solche Zustände werden auch bei Nah-Tod-Erfahrungen beschrieben. Wie *Eva Eichenberger* ausführt, können bei Graber frühe Extrembelastungen kumuliert beobachtet werden. Es wäre möglich, daß er Dissoziationen in die intrapsychische Rettungsillusion als traumakompensatorisches Schema einbaute.

Ähnliches sei – so schreibt *Renate Hochauf* – besonders in der therapeutischen Arbeit mit pränatalen existenziellen Erfahrungen zu beachten. Die Erkenntnisse der Pränatalforschung weisen den pränatalen Entwicklungsraum – im Gegensatz noch zur früheren Vorstellung Grabers – als störbaren und auch psychisch traumatisierbaren Zeitraum aus. Es scheint die Möglichkeit zu bestehen, Erfahrungen als einen bestimmten physiologischen, emotionalen und Seinszustand zu konservieren. Das ergäben Kernprägungen vorgeburtlicher Erfahrungen, die – nachgeburtlich – reizbezogen reaktiviert werden könnten. In der Traumabearbeitung sei es wichtig, die eingefrorenen und abgespaltenen „Jetzt-Tod-Erfahrungen" in der „Jetzt-Präsenz" zu verankern, um das strukturelle Defizit „heilend" auszugleichen. Hochauf schließt: „Erst dann aber können auch mit diesen Depersonalisationen einhergehende transpersonale Erfahrungen als spiritueller Zugang realisiert werden. Dieser stellt dann nicht eine traumakompensatorische Flucht aus der Welt, sondern die Bewahrung einer uns erst im Angesicht des Todes offensichtlich gewahr werdende Erfahrung des universellen Aufgehobenseins dar."

Hochauf verweist auf Wichtiges: Erst mit der „heilenden" Reintegration von „Jetzt-Tod-Erfahrungen" am Abschaltpunkt höchster Bedrohung, wo die Produktion von Rettungsphantasien Überlebenswert hat, kann die „traumakompensatorische Flucht" zugunsten der Bewahrung einer uns erst im Angesicht des Todes offensichtlich gewahr werdenden Erfahrung des „universellen Aufgehobenseins" getauscht werden.

Spirituelle Positionen sind nicht generell als regressive Phänomene zu betrachten, können aber im Dienste der Abwehr stehen. Entscheidend dabei ist, ob die Essenz des Inhaltes regressiv, verschmelzend, Ich-aufgebend ist, oder progressiv in einer dialektischen Rückgewinnung des Wissens aus dem Selbst im „wahrnehmenden und erkennenden Ich" erfahren und mit diesem zu einer Einheit werden kann. Dies bedeutet auf Leben und Werk Grabers bezogen: Was für Graber so drängend hinter seinem Streben nach dem „bewußten Selbst" stand, ist – möglicherweise – hinter einer Traumaabwehr verhüllt und wird auch für uns erst frei, wenn wir seine Gedanken aus seinen widerstandsbedingten Verhüllungen entbinden.

Kann dies berücksichtig werden, so erhalten wir durch das Werk Grabers wichtige Erkenntnisse für den Verkörperungsweg der Seele, die Entwicklung des pränatalen psychischen Erlebens und dessen Wirkfeld für die ganze weitere Entwicklung. Es ergeben sich wichtige Verbindungsstücke und Ergänzungen zur psychoanalytischen Theoriebildung und der Jungschen Individuationslehre. Beiden Konzepten bietet Graber eine Entwicklungspsychologie vom Ursprung als Ergänzung her an.

Graber ist mit seinem Weg vom „vorgeburtlichen unbewußten Selbst" zum „bewußten Selbst" auch ein Wegbereiter der Transpersonalen Psychologie und Transpersonalen Psychotherapie. Entwicklung als Selbstwerdung ist von einer progressiven Bewußtseinserweiterung begleitet. Graber fordert dazu eine Psychologie des Bewußtseins, die das auch berücksichtigen kann. Dies ist ein zentrales Anliegen der „Transpersonalen Psychologie", wie *Wilfried Belschner* erläutert.

Graber geht aber noch darüber hinaus: „Die Psychologie, die uns über Herkunft, Funktionen, Beziehungen und über das Wesenhafte von Selbst und Ich befriedigende Aufschlüsse gäbe, ist noch nicht geschrieben (...) Wir müssen dabei immer besser verstehen lernen, wie das Leben aus dem inneren Kern, dem unbewußten Selbst wächst, und welche seelische Strukturwandlung dabei vor sich geht" (Graber, Bd. 1, S. 175). Er fordert eine Wissenschaft ein, die sich mit dem Verkörperungsweg der eigentlichen Seele befaßt.

Claus Eurich führt in seinem Beitrag aus, was eine Erkenntnis leisten könnte, die aus dem „bewußten Selbst" (Graber) sich nährt, wo „Liebeskraft" zur „Erkenntniskraft" wird: die Grundlage einer spirituellen Wissenschaft.

Den vorliegenden Tagungsband beschließen zwei Beiträge von *Gerhard Juchli*, einem Lehranalysanden von G. H. Graber. Es sind berührende Aussagen, wie ein Lehranalysand Graber als Therapeuten und Menschen erfuhr und wie er ihn rückblickend heute sieht. Graber lud Juchli ein, die Worte zu seinem 80. Geburtstag zu sprechen. Mit dieser Rede schließt unsere Übersicht über Leben und Werk dieses Pioniers der pränatalen Psychologie.

Salzburg, April 2005 *Alfons Reiter*

Nachlese und weitere Angaben zum Symposium „Pränatale Wurzeln der Individuation" vom 3. bis 5. September 2004 in Salzburg finden sich im Internet unter http://graber-symposium.sbg.ac.at

Leben und Werk
von Gustav Hans Graber (1893–1982)

Eva Eichenberger

Es gehört zu den erfreulicheren Dingen, wenn nicht sogar oft geistigen Abenteuern des Älterwerdens, Bücher, die einem früher viel bedeutet haben, wieder hervor zu nehmen und erneut zu lesen, nunmehr mit mehr Lebenserfahrung, mit der etwas veränderten Perspektive und dem erweiterten Bewußtsein für historische Abläufe, das eine Begleiterscheinung der längeren Lebensspanne ist. So nahm ich nicht ohne Neugier die Einladung an, an diesem Symposium mit dem Thema „Vorgeburtliche Wurzeln der Individuation" mit einem biographischen Vortrag über Gustav Hans Graber teilzunehmen und mich noch einmal mit seinem Lebensweg und seinen Gedanken auseinanderzusetzen.

Gustav Hans Graber gehört zu den Pionieren der Psychoanalyse. Er vertrat, bestärkt durch die Erfahrungen, die er als Kinderpsychoanalytiker mit Kindern, ihren Fantasien und ihrer gesunden Entwicklung oder auch ihren neurotischen Störungen gesammelt hatte, schon sehr früh die Überzeugung: „Nicht nur die körperliche, sondern auch die psychische Entwicklung des Menschen ist von der Zeugung an über Intrauterin-Dasein, Geburt und nachgeburtliche Reifung bis zum Tode nur als unteilbare Ganzheit zu betrachten und zu verstehen." Während nahezu 50 Jahren arbeitete er im Alleingang und selbständig am Ausbau und der Vertiefung der Psychoanalyse durch die Integration des unbewußten Selbst, d. h. des vorgeburtlichen Seelenlebens, des Geburtstraumas, und deren eminenten Einflüssen auf das nachgeburtliche Trieb- und Seelenleben. Diese Idee mit all ihren Implikationen begleitete ihn durch sein ganzes Leben, wurde aber lange Zeit als exotisch und abstrus abgelehnt. Erst in späteren Jahren erlebte er Bestätigung durch Kollegen, die sich mit dem gleichen Gebiet befaßten. Graber nennt neben seinem Lehrer Dr. Ernst Schneider, ab 1954 Prof. Igor Caruso (Salzburg), ab 1966 Dr. Dr. Friedrich Kruse (Wiesbaden) (Kruse 1969), ab 1971 Dr. Günter Ammon (Berlin) und ab 1972 Prof. Sepp Schindler (Salzburg). Mit ihrer Unterstützung kam es 1971 in Wien zur Gründung der interdisziplinär konzipierten Internationalen Studiengemeinschaft für pränatale Psychologie (Graber u. Kruse 1973) – später Internationale Studiengemeinschaft für prä- und perinatale Psychologie und Medizin –, deren erster Vorsitzender bis zum Jahr 1975 Graber wurde.

Graber hatte ein langes Leben in bewegten Zeiten. Er wurde von 1893 bis 1982 teils in der Schweiz, teils in Deutschland Zeuge der Geschichte fast eines ganzen Jahrhunderts mit zwei Weltkriegen, allen erdenklichen Umwälzungen, Katastrophen und riesigen Fortschritten, in den letzten Jahrzehnten seines Lebens vor allem auf dem Gebiet der Technik, der Medizin und der wissenschaftlichen Forschung. Er verfolgte beinahe von Anfang an die Entwicklung der psychoanalytischen Bewegung und die Erarbeitung ihrer wichtigsten Denkkonzepte, war selbst eingebunden in die schwierigen Loyalitäten (Menaker 1997) und Auseinandersetzungen, die Glaubenskriegen glichen, erlebte auch ihren Zerfall mit, vor allem durch die Verfolgung und Vertreibungen im nationalsozialistischen Deutschland. Graber fühlte sich auch während dieser Zeit als Teil dieser Bewegung, der Lehre Freuds immer am nächsten stehend, wenn es denn sein mußte auch als getarnter Mann im Untergrund. Er war aber auch stark beeinflußt durch die Ideen von C. G. Jung (Freud u. Jung 1974). Die Geschichte seiner Theorien ist sowohl mit dem entsprechenden Zeitgeist und Zeitgeschehen wie auch seiner individuellen Biographie eng verflochten. Alle Fragen, die wir stellen oder nicht stellen, sei es in Philosophie, Psychologie oder selbst in den Naturwissenschaften, haben, wie wir wissen, auch etwas mit uns persönlich zu tun.

Graber erzählt aus seinem Leben

Ich möchte noch kurz voraus schicken, wie ich dazu komme, diesen Vortrag zu halten. Kennengelernt habe ich Gustav Hans Graber vor ziemlich genau 35 Jahren, eher zufällig, wie mir schien. Er war schon gegen 80 Jahre alt. Ich hatte bis zu diesem Zeitpunkt keiner seiner Schriften gelesen. Mein Lehranalytiker war er nicht. Aber er war bereit, mich als unvoreingenommene und aktive Teilnehmerin in sein Seminar aufzunehmen, das in dem Jahrzehnt bis zu seinem Tod zu einem wichtigen Teil meiner Ausbildung zur Psychotherapeutin wurde. Ich habe Graber als schöpferischen Denker, der mit großer Beharrlichkeit seine Hypothese des vorgeburtlichen Seelenlebens weiter entwickelte, hoch geschätzt. Er war, wie mir heute klar ist, in vielem seiner Zeit voraus, das heißt: er wurde erst viel später verstanden und so wie heute hier in Salzburg gewürdigt.

Sowohl literarisch wie wissenschaftlich interessiert, hatte er eine einfache, langsame Art zu sprechen, ohne Fachausdrücke auf oft frappierende Weise das Wesentliche in wenigen Worten vermittelnd. Er verlor nie die Freude an seinem psychotherapeutischen Beruf, nie die Neugier und das Staunen über die Menschen mit ihren Eigenheiten. Er war gesellig, liebte freundschaftlichen Umgang und lachte gern. Er hatte Mühe, über schlechte

Erfahrungen hinwegzukommen und äußerte sich oft verbittert. Auf ihn traf das Zitat aus „Huttens letzte Tage", einer Dichtung von C. F. Meyer, zu: „Ich bin kein ausgeklügelt Buch, ich bin ein Mensch mit seinem Widerspruch".

Bei meinen heutigen Ausführungen kann ich mich teilweise auf handschriftliche Notizen stützen, die ich erstellte, als der sehr alte Mann mir wenige Jahre vor seinem Tod in vielen Stunden aus seinem Leben erzählte. Er vertraute mir außerdem Dokumente über verschiedene Stationen seines Lebens an. Ich habe das Material dann fast zwanzig Jahre lang unangetastet in der Schublade aufbewahrt und eigentlich schon damit gerechnet, es dort zu belassen, auch wenn ich es natürlich nicht vergessen hatte. Graber hat im Alter von 82 Jahren seine Gesammelten Schriften in vier Bänden selbst redigiert und herausgegeben. Vieles von dieser intensiven Denkarbeit teilte er mit seinen Schülern, den Teilnehmerinnen und Teilnehmern am sogenannten Graber-Seminar, in lebhaften und eindrücklichen Gesprächen und Betrachtungen. Die Bemerkungen und Einführungen zu den einzelnen Beiträgen und zu den zu verschiedenen Zeiten herausgekommenen Auflagen seiner Werke geben ferner Aufschluß über die Entwicklung seines Denkens im Laufe der Zeit. Auch seine literarischen Schriften sehe ich heute als Ergänzung zu seiner persönlichen Biographie. Sie geben die zum Verständnis seiner theoretischen Gedankengänge oft hilfreiche Einsicht in einen meist leidvollen Weg der Selbsterfahrung.

Ein schwerer Lebensanfang

Den Anfang seines Lebens beschrieb er mir mit folgenden Worten, die ich hier wiedergebe:

> „Geboren wurde ich in der Schweiz am 17. Mai 1893 in Vorimholz, einem kleinen Dorf im bernischen Seeland. Mein Vater war Landschullehrer und bewirtschaftete gleichzeitig einen kleinen Bauernbetrieb. Ich hatte eine drei Jahre ältere Schwester und zwei jüngere Brüder. Im Sommer meines Geburtsjahres herrschte eine furchtbare Dürre, so daß zwei der drei Kühe wegen Futtermangels geschlachtet werden mußten. Meine Mutter konnte nicht stillen, und ich erbrach während sechs Wochen nach der Geburt die Kuhmilch, mit der sie mich zu ernähren versuchte. Künstliche Säuglingsnahrung, die damals schon auf dem Markt war, rettete mir im letzten Moment das Leben. Ich weiß, daß es eine Zeit inniger Verbundenheit mit meiner Mutter gab. Doch ich blieb ein verletzliches Kind, das im Säuglingsalter und auch später immer wieder von schwereren Krankheiten, Unfällen und Lebenskrisen heimgesucht wurde. Beide Eltern waren von bäuerlicher Herkunft; der Großvater väterlicherseits ein stattlicher, intelligenter, angesehener und sehr ehrgeiziger Mann, die Großeltern mütterlicherseits arm, in Biberach bei Heilbronn (Süddeutschland) zuhause. Meine Mutter (eine geborene Sinn) hatte elf Geschwister. Sie wurde als Pflegekind zu Verwandten in die Schweiz ge-

geben, wuchs hier auf und sah ihre Eltern nur ein einziges Mal mit sechs Jahren. Meinen Vater lernte sie mit 19 Jahren kennen. Schon im ersten Jahr nach der Heirat kam das erste Kind zur Welt.

Die Mutter war streng erzogen. Beide Eltern waren unerhörte Arbeiter. Der Vater hätte nach elterlichem Wunsch Pfarrer werden sollen, wurde aber nur Dorflehrer und – um bei dem damals kläglichen Lehrergehalt seine Familie durchbringen zu können – wohl oder übel landwirtschaftlicher Selbstversorger. Er spielte die Orgel in der Kirche, leitete den gemischten Chor des Dorfes und die Blasmusik und – mit Begeisterung und Talent – eine Theatergruppe der umliegenden Gemeinden. Er hatte überdies ein politisches Amt inne. Als er sich leidenschaftlich in die junge Lehrerin und Kollegin verliebte, wurde die Ehe meiner Eltern zerrüttet. Schon als Kleinkind Zeuge heftiger Ausbrüche von elterlicher Verzweiflung und Eifersucht, fühlte ich mich hin und her gerissen zwischen Mitleid mit den Eltern, Angst vor einer Katastrophe und Haß und Verachtung gegen meinen Vater. Da ich später als Schüler zu diesem und zu der Lehrerin in die Schule mußte, konnte und wollte ich mich dort nicht einfügen und wurde immer wieder mit Schlägen bestraft, und zwar durch beide Eltern, die auch noch ihre gegenseitigen Aggressionen an mir abreagierten. Erst als ich eine Klasse überspringen und in die höhere Schule (Sekundarschule) der Nachbargemeinde übertreten konnte, verlor ich – auch durch die körperliche Ertüchtigung auf dem langen Schulweg – meine Krankheitsanfälligkeit und wurde ein eifriger, gesunder Schüler. Mein Vater jedoch erkrankte, als die Lehrerin sich verheiratet hatte, an einer schweren Depression, der er schließlich erlag. Er beging im Alter von 43 Jahren Suizid, indem er sich im Fluß ertränkte. Seine Leiche wurde vom Strom des Wassers abgetrieben und erst viele Wochen später gefunden. Ich war damals in meinem 15. Lebensjahr."

Hier endete tragisch und abrupt die Kindheit von Gustav Hans Graber. Es wird Ihnen sicher möglich sein, dieses biographische Bruchstück zu entschlüsseln und darin ein Muster für Grabers weiteren Lebensweg zu erkennen. Dieser wird geprägt sein durch Schwankungen und Gegensätze, mächtiges Erfolgsstreben und Rivalisieren, starkes Bedürfnis nach Verinnerlichung, Abhängigkeit von Bestätigung, vielseitige, überlegene Begabung und wiederholten Neubeginn nach Existenzverlust. Er wählte das Risiko, wenn etwas ihn leidenschaftlich interessierte. Nicht selten sah er sich in der Rolle des Sündenbocks.

Nach dem plötzlichen Tod seines Vaters kam der Jugendliche zu Verwandten in die nahe Kleinstadt. Die Lebensversicherung seines Vaters ermöglichte ihm eine Lehrerausbildung, die er 1911 in Bern antreten konnte. Daß er sich etwas zutraute, zeigt sich darin, daß der 17jährige Jüngling mit viel Ausdauer und keckem Mut während der Sommerferien „mit 20 Fr. im Sack und dem Baedecker in der Hand" eine fünfeinhalb Wochen dauernde Fußwanderung von Basel aus nach Tübingen und Stuttgart und von dort über Heilbronn ins Dorf Biberach zu seinen Verwandten unternahm und so das Land seiner Mutter und auch die Stadt Stuttgart, in der er später viele Jahre seines Lebens verbringen würde, zum erstenmal sah. Von Heidelberg aus ging's, diesmal mit dem Zug, zurück in die Schweiz.

Der Lehrer Dr. Ernst Schneider und erste Begegnung mit Psychoanalyse

Über die Anfänge seiner Begegnung mit Psychoanalyse berichtet Graber folgendes:

> „Meine erste Unterrichtung über Psychoanalyse geht zurück in das Jahr 1911 bis 1913. Der weit über seine Zeit reformerische Lehrer war der damalige Direktor des kantonal-bernischen Lehrerseminars, Dr. Ernst Schneider. Bei ihm absolvierte ich 1916/17 meine erste Analyse, die bei ihrem Abschluß eine tiefgreifende Wandlung in mir zeitigte. Diese Wandlung meines Seelengefüges erschloß in mir einen Quell beseligenden Erlebens und schöpferischer Ideen, die zeitlebens nicht versiegten. Sie hatte ferner zur Folge, daß ich mich fortan der Psychoanalyse verbunden fühlte."

Wer war dieser Ernst Schneider (Weber 1999; Marti 1996), der bewirkt hat, daß der vielversprechende, aber durch traumatische Erlebnisse gezeichnete junge Lehrer in den Netzen der Psychoanalyse hängen blieb? Hier möchte ich einiges über die Situation in der Schweiz vor hundert Jahren ausführen: 1905 erfuhr die Lehrerausbildung im Kanton Bern eine Aufwertung, indem sie von drei auf vier Jahre verlängert wurde, und Schulreformen wurden diskutiert, die zugleich auch von politischer Brisanz waren. Sie orientierten sich u. a. an Vorbildern wie Rousseau, Fellenberg und Pestalozzi. Es ging um Probleme von Herrschen und Gehorchen, namentlich auch um heftige Dispute um Abschaffung oder Beibehaltung der Körperstrafe, um das Verhältnis des Einzelnen zum Staat, um das Thema steriler Schuldrill gegen Vermittlung von echter Bildung. In den Schulen vorangetrieben werden sollte wissenschaftlich fundierte Pädagogik und pädagogisches Experiment, die Kinderforschung, Kunsterziehung und Sozialpädagogik.

Gegen den Willen traditionell gesinnter Politiker setzte sich unter dem Einfluß des reformerischen und äußerst kämpferischen Direktors des Schulwesens und Friedens-Nobelpreisträgers Regierungsrat Gobat die Wahl des damals erst 26jährigen Ernst Schneider zum Direktor des neu erbauten staatlichen Lehrerseminars durch. Schon als Volksschullehrer hatte er durch pädagogische Kompetenz und namentlich einen Vortrag über die Herbart-Zillersche Pädagogik für einiges Aufsehen gesorgt und anschließend in Bern und Jena studiert und doktoriert. Er war bei seinen Schülern beliebt, war ein freimütiger und selbstsicherer junger Mann und hatte Humor, eine Eigenschaft, die man bei den damaligen Schulmeistern nicht unbedingt voraussetzen konnte. Diese jungen Leute aus dem Volk konnte er für ihren zukünftigen, bisher nicht besonders angesehenen Beruf begeistern und in ihnen ein Bewußtsein wecken für die schlummernden Fähigkeiten der Schulkinder, für die ein guter Lehrer, der bei der Erziehung bei sich selbst anfängt, wegweisend ist.

Von der Lehre Freuds hörte Ernst Schneider ungefähr im Jahr 1910, über eine Schrift von Eugen Bleuler „Die Psychoanalyse Freuds, Verteidigung und kritische Bemerkungen". Ernst Schneider nahm mit Pfarrer Oskar Pfister in Zürich Kontakt auf und lernte dort C. G. Jung kennen, sowie den früh verstorbenen Hermann Rorschach (Müller u. Signer 2004), Erfinder des Rorschachschen Formdeuteversuchs (1921), Alfons Mäder, Franz Riklin und Ludwig Binswanger, unterzog sich einer Lehranalyse bei Pfister und Jung und wurde 1912 Mitglied der Ortsgruppe Zürich der Internationalen Psychoanalytischen Vereinigung.

Als Schneider psychoanalytische Gedanken in den Psychologieunterricht der Seminaristen integrierte und z. B. sexuelle Aufklärung der Schulkinder zum Thema machte, nahmen dies konservative Kreise zum Anlaß, ihn 1916 zum Rücktritt zu zwingen, zumal er auch noch politisch engagiert war. Die Zeit der Reformen hatte durch den Ausbruch des Ersten Weltkriegs ein Ende gefunden. Die sozialen Gegensätze verschärften sich, was 1918 in der Schweiz zum Generalstreik führte. Nach seinem unfreiwilligen Rücktritt gründete Schneider die Gesellschaft und die Zeitschrift für psychoanalytische Pädagogik und organisierte Ferienkurse über Kinder- und Elternerziehung, an denen auch Graber und weitere ehemalige Seminarschüler teilnahmen. Darunter war der später weit über die Landesgrenze hinaus bekannte Lehrer, Kinderpsychoanalytiker und Dozent Hans Zulliger, der den gleichen Jahrgang hat wie Graber. 1920 folgte Ernst Schneider dem Ruf nach Lettland als Ordinarius an die damals noch vorwiegend deutschsprachige Universität von Riga. Graber wird seinen ehemaligen Analytiker in Stuttgart und später in der Schweiz wieder treffen und trotz Schwankungen in ihrer Beziehung immer wieder mit ihm zusammenarbeiten.

Auf der Suche nach sich selbst

Mit dem Einstieg ins Berufsleben war gleichzeitig die Verpflichtung der Rekrutenschule und des Militärdienstes zu erfüllen. Der erste Weltkrieg brach aus. Graber wurde zuerst wegen nicht genügender körperlicher Belastbarkeit zurückgestellt. Er machte aber trotzdem noch eine Militärkarriere, wurde nach anfänglichen Rückschlägen Offizier der Schweizer Miliz-Armee und erwarb in späteren Jahren den Grad eines Hauptmanns, was neben zahlreichen Diensttagen über viele Jahre vor allem mit viel „ehrenamtlicher" Heimarbeit, aber – zumal in der damaligen Zeit – gleichzeitig auch mit einem gesellschaftlichen Aufstieg verbunden war.

Während seiner Tätigkeit als Lehrer veröffentlichte Graber bereits psychoanalytische Beiträge in Zeitschriften. Im Zürcher Psychiater und Schriftsteller Charlot Strasser (Faesi 1963), einem unkonventionellen Mann, der sich keiner speziellen psychoanalytischen Gruppe oder Schule anschloß und zusammen mit seiner Frau Vera, ebenfalls Psychiaterin, avantgardistischen Umgang pflegte, fand G. H. Graber den unterstützenden Ratgeber, der ihn zum Studium an der Universität in Bern mit den Fächern Psychologie, Philosophie und Germanistik ermutigte. Graber schloß dieses 1923 mit einer psychoanalytischen Dissertation über „Die Ambivalenz des Kindes" ab, erschienen 1924 im Internationalen Psychoanalytischen Verlag und wegweisend für sein ganzes weiteres Schaffen. Es war zudem die erste psychoanalytische Dissertation in der Schweiz, möglicherweise eine der ersten in Europa. Im gleichen Jahr erschien Otto Ranks Buch „Das Trauma der Geburt" (Lieberman 1997; Rank 1924) mit einer ähnlichen Thematik, das schließlich, durch Freud und das Komitee abgelehnt, zu Ranks Bruch mit Freud führte. Obschon die Frage der prä- und perinatalen Stufe seelischer Entwicklung damals in der Luft lag und einige Arbeiten darüber publiziert wurden, wurde sie in Wien nicht weiter verfolgt, sondern eher blockiert. Auch Grabers Dissertation fand wenig Beachtung. Sie erschien 1970 in neuer Bearbeitung unter dem Titel: „Ursprung, Einheit und Zwiespalt der Seele".

Nach 1920 begann die Institutionalisierung und Professionalisierung der Psychoanalyse eine Rolle zu spielen. Auch im Umkreis von Freud wurde die Frage der Laienanalyse diskutiert. Der Psychiater Emil Oberholzer war der Verfechter der professionellen, sprich rein ärztlichen Psychoanalyse in der Schweiz. Er hatte im April 1919 gemeinsam mit dem Pfarrer und Laien Oskar Pfister die (noch heute bestehende) Schweizerische Gesellschaft für Psychoanalyse gegründet und war bis zu seinem Austritt im Jahr 1927 ihr erster Präsident. Er teilte wegen der zunehmenden Konflikte, deren Ursache er im angeblich „pionierhaften" Stil Oskar Pfisters sah, Freud die Absicht mit, nur noch Ärzte als Mitglieder zuzulassen. Freud äußerte sich entschieden gegen diese Auffassung (Schröter 2004), denn er sah die Psychoanalyse nicht als ein Spezialfach der Medizin. Die adäquate Ausbildung zum Psychoanalytiker sollte, so Freud, abgesehen von der persönlichen Analyse „geisteswissenschaftlichen, psychologischen, kulturhistorischen, soziologischen ebenso wie anatomischen, biologischen und entwicklungsgeschichtlichen Stoff umfassen." (Freud 1970). Trotz dieser Stellungnahme aus Wien wurde für einen Laien wie Hans Graber, der schon während seiner Studienjahre an der Universität angefangen hatte, mit Kindern zu arbeiten, das Klima von der maßgebenden Ärzteschaft her rauher. Eine Praxis für psychoanalytische Psychotherapie hätte er auf Grund eines 1886 erlassenen Medizinal-Gesetzes in der Schweiz nicht eröffnen können. Das war einer der Gründe, weshalb er 1929 nach Deutschland emigrierte.

Die Zeit des Studiums an der Universität war für Gustav Hans Graber eine Zeit der Identitätssuche. Geistige Vorbilder wurden unter andern und neben den Autoren psychoanalytischer Literatur, Nietzsche, („in Nietzsche liefen wie in einem Brennglas alle Strahlen aus der Zeitatmosphäre zusammen", wie ein Zeitgenosse es formulierte (Faesi 1963)), ferner Dostojewskij, Goethe, Carus, Buddha. Graber korrespondierte in späteren Jahren mit Ricarda Huch, lernte Hermann Hesse persönlich in Montagnola kennen, stand in Briefwechsel mit dem Geschichts- und Religionsphilosophen Leopold Ziegler, besuchte Vorträge und Vorlesungen bei Gonzague de Reynold.

Graber war ein Student, der bis zur Erschöpfung arbeitete und sich unheimlich viel Wissen aneignete, ein ruheloses, verzetteltes Multitalent mit einem ausgeprägten Sendungsbewußtsein. Anfangs war er noch als Lehrer und Musiker tätig, um sich die Mittel zum Studium zu beschaffen. Nach einer frühen und glücklosen Heirat – die Frau beschrieb er als „schön, klug und reich" – erlitt er einen nervösen Zusammenbruch, zog sich ganz allein in eine primitive Berghütte zurück und rang mit sich selbst. In dieser Zeit sah er sich noch vorwiegend als Dichter. Die Dichtung „Ardschuna", die gleichzeitig mit dem Epos „Der Schöpfer" in diesem Jahr entstanden ist, läßt erahnen, welches seine Probleme waren. Er fühlte sich hin und her gerissen zwischen seinem ausgeprägten Ehrgeiz und seinem Bedürfnis nach Anklammerung, Verschmelzung und Erlösung vom Ich. „Damals glaubte ich noch, das unbewußte Selbst im Du zu finden. Später ersetzte ich das Du durch den Begriff des bewußten Selbst" (mündliches Zitat). Was Graber nach Bewältigung dieser psychotischen Krise empfunden haben mag, hat Max Frisch in seinem Roman „Stiller" (Frisch 1954; von Matt 2001) treffend formuliert: „Ich hatte die bestimmte Empfindung, jetzt erst geboren zu sein und fühlte mich mit Unbedingtheit bereit, niemand anders zu sein". Graber kam durch dieses „Stirb und Werde" zu sich selbst, konnte sich wieder in die menschliche Gemeinschaft einfügen und war in der Lage, mit Energie und Ausdauer sein Studium zu beenden.

Es entstand in den folgenden Jahren die Monographie Grabers über die Novelle des Berner Dichters Jeremias Gotthelf (1797–1857) „Die Schwarze Spinne", „Menschheitsentwicklung und Frauenschicksal" (Imago. Zeitschrift für Anwendung der Psychoanalyse auf die Geisteswissenschaften 1925). In Gotthelfs Dichtung spielt das weibliche Element, die weibliche Symbolik, das Matriarchale, die Frau mit ihren biologischen und geistigen Fähigkeiten, eine wesentliche Rolle und bot Graber reiches Material für seine Untersuchung der verschiedenen Aspekte des Weiblichen und der Spinne als weibliches Symbol. „Aus der Verknüpfung von heimatlichem Sagengut hat Gotthelf genial einen einheitlichen Mythos geschaffen, dessen christlicher Sinn das Ringen des Menschengeschlechts zwischen göttlichen und dämonischen Mächten ist" (zit. Faesi 1963). Während Freud, der erst relativ spät in seinem Leben die erste Arbeit über das weibliche Geschlecht publizierte und die Frau als „dunklen Kontinent" (Kollbrunner 2001) bezeichnete, den Einfluß des Mannes auf die Entwicklung des Kindes im Mittelpunkt der Forschung sieht, stellt Graber die Frau schon allein durch die Bedeutung, die er dem prä-, peri- und postnatalen Geschehen einräumt, mehr in den Vordergrund. Das Thema der Ambivalenz in der Beziehung der Geschlechter – Idealisierung einerseits, Projektion des Dämonischen in die Frau andererseits – hat Graber in seinen Schriften und auch in seinem persönlichen Leben immer stark beschäftigt. Idealisierung zeigt sich in seiner starken Betonung des nirwanaähnlichen Befindens des Ungeborenen im Uterus der Mutter. Diese Vorstellung blieb für ihn, trotz einer gewisser Relativierung in späteren Jahren, zentral.

Ein weiteres Buch Grabers aus dieser Zeit ist „Zeugung, Geburt und Tod" (1930), in dessen Vorwort steht: „Der Tiefblick der Seele offenbart, daß hinter allen Lebensfragen das Urinteresse nach Werden und Vergehen, nach Zeugung, Geburt und Tod steht. Dieses Buch ... deckt mit neuartigen Belegen Übereinstimmungen von Vorstellungen der Mythen und des Kulturkindes auf." Graber selbst bezeichnete diese sehr reiche Schrift in einem Gespräch als ein dem Jungschen Denken nahestehendes Buch.

Eine dritte Arbeit ist die Monographie „Carl Gustav Carus, ein Vorläufer der Psychoanalyse" (Imago 1926). „Der Schlüssel zur Erkenntnis vom Wesen des bewußten Seelenlebens liegt in der Region des Unbewußten" (Carus 1926).

In den 1920er Jahren verfaßte Graber an die zweihundert längere und kürzere Rezensionen literarischer, psychologischer, psychoanalytischer und philosophischer Neuerscheinungen und Besprechungen von entsprechenden Vorträgen und Veranstaltungen in der Tages- und Fachpresse.

Er reiste oft nach Deutschland und wuchs durch den Gedankenaustausch mit einem großen Kreis von Kollegen in seine Identität als Psychoanalytiker hinein.

Grabers Emigration nach Deutschland und Weiterbildung in Berlin

1929, mitten in der Weltwirtschaftskrise, wagte er, nach Verlust seiner Lehrerstelle und nach zwei gescheiterten Ehen, den großen Schritt, verließ die enge Schweiz und baute sich in Stuttgart als neue Existenz eine Praxis als behandelnder Psychologe auf. Doch schon zwei Jahre später zog er für ein Jahr nach Berlin zur weiteren Ausbildung am Psychoanalytischen Institut. Graber unterzog sich einer Lehranalyse bei Jenő Hárnik, mit Kontrollanalyse bei Otto Fenichel und Kasuistik-Seminar bei Karen Horney. Nach einem Jahr wurde Graber Mitglied der Deutschen Psychoanalytischen Gesellschaft und damit der Internationalen Psychoanalytischen Vereinigung.

Das Berliner Institut (Ludwig-Körner 1999) war 1920 durch Max Eitingon, der es als sehr reicher Mann auch finanzierte, aufgebaut worden. Der im Jahr 2004 herausgekommene Briefwechsel Freud/Eitingon (Schröter 2004) enthält sehr viele organisatorische und persönliche Einzelheiten und gibt genauen Einblick in die Spannungen, mit denen das Institut 1931/32, der Zeit also, wo Graber sich dort zur Ausbildung aufhielt, zu kämpfen hatte. Freud und Eitingon waren vor allem mit den abweichenden Auffassungen mehr ganzheitlich denkender und teilweise sozialistisch gesinnter Mitarbeiter wie Wilhelm Reich, Otto Fenichel und Karen Horney – sie setzte sich mit ihrer Empörung gegen die Freudsche These vom Penis-Neid in Widerspruch zu der im Institut vorherrschenden männlich bestimmten Ansicht – nicht einverstanden. Die Emigration jüdischer, sozialistischer und dissidenter Psychoanalytiker war schon im Gange. Sie leisteten später in den USA und in andern Ländern Aufbauarbeit und sorgten für weltweite Verbreitung und Weiterentwicklung der Psychoanalyse. In Wien kämpfte Freud mit seiner Krebskrankheit und mußte sich immer wieder neuen schmerzhaften und schwächenden Operationen unterziehen. Nach der Emigration von Rank fuhr auch Ferenczi (1988) fort, eine Erweiterung der Psychoanalyse zu vertreten, in welcher die Gegenübertragung und die mütterliche Funktion des Analytikers viel Gewicht bekamen. Ferenczi geriet dadurch in einen Konflikt mit Freud. In der Folge erkrankte er an einer perniziösen Anämie und starb im nächsten Jahr. Graber fühlte sich von diesem Geschehen und der Tragik und Dramatik dieser Auseinandersetzungen mit betroffen.

Nach Abschluß der Ausbildung unterzog Graber sich zusätzlich einer Jungschen Lehranalyse bei Frau Lucy Heyer-Grote in München. „... diese Analyse bedeutete keineswegs eine Ablehnung Ihres alten Lehrers Freud, sondern entsprang einem Erweiterungs- und Bereicherungsbedürfnis eines Menschen, dessen Lern- und Forschtrieb lebendig sein wird, so lange er auf der Erde wandelt" (zit. Brief von Frau Heyer an Graber, Februar 1948). Graber gründete zusammen mit Wilhelm Laiblin die Gruppe Süddeutscher Psychoanalytiker, an der sowohl Jungianer als auch Freudianer teilnahmen und sorgte jahrelang für deren Zusammenhalt. Nachdem Hitler am 20. Januar 1933 Reichskanzler wurde, wurde diese Gruppe aufgelöst.

Die Zeit in Hitler-Deutschland

Es folgten nun die Jahre Grabers in der Hitler-Diktatur. Im Mai 1933 wurden in Berlin Freuds Werke und die Bücher anderer jüdischer und nicht jüdischer Psychoanalytiker öffentlich verbrannt. Auch Graber kam auf die Liste der verbotenen Autoren, bekam Publikationsverbot, und die Restbestände seiner Bücher wurden vernichtet. Unter der Kontrolle und Leitung, nicht selten auch Protektion des mit Graber persönlich bekannten Psychiaters Mathias Heinrich Göring, ursprünglich Adlerianer, Cousin des berüchtigten Hermann Göring, entstand die gleichgeschaltete Gesellschaft und das Deutsche Institut für psychologische Forschung und Psychotherapie (Ludwig-Körner 1999), die Lehrveranstaltungen und Vorträge, besucht durch Pädagoginnen und Ärzte, durchführten. Die Zweigstelle Württemberg/Baden und der „Stuttgarter Arbeitskreis für Tiefenpsychologie", wo Graber zweieinhalb Jahre, teilweise in leitender Funktion, wirkte, waren jedoch keine sicheren Orte. Kollegen jüdischer Abstammung waren zur Emigration gezwungen. Die Tätigkeit der Arbeitsgruppen wurde bespitzelt. Die so genannten Euthanasiegesetze zur Vernichtung psychisch kranker Menschen waren in Kraft, so daß anzunehmen ist, daß einige der teilnehmenden Fachleute mit manchen Patienten im Wettlauf gegen die Zeit arbeiteten. Handgeschriebene Protokolle der Vorträge und Lehrveranstaltungen lassen den Schluß zu, daß trotz allem versucht wurde, psychoanalytisch zu arbeiten, aber, mindestens im schriftlichen Ausdruck, getarnt, verzerrt durch krampfhafte Reinigungen und Be-reinigungen des Freudschen Gedankenguts, dessen Name vermieden wurde. Zum 80. Geburtstag von Sigmund Freud hielt Graber jedoch einen Vortrag in Basel, was in Deutschland nicht unbemerkt blieb und Mut erforderte. Er wurde über Jahre durch die Gestapo belästigt und bedroht, zu Verhören zitiert und als Ausländer der Spionage verdächtigt. Trotzdem blieb und arbeitete er bis zum November 1943 in Deutschland. Kurz vorher war seine Mutter gestorben, und er hatte anläßlich der Beerdigung erfahren, daß neuerdings in der Schweiz die Ausübung einer psychologischen Praxis mit behördlicher Bewilligung möglich war.

„Die brennenden Zeitfragen gaben oft Anlaß, auch in Gesellschaft zu politisieren. Herr Dr. G. H. Graber hatte – selbst als Gastgeber – eindeutig zwischen uns Deutschen eine anti-nazistische Haltung gezeigt und versuchte, bei politischen Angriffen auf seine Weltanschauung, seine isolierte Stellung mit Nachdruck zu behaupten. Er wurde dieser Einstellung wegen geheim und offen angefeindet – wie auch die Verhinderung seiner Eheschließung durch Parteieinwirkung aufzeigt – bis er letztlich Deutschland verließ, da der Druck der täglichen Auswirkungen und der Behörden für ihn unhaltbar wurde." (zit. aus einer Erklärung von Gertrud Schmitt-Lorenz, Stuttgart 1948)

Die Zeit zwischen 1933 und 1950 (Bode 2004) findet erst seit den späten 1990er Jahren Aufarbeitung in Literatur, Politik und Familienforschung und ist erst in jüngster Zeit einer differenzierteren Analyse zugänglich, u. a. seit nach 50 Jahren Briefwechsel, Archive und ähnliche Quellen. der Öffentlichkeit zugänglich gemacht worden sind. Auch unterlagen die Erlebnisse und die Verwundungen der einzelnen Menschen und der Familien in der Zeit der Nazi-Herrschaft, während dem Krieg und in der Zeit nach dem Krieg jahrzehntelang zu einem großen Teil der Verdrängung.

Rückkehr in die Schweiz

Als Graber damals mitten im Krieg mit dem Makel und den hautnahen Erfahrungen des (zu) lang Gebliebenen, im Alter von 50 Jahren unter recht gefahrvollen Begleitumständen in die von direkter Kriegsgewalt verschonte, durch die Achsenmächte umzingelte Schweiz zurückkehrte, wurde ihm die Aufnahme in der Schweizerischen Gesellschaft für Psychoanalyse verweigert. Politischer Grund war sein Wirken in Nazi-Deutschland. Berufspolitisch spielte wahrscheinlich auch, zusammen mit übler Nachrede durch rivalisierende Kollegen, die Anknüpfung an die Krise im Zusammenhang mit der Laienanalyse von 1928 eine nicht zu unterschätzende Rolle. Graber war ein als „umtriebig" bekannter Laienpsychoanalytiker mit einer lupenreinen Ausbildung an einem Freudschen Insititut, was wenige Psychiater des Landes von sich behaupten konnten. So mußte er sich erst einmal seiner Haut wehren und sich gegen harte Anschuldigungen und Intrigen verteidigen.

Die 30 folgenden Jahre, die Gustav Hans Graber in Bern verbrachte, waren für ihn eine außerordentlich aktive und zuletzt auch fruchtbringende Zeit. Schon ein Jahr nach seiner Rückkehr gründete er zusammen mit dem mit ihm befreundeten Berner Psychiater Ernst Blum, einem früheren Analysanden von Freud, den Berner Arbeitskreis und das Institut für Tiefenpsychologie, die er bis 1971 leitete. Es war eine gemischte Teilnehmerschaft, wo Freudianer mit Jungianern und Psychiater mit Psychologen und anderen Fachleuten zu monatlichen Vorträgen um den gleichen Tisch saßen und die gemeinsam mit dem Innsbrucker und Wiener Arbeitskreis organisierten Kongresse besuchten. Graber schuf unter Fachkollegen wertvolle Grundlagen zu weiträumigen beruflichen Kontakten und zur Aus- und Weiterbildung. Erwähnenswert ist, neben seiner gut gehenden Praxis und den Eltern- und Mütter-Kursen, sowie den Vorlesungen die er am Institut für angewandte Psychologie in Zürich hielt, die Zeitschrift „Der Psychologe", ein „Ratgeber für gesunde und praktische Lebensgestaltung", die Graber und Ernst Blum in den Jahren 1949–1964 herausgaben, und an der sich an die 50 namhafte Fachleute beteiligten. Neben mehr populären Beiträgen enthielt diese Zeitschrift kleine psychoanalytische Aufsätze, die heute noch lesenswert sind. Eine Mitarbeiterin war auch die Graphologin und Psychologin Frau Edith Graber. Aus dieser Zeit heraus entstanden die Bücher „Die Frauenseele" (Psychologie der Frau), „Psychologie des Mannes", „Charaktertypen und ihre Schicksale", wo er in einer Ganzheitspsychologie die vorgeburtliche Phase des Lebens mit einbezog. Die Bücher erfuhren beim psychologisch interessierten Publikum weite Verbreitung und wurden in mehrere Sprachen übersetzt. Das Konzept der pränatalen Psychologie jedoch fand in Fachkreisen damals kaum Interesse oder wurde gar als Spinnerei abgetan.

Die Psychiatrie war nach dem Krieg in einem katastrophalen Zustand. Wenig später sorgten zunehmend Psychopharmaka, auf die alle Hoffnungen gesetzt wurden, für eine Verbesserung der Lage, und psychoanalytische Behandlung und Ausbildung traten in den Hintergrund. Man versuchte eben, alles praktisch und technisch zu lösen und sich vom kulturellen, materiellen und moralischen Niedergang der vergangenen Jahre irgendwie zu erholen.

Gründung der Internationalen Studiengemeinschaft für pränatale Psychologie, späte Anerkennung

Doch während Gustav Hans Graber im Alleingang als Privatgelehrter am Ausbau der pränatalen Psychologie in der Theorie und in der Praxis der Psychotherapie weiterarbeitete, machten Molekularbiologie, Zellbiologie, Erblehre und Embryologie große Fortschritte, und die neuen Erkenntnisse ließen die pränatale Psychologie als weniger irreal erscheinen. Man begann nach und nach, das intrauterine Leben des Menschen konkreter zu sehen (Flanagan 1963). Wie sich rein anatomisch ein Kind im Mutterleib entwickelte, war schon lange bekannt. Aber die Zellentwicklung von der Zeugung an und das tatsächliche Aussehen und Verhalten des lebenden Fötus' konnte man erst jetzt mit Hilfe der modernen technischen Hilfsmittel und der neuesten Erkenntnisse erforschen. Die Photographien der Ungeborenen in der Zeitschrift „Life" Mitte der 60er Jahre bewegten die

Welt. Die vorgeburtliche Entwicklung des Nervensystems und der Sinneswahrnehmung wurden ein Thema. Graber verfolgte diese Entdeckungen, die seine Überlegungen über die Leib-Seele-Einheit zu bestätigen schienen, mit größter Spannung.

Die folgenden Jahre brachten auch allgemein eine Erweiterung des Horizonts, nachdem, nicht zuletzt durch die Auflehnung der in der Nachkriegszeit geborenen 68er Jugend gegen die Autorität, das eingeengte Denken und die verdrängte Lebendigkeit der meist traumatisierten Väter, Raum entstanden war für eine Vielzahl von unterschiedlichen ganzheitlichen Ideen, Utopien und längst fälligen Reformen. Auch wandte sich die Aufmerksamkeit vermehrt Frauenthemen wie Schwangerschaft, Geburt (Leboyer 1974), weiblicher Sexualität, Säuglingspflege und Kindererziehung (Liedloff 1980) zu, was eigentlich ganz dem Denken von Graber entsprochen hätte. Im Berner Arbeitskreis für Tiefenpsychologie geriet der 80jährige Vorsitzende allerdings in Konflikt mit der nachdrängenden Generation junger Psychiater, die mehr Integration der Psychoanalyse als Theorie und Therapie in die Grenzgebiete Soziologie, Psychologie, Philosophie, Theologie forderten und Graber die Gefolgschaft in Bezug auf die Pränatalforschung verweigerten. Dies führte 1972 zu Grabers Demission.

Bei der Gründung der Internationalen Studiengemeinschaft für pränatale Psychologie akzeptierte und begrüßte Hans Graber aber dann deren Interdisziplinarität als Chance und Bereicherung. Er begriff, daß die ISPP die Möglichkeit hatte, in der Praxis Veränderungen zu bewirken, die dort anknüpften, wo er angefangen hatte: bei der Sensitivität für das Kind, bei der Sensibilisierung der Familien, der Gesellschaft und der Fachwelt für die hochwichtige Zeit des Lebens von der Zeugung an. Prof. Sepp Schindler von der Universität Salzburg, dem Graber 1975 den Vorsitz der ISPP überließ, vertrat dann eine ökologisch-soziale Betrachtungsweise und konnte auf Grund seiner entwicklungspsychologischen und präventiven Konzepte maßgebenden Einfluß auf medizinische und heilpädagogische Kreise und ihr praktisches Wirken nehmen.

Der herzliche Kontakt mit den Kollegen und Kolleginnen auf den Kongressen der Studiengemeinschaft, bei deren Veranstaltung Graber auch über seine Zeit als Vorsitzender hinaus mitwirkte, gab ihm neue Anregungen zum weiter Denken sowie die überfällige Anerkennung seines Lebenswerks und hielt ihn jung und geistig rege.

In Bern zog er sich nach 1971 in einen kleinen Kreis zurück, konnte dort als Lehrer, Denker und auch noch als Psychotherapeut weiter wirken, seine Gesammelten Werke redigieren und bis in die letzten Lebenswochen vieles von den Erfahrungen und Gedanken seines langen Lebens weitergeben. 1980/81 geriet er in Todesnähe und wurde durch seinen Freund Günter

Ammon nach München in die Klinik Menterschwaige gebracht, wo er einige Monate gepflegt wurde und nochmals neuen Lebensmut gewann. Er kehrte nach Bern zurück und starb nach einer kürzeren Zeit zunehmender Gebrechlichkeit, während eines Ferienaufenthaltes am Thunersee, in der Osternacht des Jahres 1982 im Alter von 89 Jahren.

> „Ich selber bin kein medial veranlagter Typ und stellte mir bislang vor, daß Geist und Psyche des Menschen nach dem Tode sich als atomare Energie in das atomare All einfügen. Diese Vorstellung drängt sich wie zwingend auf, sobald wir an das altbekannte Gesetz denken, daß keine Energie verloren gehen kann. Was in Wirklichkeit mit Geist und Seele, als einer einheitlichen Energie, nach dem Tode mit ihr geschieht, welche Struktur sie besitzen wird, darüber gibt und gab es eh und je eine Vielfalt von Meinungen und Überzeugungen. Wenn ich mich frage, was ich tun würde, wenn ich selber nochmals von vorn anfangen könnte, dann möchte ich dasselbe tun wie in diesem Leben, bloß würde ich mir wünschen, Jahrzehnte früher schon so eifrige und verständnisvolle Weggenossen zu finden, wie es sie heute und hier gibt." (zit. Vortrag Graber „Das pränatale Seelenleben und einige überbrückende Hinweise zum postnatalen und postmortalen Dasein", vgl. Schindler 1982, 1998)

Literatur

Bode S (2004) Die vergessene Generation. Kriegskinder brechen ihr Schweigen. Klett-Cotta, Stuttgart
Carus CG (1926) Psyche. Diederichs, Jena
Eichenberger E (1973) Zeugung, intrauterines Dasein, Geburtstrauma, nachgeburtliche Entwicklung und Tod in der Psychologie G. H. Grabers. In: Graber GH, Kruse F (Hrsg.) „Vorgeburtliches Seelenleben". Naturwissenschaftliche Grundlagen der Erfahrensbildung; Neurosenverhütung von der Zeugung an. Goldmann, München
Faesi R (1963) Erlebnisse, Ergebnisse. Erinnerungen. Atlantis, Zürich
Ferenczi S (1988) Ohne Sympathie keine Heilung. Das klinische Tagebuch von 1932. Fischer, Frankfurt
Flanagan GL (1963) Die ersten neun Monate des Lebens. Rowohlt, Reinbek
Freud S (1970) Studienausgabe, Ergänzungsband. Fischer, Frankfurt
Freud S, Jung CG (1974) Briefwechsel. Fischer, Frankfurt
Frisch M (1954) Stiller. Suhrkamp, Frankfurt
Gotthelf J (1912) Die schwarze Spinne. Rentsch, München
Graber GH (1975) Gesammelte Schriften, Bd. 1–4. Golmann, München
Kollbrunner J (2001) Der kranke Freud. Klett-Cotta, Stuttgart
Kruse F (1969) Die Anfänge des menschlichen Seelenlebens. Enke, Stuttgart
Leboyer F (1974) Pour une naissance sans violence. Edition du Seuil, Paris
Lieberman EJ (1997) Otto Rank, Leben und Werk. Psychosozial, Gießen
Liedloff J (1980) Auf der Suche nach dem verlorenen Glück. Beck, München
Ludwig-Körner C (1999) Wiederentdeckt – Psychoanalytikerinnen in Berlin. Psychosozial, Gießen

Marti E (1996) Carl Albert Loosli 1877–1959, Bd. 1. Zwischen Jugendgefängnis und Pariser Bohème (1877–1907). Chronos-Verlag, Zürich
Matt P von (2001) Die tintenblauen Eidgenossen. Über die literarische und politische Schweiz. Carl Hanser, München Wien
Menaker E (1997) Schwierige Loyalitäten. Psychoanalytische Lehrjahre in Wien 1930–1935. Psychosozial, Gießen
Müller C, Signer R (Hrsg.) (2004) H. Rorschach, Briefwechsel 1884–1922. Huber, Bern
Rank O (1924) Das Trauma der Geburt und seine Bedeutung für die Psychoanalyse. Int. Psychoanal. Verlag, Wien.
Schindler S (1982) Geburt, Eintritt in eine neue Welt. Hogrefe, Göttingen
Schindler S (1998) Pränatale Psychologie als wissenschaftlicher Dialog. International Journal of Prenatal and Perinatal Psychology and Medicine 10(4): 521–536
Schröter M (Hrsg.) (2004) S. Freud und M. Eitingon, Briefwechsel 1906–1939. edition diskord, Tübingen
Weber K (1999) „Es geht ein mächtiges Sehnen durch unsere Zeit". Reformbestrebungen der Jahrhundertwende und Rezeption der Psychoanalyse am Beispiel der Biographie von Ernst Schneider. 1878–1957. Peter Lang, Bern

◇

Eva Eichenberger, Psychoanalytikerin, auch Kinderpsychotherapie, Gruppendynamik. Als Psychotherapeutin in privater Praxis tätig seit 1980. Zwölf Jahre (ab 1983) Erfahrung mit langlaufenden Gesprächsgruppen mit Müttern von Säuglingen und Kleinkindern. Langjährige Teilnahme am „Graber-Seminar", später Leiterin. Elternkurse. Vorträge auf Kongressen (Hebammen usw.). „Vorgeburtliches Seelenleben" (Hrsg. Graber/Kruse, Goldmann 1973): „Zeugung, intrauterines Dasein, Geburtstrauma, nachgeburtliche Entwicklung und Tod in der Psychologie G. H. Grabers" Vortrag. Buchrezensionen.
Anschrift: Eschenweg 5, 3013 Bern, Schweiz
Telefon: [Schweiz 0041] (031) 3024351
Email: eichenwald@bluewin.ch

Von der Ambivalenz zum Ursprung
Fakten und Überlegungen zu den grundlegenden Einsichten Gustav Hans Grabers

Sepp Schindler

Die 1922 verfaßte und 1924 gedruckte Arbeit „Die Ambivalenz des Kindes" ist von Graber als sein Hauptwerk bezeichnet worden. Ihre Grundgedanken haben sein späteres Lebenswerk bestimmt. In diesem Beitrag wird versucht, dem Zusammenhang mit psychoanalytischen Publikationen der Jahre 1910–1924 nachzuspüren, sowie deren Einflüsse auf Grabers späteres Lebenswerk.

Ambivalenz – Das erste Konzept

Gustav Hans Graber wurde noch im 19. Jahrhundert (1893) in Bern geboren und hat in seiner Heimatstadt das Lehrerseminar besucht. Er wurde durch dessen Direktor Ernst Schneider mit der Psychoanalyse bekannt und begann sich lebhaft dafür zu interessieren. Wie Randbemerkungen in den Büchern seiner Bibliothek zeigen, hat er die jeweils neuesten Publikationen gelesen und eigenständig verarbeitet. Den öffentlichen Streit um die Psychoanalyse am Lehrerseminar hat er als Student miterlebt, und war von der Entlassung Ernst Schneiders als Seminardirektor sehr betroffen.

Trotz dieses Widerstandes war es ihm möglich, sein Studium der Psychologie mit einer Dissertation über ein psychoanalytisches Thema abzuschließen. Dafür hat er ein Phänomen gewählt, das einige Jahre zuvor in der Zürcher psychiatrischen Klinik ›Burghölzli‹ intensiv diskutiert worden war, die „Ambivalenz". Für einen jungen Pädagogen war es naheliegend, dieses Phänomen in seinem Auftreten in frühen Lebensstadien zu untersuchen.

Die Arbeit wurde unmittelbar nach ihrer Fertigstellung (1924) in der Reihe „Imago Bücher" unter dem Titel *Die Ambivalenz des Kindes* publiziert. Sie enthält in Form von Schlüsselsätzen wesentliche Aspekte seines späteren Lebenswerkes. Sie ist später noch zweimal (1945, 1970) aufgelegt worden. Graber hat jede dieser Ausgaben bearbeitet und jeweils den Titel erweitert. Darauf bezieht sich der Titel dieses Beitrages. Graber hat die Arbeit zeitlebens als seine wichtigste bezeichnet. Als ihm Caruso schrieb „... ich glaube, daß vieles von Ihren Gedanken Allgemeingut der Psychoanalyse wird", betont Graber „… es soll hier festgehalten werden, daß der Satz von Caruso vielmehr Geltung für meine Erstlingsarbeit über die Ambivalenz aus dem Jahre 1924 hätte. Manches aus dem Buch ist nachweisbar Allgemeingut geworden."

„Ambivalenz" bei Bleuler und Freud

Graber geht zunächst von der Verwendung des Begriffes „Ambivalenz" aus, wie ihn Bleuler im Zusammenhang mit der Schizophrenie in die wissenschaftliche Diskussion eingeführt hatte. Er bezeichnet damit „die Neigung, die verschiedenen Psychismen zugleich mit negativem und mit positivem Zeichen zu versehen" (Bleuler 1911).

Die Wiedergabe der Definition durch Graber beruht auf einer persönlichen Mitteilung Bleulers (Graber 1945, S. 9), der damit die Tatsache bezeichnet, „… daß das nämliche Ding positiv oder negativ gefühlsbetont oder positiv oder negativ gedacht oder erstrebt wird."

Graber betont, daß bereits C. G. Jung dafür plädiert, den Begriff nicht nur deskriptiv zu sehen, sondern ihn wegen der von ambivalenten Situationen ausgehenden Dynamik funktional zu verwenden. Er hebt hervor, daß Freud, der in der Ambivalenz „ein fundamentales Phänomen unseres Gefühlslebens" sieht, eine phylo- und ontogenetische Deutung ermöglicht. Bei ihm stehen „Tendenzen im Dienste von Trieben und diese wiederum im Dienste organischer Funktionen, … eine Einsicht, die uns zwingt in einer biologischen Psychologie die Ambivalenz (Tendenzwiderspruch) auf die Polarität (Triebgegensätzlichkeit) und ihre organische Bedingtheit zurückzuführen."

Sándor Ferenczis „Urprojektion"

Neben Sigmund Freud wird ein weiterer Psychoanalytiker von Graber an wichtigen Stellen zitiert, der ungarische Psychiater Sándor Ferenczi. Bei ihm findet er Hinweise auf Interpretationen der Erlebnisweise von Neugeborenen: „Man kann annehmen, daß dem Neugeborenen alles, was seine Sinne wahrnehmen, einheitlich, gleichsam monistisch vorkommt. Erst später lernt es die tückischen Dinge, die seinem Willen nicht gehorchen, als Außenwelt vom Ich, d. h. die Gefühle von den Empfindungen zu sondern. Das wäre der erste Projektionsvorgang, die Urprojektion" (Ferenczi 1909).

Für die weitere Entwicklung des Konzeptes von Hans Graber ist es wesentlich, daß er Ferenczi über eine frühe Arbeit von 1909 kennen lernt. Aus ihr entnimmt er das Konzept der einheitlichen, gleichsam monistischen Wahrnehmung des Neugeborenen und schließt daraus, daß sie in einem extremen Gegensatz zur nachgeburtlichen Wahrnehmung steht.

„Damit kommen wir ... zur Frage der Spaltung, und es ist notwendig, ... einiges über den intrauterinen Zustand auszusagen, was unsere Annahme der Einheit stützen dürfte. Wir bewegen uns hier allerdings ausschließlich auf dem Gebiet der Hypothese. ... Wir dürfen annehmen, daß im intrauterinen Zustand der Unterschied Objekt-Subjekt für das Kind noch nicht besteht" (Graber 1924, S. 18).

Wie sehr ihn Frerenczi beeinflußt hat, ist auch daran erkennbar, daß er dessen Begriffsbildung zum Vorbild nimmt. Er spricht von „Urverdrängung" und „Urwiderstand" und gibt diesen Begriffen eine zentrale Stellung in seinem therapeutischen Konzept. Umso auffallender ist, daß eine von Ferenczi 1913 verfaßte Arbeit („Entwicklungsstufen des Wirklichkeitssinnes"), die erste systematische Arbeit der Psychoanalyse zur Pränatalen Psychologie, zunächst und auch in der zweiten Auflage von Grabers Schrift (1945) nicht erwähnt wird: In diesem Zusammenhang fällt besonders auf, daß Graber betont, es handle sich bei diesen Aussagen, die für sein Konzept zentral sind, ausschließlich um Hypothesen.

Ernst Schneider und die Reformpädagogik

In einem Überblick über sein Leben beantwortet Graber auch die Frage, wie er zur Psychoanalyse gekommen sei: „Meine erste Unterrichtung über Psychoanalyse geht zurück in die Jahre 1911 bis 1913. Der weit über seine Zeit hinaus reformerische Lehrer war der damalige Direktor des kantonalbernischen Lehrerseminars Dr. Ernst Schneider. Bei ihm absolvierte ich 1916/17 meine erste Analyse." (Graber 1975, Vorwort). Durch ihn wurde Grabers spätere Entwicklung maßgeblich beeinflußt, wie unter anderem die Würdigungen zu den runden Geburtstagen des um 15 Jahre älteren Lehrers zeigen.

Schneider war während einer überaus dynamischen Phase (1912) Mitglied der 1907 gegründeten Zürcher psychoanalytischen Gruppe geworden, „Die Zürcher wurden so die Kerntruppe der kleinen für die Psychoanalyse kämpfenden Schar" schrieb Freud (1914). Schneider habe, erinnert sich sein Analysand Otto Jäger, „den Anstoß, der von der Psychoanalyse ausging, weitergegeben, wie man eine Fackel weiterträgt, ohne selber einer bestimmten Schule hörig zu werden." So führte der Einfluß, den C. G. Jung damals auf diese Gruppe ausgeübt hatte, dazu, daß von Schneider (und Graber) wie auch von anderen Schweizer Analytikern dessen Begriffe beibehalten wurden, und, für unseren Zusammenhang besonders wichtig, zu einem erweiterten Begriff von „Libido". 1926 wird Ernst Schneider mit Heinrich Meng Mitherausgeber der *Zeitschrift für Psychoanalytische Pädagogik*, die von einem offeneren Stil in der Vermittlung psychoanalytischen Gedankengutes geprägt ist.

Von der pädagogischen Reformbewegung ist Grabers Dissertation insofern beeinflußt, als sie nicht eine Abhandlung „über das Kind" darstellt, sondern versucht, das hypothetisch angenommene Erleben des Kindes zu interpretieren, also wie die Reformpädagogik „vom Kinde her" argumentiert und dessen Selbstentfaltung ins Zentrum rückt.

Wegen seines Engagements für die Psychoanalyse, aber auch für die pädagogische Reformbewegung hatte Schneider größte Schwierigkeiten mit der vorgesetzten Behörde, die schließlich zu seiner Entlassung führten. „Zur psychoanalytischen Bewegung werde ich Ihnen einen Ausschnitt aus dem Berner Bund ... schicken, der sich auf die Maßregelung des Seminardirektors Schneider in der Schweiz bezieht. Die Anzeichen mehren sich, daß wir trüben Schicksalen entgegengehen", schrieb Freud am 4.2.1916 an Ferenczi.

Die erste Kinderanalytikerin

Für seine in die vorgeburtliche Zeit zurückreichenden Überlegungen findet Graber eine kompetente und zur Zeit der Abfassung des Buches berühmte Zeugin, Hermine Hug-Hellmuth (1871–1924) (bei Graber 1924, S. 19). Sie vertritt die Ansicht, daß „die Freude am Rhythmus, die fast jedem Kinde in der ersten Lebenszeit eigen ist, in ursächlichem Zusammenhang mit den Bewegungsempfindungen des Fötus im Mutterleibe stehen." Heute „Nahezu unbekannt, vielleicht auch aus dem Wissen um die Anfänge der Psychoanalyse verdrängt ist der Name Hermine Hug von Hugenstein, alias Hug-Hellmuth. Im Jahre 1920 galt Hug-Hellmuth bereits international als Autorität auf dem Gebiet der Kinderpsychoanalyse" (Huber 1980).

Bei seinem Bemühen, die Annahmen über die pränatale Zeit zu begründen, stützte sich Graber auf diese Psychoanalytikerin. Bei ihr findet er nicht nur Hinweise auf Zusammenhänge mit der pränatalen Entwicklung. Sie wird von ihm vor allem als Zeugin für Interpretationen seiner eigenen Erfahrungen in Kinderanalysen herangezogen und gleichsam als „Autoritätsbeweis" für seine Schlußfolgerungen mehrfach zitiert.

Zerstörung der Einheit

Aus den angeführten Prämissen zieht Graber Schlußfolgerungen, die den eigentlichen Kern der Arbeit bilden und die er auch später immer wieder, in immer neuen Variationen wiederholt. Daß sie unabhängig von Otto Ranks Buch *Das Trauma der Geburt* entstanden sind, ergibt sich sowohl aus räumlicher Trennung und unterschiedlichen Lebensbereichen, wie auch aus der zeitlichen Abfolge. Graber hatte seine Dissertation 1922 verfaßt, Rank sein Buch im Frühjahr 1923 und es Freud zu dessen Geburtstag am 6. Mai 1923 übergeben.

Dennoch gibt es einen bisher nicht beachteten Zusammenhang, der erst vor wenigen Jahren mit der Veröffentlichung des Schriftwechsels zwischen Freud und Ferenczi, also nach Grabers Tod, offenkundig wurde. Am 14. Februar 1924 schrieb Sándor Ferenczi an Sigmund Freud über das Konzept „Trauma der Geburt", daß „diese Idee Rank erst nach der zweiten gemeinsamen Bearbeitung der Arbeit, (Ferenczi u. Rank 1924, S. 188) sozusagen als eine Folge der Arbeit selbst gekommen ist." Ferenczis Einfluß auf Graber, insbesondere durch seine Arbeit *Introjektion und Übertragung* wurde bereits erwähnt.

Seine Grundgedanken faßt Graber selbst zusammen:

- „Das Erleben des Gegensatzes, des neuen unlustvollen Seins und des früheren lustvollen, ist die tiefste Ursache zur *Zerstörung der Einheit des Seelenlebens* und damit zur Bildung der *Ambivalenz*. ..."
- „Das alibidinöse-urnarzistisch bedürfnislose Leben des Kindes im intrauterinen Zustand wird gestört durch das *furchtbare Schmerzerlebnis des Geburtsaktes*. ... Das Kind *erlebt* diesen krassesten von allen denkbaren Gegensätzen im menschlichen Sein. *Er gibt seinem Seelenleben das Gepräge.*"
- „Alles Begehren, Streben, Wollen hätte demnach den Sinn, *einen Zustand zu erreichen, wo nichts mehr begehrt, erstrebt, gewollt werden muß.*"
- „Und ebenso wäre das *Ziel des Ichs, ... sich selbst aufzuheben.*"
     (Hervorhebungen von G. H. Graber)

Über Buddhas Versenkungslehre

Dieses Konzept findet eine Entsprechung in einer Arbeit von Franz Alexander, die während der Vorbereitung von Grabers Buch für den Druck in der Zeitschrift *Imago* veröffentlicht wurde: Im Bemühen um eine Interpretation des Zusammenhangs zwischen psychischen und physischen Phänomenen geht der Autor in diesem Vortrag von der Identitätslehre Spinozas aus und findet Parallelen zur Lehre Buddhas. Seine Aussagen decken sich in erstaunlicher Weise mit den Ideen Grabers. „Die früher gestellte Frage, wo die buddhistische Regression ihr Ende nimmt, können wir nun beantworten. *Die Versenkung geht bis zum Anfang der embryologischen Entwicklung zurück.*" Alexander meint, Buddha hätte das biogenetische Grundgesetz „erlebend erkannt, indem er in seiner affektiven Regression das embryologische Leben wiedererlebte" (Alexander 1923, S. 50f.).

Graber verweist in einer Fußnote auf diese „ganz vorzügliche Arbeit" (Graber 1924, S. 22). In den späteren Auflagen findet sich dieser Hinweis aber nicht mehr. Auch ein Zusammenhang mit eigenem Erleben wird nicht weiter erwähnt. Für seine Darstellung und seine Argumentationsweise in den nächsten Jahrzehnten bleibt vielmehr charakteristisch, daß er betont, es handle sich bei Aussagen über den intrauterinen Zustand des Kindes ausschließlich um Hypothesen. Das Thema selbst wird Hans Graber ein Leben lang beschäftigen. Sein Bemühen ist es, in analytischem Material Belege für seine Thesen zu finden.

In dieser Vorgangsweise könnte eine der Ursachen dafür liegen, daß er „Jahrzehnte lang eine Studiengemeinschaft mit sich allein" bilden mußte, wie er es selbst dargestellt hatte.

Grabers „Einsamkeit" – Vom Vergessen zur Vernichtung

1924 sind in Wien im Internationalen Psychoanalytischen Verlag zwei Bücher mit ähnlichen Anliegen, aber völlig unterschiedlichen Schicksalen erschienen: Otto Ranks *Das Trauma der Geburt* löste in Berlin, London und Wien intensive, kontroverse Diskussionen aus. Gustav Hans Grabers *Die Ambivalenz des Kindes* blieb dagegen nahezu unbeachtet. 1938 hatten beide Werke das gleiche Schicksal. „Die Restbestände der ersten Auflage meines Buches wurden 1938 nach der Besetzung Österreichs mit anderen Werken des Internationalen Psychoanalytischen Verlages vernichtet" (Graber 1945, Vorwort).

Die mangelnde Resonanz hatte aber zweifellos auch noch andere Gründe, für deren Aufdeckung die Zeit noch nicht gekommen ist. Zu Recht schrieb Graber: „Aber immer noch – 45 Jahre nachdem Dr. O. Rank und ich gleichzeitig und unabhängig voneinander in je einer Schrift die Ideen des *vorgeburtlichen Seelenlebens* und des *Traumas der Geburt* vertraten – werden diese Vorstellungen vielfach von den Tiefenpsychologen beinahe ebenso ignoriert oder abgelehnt wie damals" (Graber 1970, Vorwort).

In diesem Zusammenhang muß auch die spätere Nichtbeachtung Ferenczis durch viele Jahrzehnte gesehen werden: „Man muß sich heute schon sehr intensiv mit Psychoanalyse beschäftigen, um zu erkennen, eine wie große Rolle Ferenczi damals gespielt hatte, so selten wird er zitiert, so wenige haben seine Gedanken unter seinem Namen Eingang in die Psychoanalyse gefunden." (Falzeder 1986) Die Antwort Grabers auf diese Situation ist ein Verhalten, das man „konstruktiven Wiederholungszwang" nennen könnte. Er bereitet weitere Auflagen des Buches vor, die er jeweils neu bearbeitet:

- 1945 erscheint *Einheit und Zwiespalt der Seele* im damals größten deutschsprachigen Verlag für Psychologie Hans Huber, Bern, und als dieses Buch längst vergriffen ist
- 1970 *Ursprung, Einheit und Zwiespalt der Seele* als gefragtes Taschenbuch bei Wilhelm Goldmann, München.
- 1975 erfolgt ein Neudruck in Grabers „Gesammelten Schriften".

Und erst im Zusammenhang mit deren Neubearbeitung, also 1975, berichtet Graber über ein eigenes Erlebnis, das dem von Alexander 1924 hervorgehobenen Erkenntnisweg Buddhas entspricht. Graber schreibt im Vorwort zu diesen „Gesammelten Schriften" über seine eigene Analyse: (Graber 1975, Vorwort) „Erst Jahre später lernte ich Buddhas Lehre kennen, und mit Staunen wurde mir bewußt, daß mein damals erlebtes seelisches Ruhen in der Tiefensensibilität der Bedürfnislosigkeit dem Nirwanaerlebnis Buddhas verwandt sein mußte."

Dialog über den Anfang – Anfang eines Dialoges

Daß Graber sich nun – nach mehr als 50 Jahren – über die Quelle seiner Intuition äußert, äußern kann, hängt mit einem Erlebnis zusammen, das für Graber und die pränatale Psychologie die folgenden Jahre und damit die Rezeptionsgeschichte seines Hauptwerkes bestimmt hat. Er berichtet darüber (Graber 1973, S. 19): „Vor einigen Jahren erlebte ich ... nach meinem Referat, auf das keine lebendige Diskussion zustande kam, eine erfreuliche Überraschung. Meldete sich doch als Diskussionsredner ein mir unbekannter Forscher und nahm eingehend mit positiver Einstellung und erfreulicher Sachkenntnis zu meinem Referat Stellung. Es war Dr. Dr. Friedrich Kruse. Von da an datierte eine erfreulich wachsende Zweier-Gemeinschaft."

Die Erfahrungen des Arztes und Psychologen Kruse eröffneten für Graber eine Brücke, die es ihm erlaubte, sich wieder in das aktuelle wissenschaftliche Gespräch einzubringen. Kruse hat ausgehend von seinen reichen Erfahrungen eine umfassende, an der Phänomenologie orientierte Darstellung publiziert (*Die Anfänge des menschlichen Seelenlebens*. Enke,

Stuttgart 1969). Er bereitete die Gründung einer wissenschaftlichen Gesellschaft (ISPP) vor, organisierte zusammen mit Graber deren erste Tagung nach einem multidisziplinären Konzept und betrieb mit ihm die Veröffentlichung der Vorträge (*Vorgeburtliches Seelenleben*. Goldmann, München 1973). Auf dieser Basis konnten Grabers Ideen neuerlich und in einem anderen Kontext in den wissenschaftlichen Diskurs einer breiteren Öffentlichkeit eingebracht werden. Es zeigte sich, daß sein Grundgedanke, das Kind erlebe seine Geburt in einer Übergangssituation zwischen zwei „Daseinsweisen", überaus aktuell war. Im Zusammenhang mit einer ökologischen Entwicklungspsychologie war es naheliegend, den Uterus als erste Umwelt des Kindes zu charakterisieren und die Geburt als „Eintritt in eine neue Welt" (Schindler 1982).

Literatur

Alexander F (1923) Der biologische Sinn psychischer Vorgänge. (Über Buddhas Versenkungslehre). Imago 9: 30ff.
Bleuler E (1911) Dementia präcox oder Gruppe der Schizophrenien. Deuticke, Leipzig Wien
Falzeder E (1980) Die „Sprachverwirrung" und die „Grundstörung". Universität Salzburg
Falzeder E, Braband E (2003) Freud-Ferenczi-Briefwechsel, Band II/I. Böhlau, Wien
Ferenczi S (1909) Introjektion und Übertragung
Ferenczi S (1913) Entwicklungsstufen des Wirklichkeitssinnes
Ferenczi S, Rank O (1924) Entwicklungsziele der Psychoanalyse. Leipzig Wien
Freud S (1914) Zur Geschichte der psychoanalytischen Bewegung
Graber GH (1924) Die Ambivalenz des Kindes. Int. Psychoanalytischer Verlag, Leipzig Wien Zürich
Graber GH (1945) Einheit und Zwiespalt der Seele. Huber, Bern
Graber GH (1953) Ernst Schneider zum 75. Geburtstag. Schw. Z. Psychol. 12: 4
Graber GH (1970) Ursprung, Einheit und Zwiespalt der Seele. Goldmann, München
Graber GH (1975) Gesammelte Schriften, Bd. 1. Goldmann, München
Graber GH, Kruse F (1973) Vorgeburtliches Seelenleben. Goldmann, München
Hug-Hellmuth H (1913, 1921) Aus dem Seelenleben des Kindes. Deuticke, Leipzig
Huber W (1980) Die erste Kinderanalytikerin. In: Gastager et al. (Hrsg.) Psychoanalyse als Herausforderung. VWVÖ, Wien.
Kruse F (1969) Die Anfänge des menschlichen Seelenlebens. Enke, Stuttgart
Rank O (1924) Das Trauma der Geburt, Int. Psychoanalytischer Verlag, Leipzig Wien Zürich
Schindler S (1982) Geburt – Eintritt in eine neue Welt, Beiträge zu einer Ökologie der perinatalen Situation. Hogrefe, Göttingen

◇

Sepp Schindler, Dr. phil. Univ. Prof. em. Studium der Psychologie in Wien und Zürich 1949 abgeschlossen mit einer Dissertation über „Die seelischen Auswirkungen des Krieges bei Jugendlichen". Erzieher und klinischer Psychologe in Institutionen und Beratungsstellen, vor allem bei straffälligen Jugendlichen. Aufgrund dieser Erfahrungen Publikationen über „Jugendkriminalität" (1968) und „Aggressionshandlungen Jugendlicher" (1969) sowie Aufbau und Leitung der Österreichischen Bewährungshilfe (1957–1973). Habilitation an der Universität Salzburg, dort Professor, Leiter der Abteilung für Sozialisationsforschung und Entwicklungspsychologie (1973–1987) und Vorstand des Institutes für Psychologie (1985–1987). über 100 Publikationen, darunter „Geburt – Eintritt in eine neue Welt", „Pränatale und Perinatale Psychosomatik" (mit T. F. Hau), „Ökologie der Perinatalzeit" (mit H. Zimprich), „Dialog mit dem Ungeborenen", „Das Kind in der Pränatalen und Perinatalen Lebenszeit", u. a. Gründer der „Arbeitsgemeinschaft Bewährungshilfe", Gründungsmitglied der Internationalen Studiengemeinschaft für Pränatale Psychologie (ISPP) und deren Präsident (1976–1984), Gründer des Hochschullehrganges für Supervision an der Universität Salzburg. Ehrenmitglied der Österreichischen Vereinigung für Supervision, von NEUSTART (Österreichische Bewährungshilfe), des Salzburger Arbeitskreises für Psychoanalyse.
Anschrift: Nonntaler Hauptstr. 37d, 5020 Salzburg, Österreich

Die Stellung Gustav Hans Grabers im Prozeß der psychoanalytischen Forschung

Ludwig Janus

Einleitung

Der Prozeß der psychoanalytischen Forschung vollzieht sich in ganz merkwürdigen Sprüngen und Dissoziationen, die dann wieder zu Verbindungen und Reintegrationen führen. Eine Ursache hierfür ist die subjektive Begrenztheit des einzelnen Forschers. Man könnte vielleicht das Konzept des einzelnen Analytikers als eine intuitive Wahrnehmungslandschaft seines seelischen Erlebens bezeichnen, die dann wieder die anderen Forscher anregen kann, die intuitiven Wahrnehmungslandschaften ihres Erlebens zu beschreiben, ohne daß diese Beschreibungen voll kommensurabel sind. Die Situation wird noch dadurch erschwert, daß die Wahrnehmungslandschaft des einen Analytikers Elemente enthält, die beim anderen latent und nicht zugänglich sind und umgekehrt. Dies führt dann zu den Spaltungen und Gruppenbildungen um bestimmte Sichtweisen.

Trotz dieser Dissoziationen hat es über die Gruppen hinweg in der Geschichte der Psychoanalyse doch ein Gefühl der Zusammengehörigkeit in einem Grundverständnis seelischen Geschehens gegeben, das auch immer wieder neue Begegnungen und Reintegrationsprozesse ermöglicht hat (Janus 1992). Ich nehme hierfür als Beispiel die Dimension des körperlichen Erlebens in der therapeutischen Situation. Entsprechend der mehr intellektuell-sprachlichen Ausrichtung der bürgerlichen psychoanalytischen Gruppen und der Körperfremdheit des Zeitgeistes war die Körperdimension in der therapeutischen Situation nur unscharf oder relativ theoretisch abgebildet. Die Erforschung der Körperabwehr durch Reich und entsprechende Veränderungen in der psychotherapeutischen Situation, um das Körpererleben zugänglicher zu machen, erschienen demgegenüber fremdartig und mit dem eigenen Selbstverständnis nicht vereinbar. Es kam zu den bekannten dissoziativen Ausgrenzungen, wobei den Nachdenklichen beider Seiten trotz allem bewußt war, daß diese Ausgrenzungen und Abspaltungen mit Unvollständigkeiten der Verstehensmöglichkeiten zusammenhingen.

Meine Vermutung geht dahin, daß gerade von der Ausarbeitung und Formulierung solch gegenläufiger Perspektiven eine dynamische Spannung ausgeht, die die Gewinnung eines neuen Bezugsrahmens anregt, der eine Reintegration erlaubt, wie sich dies in den letzten Jahren in Bezug auf die Körperebene vielfältig entwickelt hat, wobei die Körpertherapeuten sich mit der analytischen Reflektion auseinandersetzen und die psychoanalytischen Psychotherapeuten mit der Dynamik des körperlichen Erlebens in der analytischen Situation.

Das Ergebnis eines solchen Dissoziations- und Reintegrationsprozesses kann man auch als Ich-Wachstum bei den Forschern verstehen. Im Medium des spannungsreichen Forschungsprozesses kommt es zu einer Erweiterung der inneren Wahrnehmungsmöglichkeiten und einer Veränderung und Erweiterung der Mentalität. Dies scheint mir oft zu wenig beachtet.

Hierfür nehme ich als weiteres Beispiel die Zunahme der Einfühlungsfähigkeit in das Erleben des Säuglings im letzten Jahrhundert. Die ersten Formulierungen Freuds zum Erleben des Säuglings als narzißtisch und unbezogen sind aus heutiger Sicht in merkwürdiger Weise unvollständig. Damals waren sie ein Fortschritt, weil man davor der Meinung war, der Säugling erlebe nichts und sei ein reines Reflexwesen. Verständlich ist aber auch, daß die Formulierungen Adlers (1920) zur Leidens- und Ohnmachtsseite der Säuglingsbeziehung eben wegen der Unvollständigkeit der Sicht Freuds zu einer Dissoziation führen mußten. Beide Forscher hatten intuitive Landschaften der ihnen zugänglichen Wahrnehmung frühen Erlebens dargestellt, die aber nicht aufeinander bezogen werden konnten, weil sie wechselseitig Latentes enthielten. Konnte Freud die frühen Allmachtsgefühle erfassen, so Adler die frühen Ohnmachtsgefühle. Beides war aus der jeweiligen Subjektivität und der ihr zugehörigen Abwehr nicht kommensurabel. Aus der Unvollständigkeit dieser Konzepte entwickelte sich ein Spannungsfeld der Wahrnehmungsmöglichkeiten und Kontroversen. Von diesem spannungsvollen Gegeneinander ging auch ein kreativer Impuls aus, einen neuen Bezugsrahmen zu finden, der es erlaubte, diese widersprüchlichen Perspektiven aufeinander zu beziehen. Dieser Rahmen bestand in der Anerkennung der Intensität und Wirklichkeit der frühen Mutter-Kind-Beziehung, wie sie sich auf verschiedenen Ebenen in den letzten Jahren vollzog und in der Bindungs- und Säuglingsforschung formuliert wurde. Innerlich entspricht dem eine erweiterte Wahrnehmungs- und Einfühlungsmöglichkeit. Es haben sich also nicht nur die Konzepte verwandelt und verbessert, sondern unser Ich oder unsere Mentalität hat sich verwandelt, entwickelt und erweitert. Der psychoanalytische Forschungsprozeß ist also gleichzeitig ein Wachstumsprozeß des Ich über die Generationen hinweg.

Wesentlich ist dabei auch, daß der analytische Forschungsprozeß sich in inniger Wechselwirkung zur allgemeinen Mentalität vollzieht. Die Psychoanalyse hat die Mentalität im 20. Jahrhundert wesentlich mit beeinflußt, ist aber umgekehrt auch von ihr mitgeprägt worden. Die aus heutiger Sicht befremdende und unvollständige Erfassung des Säuglingserlebens in der frühen Psychoanalyse steht im Kontext zu einem entfremdeten und unwissenden Umgang mit dem Säugling in dieser Zeit. Ein wesentlicher Hintergrund hierfür ist die traumatische Geschichte der Kindheit, wie sie in der Psychohistorie dargestellt worden ist (DeMause 2000; Nyssen u. Janus 1997).

Trotz der kulturellen Katastrophen der beiden Weltkriege ist es im letzten Jahrhundert zu beachtlichen wirtschaftlichen und sozialen Fortschritten gekommen, wie insbesondere der Erreichung demokratischer Verhältnisse und wirtschaftlicher und medizinischer Sicherheit in Europa. Dies ist ein Hintergrund für die wachsende Einfühlung in das Erleben des Säuglings, wie sie sich in den letzten 50 Jahren in den westlichen Demokratien vollzog. Und dies wieder steht in Wechselwirkung zur Entwicklung der Selbstpsychologie und Objektbeziehungspsychologie in der Psychoanalyse.

Der Forschungsprozeß in der Psychoanalyse und der Tiefenpsychologie insgesamt ist also von erstaunlichen Dissoziationen und Spaltungen geprägt, wie ebenso von erstaunlichen Reintegrationen und Wachstumsprozessen. Was früher inkommensurable intuitive innere Wahrnehmungslandschaften waren, wird allmählich zu aufeinander beziehbaren Perspektiven auf in uns fortlebendes frühes Erleben, zu dem wir heute einen viel breiteren Zugang haben, als noch vor wenigen Jahrzehnten.

Diese längere Einleitung war nötig, um das Forschungswerk Gustav Hans Grabers in diesem breiten Forschungsprozeß der Psychoanalyse und der Tiefenpsychologie verorten zu können. Wichtig ist der Gesichtspunkt, daß die Ausgrenzung zur Dynamik des analytischen Forschungsprozesses dazu gehört. Das Ausgegrenzte bleibt trotzdem wirksam und induziert Reintegrations- und Wachstumstendenzen. In Bezug auf das Werk Grabers scheint die Zeit für eine solche Reintegration reif. Einige hierfür wichtige Gesichtspunkte soll dieser Beitrag wie die anderen Beiträge dieses Bandes reflektieren.

Eine wesentliche Einsicht der Psychoanalyse war, daß die Individuationsprozesse des Erwachsenen in tiefer Wechselwirkung mit den Erfahrungen des Kindes stehen. Hierzu zunächst einige Überlegungen.

Bezugsebenen der Erwachsenenidentität

Eine Besonderheit menschlicher Identität besteht darin, daß wir als Erwachsene immer auch zutiefst von unseren kindlichen Gefühlen bestimmt sind. Diese Wechselwirkung wurde bei neurotischen Patienten entdeckt. Sie besteht aber auch in den gesellschaftlichen Bezügen in dem Sinne, daß unsere gesellschaftlichen Anschauungen durch kindliche Gefühle vorgeprägt sind, wie dies Freud (1927) insbesondere für die religiösen Gefühle nachgewiesen hat. Wir suchen den verlorenen Vater der Kindheit in Gottvater und seinen irdischen Stellvertretern, wie dem Landesvater usw. wiederzufinden. Diese Transformation der Kindergefühle in unsere gesellschaftlichen Bezüge ist ein wesentliches Medium des kulturellen Zusammenhalts und ermöglicht unser Funktionieren in größeren Ordnungen.

Die Frage erhob sich, welche Ebene der kindlichen Erfahrung hier relevant ist. Hatte Freud vornehmlich die Ebene des ödipalen Kindes zwischen drei und fünf Jahren im Auge, so rückte schon ganz früh mit den Beobachtungen Adlers (1920) die Säuglingsebene in den Blickpunkt, wie dann auch die Geburts- und Vorgeburtserfahrung durch Rank (1924) und Graber (1924). Letzteres war aber von der noch sehr patriarchalen Mentalität der damaligen Zeit her völlig inakzeptabel. Die Mutterdimension in der frühen Entwicklung und in den gesellschaftlichen Bezügen war zu jener Zeit noch weitgehend unbewußt. Darum konnten die so kreativen Anregungen von Rank und Graber nicht in einen diskursiven Raum Eingang finden. Es blieb nur die Ausgrenzung. Aber gerade durch die Ausgrenzung blieben beide präsent, Rank durch das Schlagwort vom „Trauma der Geburt" (Janus 1997; Leitner 1998) offener und Graber verborgener (Reiter 2004). Diese geringere Beachtung erlaubte Graber aber gerade, seine Gesichtspunkte in einem kontinuierlichen Forschungsprozeß aus seinen Beobachtungen in analytischen Behandlungen heraus kontinuierlich über die Jahrzehnte weiterzuentwickeln (Graber 1966, 1978a, 1978b). Seine kühne Kernthese, daß das vorgeburtliche Erleben und die vorgeburtliche Beziehung oder, wie er es nannte, die vorgeburtliche Dualeinheit der entscheidende Bezugspunkt der Erwachsenenidentität und Individuation ist, ist heute immer noch herausfordernd, aber nicht mehr in der Weise absurd, wie sie seinen Zeitgenossen erschien. Wenn der Philosoph Sloterdijk von einer Geburtsvergessenheit der Philosophie spricht, so gilt dies noch mehr für die Mutterleibsvergessenheit nicht nur der Philosophie, sondern der Gesellschaft insgesamt.

Diese Mutterleibsvergessenheit ist durch die Film- und Ultraschallaufnahmen vom vorgeburtlichen Kind in den letzten Jahrzehnten relativiert worden (Nilsson 1984; Campbell 2005). Das Kind vor der Geburt ist heute mit den 3-D-Ultraschallaufnahmen unmittelbar beobachtbar in seinen Reaktionen und seiner Mimik und Gestik. Was aber sichtbar ist, wird für unser Gefühl zugleich auch wirklich und das betrifft auch das „Seelenleben des Ungeborenen" (Verny u. Kelly 1981).

Diese Beobachtungen ermutigen uns heute, uns mit der Einsicht Grabers neu auseinanderzusetzen, daß dieses „Seelenleben des Ungeborenen" in uns als ein Bezugspunkt unserer Erwachsenenidentität weiterlebt. Man könnte von einem Hintergrundfilm sprechen, von dem aber tiefe Motivationen und Orientierungen ausgehen. Was waren aber für Graber wesentliche Inhalte dieses Hintergrundfilmes?

Grabers Konzept der „vorgeburtlichen Seele"

Hatte Freud das vorgeburtliche Seelische abstrakt im Konzept des primären Narzißmus erfaßt, so sprach Graber vom vorgeburtlichen seelischen Erleben aus einer eigenen Erfahrung in seiner Analyse. Er formuliert: „Die ursprüngliche, eigentliche Seele, die ‚alles enthält und allverbunden ist' (Freud), kann nur die intrauterine sein. Sie ist zutiefst unbewußt. Ich bezeichne sie als das unbewußte Selbst" (Graber 1978a, S. 27). Und weiter führt er aus: „Alle unsere wissenschaftlichen und psychotherapeutischen Bemühungen um den Menschen bleiben Stückwerk, wenn wir nicht endlich zu der Einsicht vorstoßen und den Mut haben, die Integration des vorgeburtlichen Lebens als den wesentlichen seelischen Bereich in die Biographie und Pathographie der Persönlichkeit aufzunehmen. Und da die vorgeburtliche Dual-Einheit zwischen Mutter und Kind für das Kind ein Leben in der totalen Geborgenheit, der gleichmäßigen Wärme und der automatischen, mühelosen Ernährung bedeutet, wirkt dieses unbewußte paradiesisch-harmonische Leben nach dem Gesetz der Entelechie … nachgeburtlich fortdauernd in uns weiter und lenkt und drängt uns zum bewußt-harmonisch-einheitlichen Leben. Psychotherapie müßte also als Selbstverwirklichung letztlich Selbsterlösung bewirken" (Graber 1978a, S. 180).

Diese Zitate machen die Stärke und zugleich auch die Begrenzung des Graberschen Konzeptes des vorgeburtlichen Seelischen deutlich. Seine Stärke ist die tiefe Intuition für die Wirklichkeit des vorgeburtlichen Seelischen, wie er es in seinem analytischen Erlebnis erfahren hat. Dieses Gespür für das vorgeburtliche seelische Erleben hat ihn zum Begründer und Pionier der pränatalen Psychologie gemacht. Es war ein Gespür, das in seiner Zeit vor allem irritierte, aber auch heute noch eine Herausforderung und gleichzeitig eine Orientierung ist. Die Beweislage hat sich dramatisch zu Grabers Gunsten verschoben. Die vorgeburtliche Erfahrung und vorgeburtlichen Ereignisse konnten in unzähligen regressiven Erfahrungen in der Psychotherapie und in der Selbsterfahrung zugänglich gemacht und rekonstruiert werden (Emerson 2000; Emerson 2004; Janus 2004; Terry 2004 u. a.), und die Neurobiologie kann zeigen, daß die Art des vorgeburtlichen Erlebens die synaptischen Verschaltungen mitprägt (Verny 2003; Hüther 2005).

Doch wird aus den Zitaten auch die Begrenzung einer gewissen Idealisierung der vorgeburtlichen Zeit deutlich. Gerade die Wirklichkeit der vorgeburtlichen Existenz und des vorgeburtlichen Lebens bedingen, wie alle Wirklichkeit, auch Leiden und Mangel, wie ebenso zahlreiche Selbsterfahrungsregressionen und die empirische Streßforschung (Huizink 2005; Van den Bergh 2005) gezeigt haben, ebenso wie die psychotherapeutischen Beobachtungen bei durch Ungewolltheit in ihrer vorgeburtlichen Entwicklung belasteten Kindern und Erwachsenen (Häsing u. Janus 1999; Levend u. Janus 2000 u. a.). Diese Beobachtungen wurden im wesentlichen erst möglich durch die Ermutigung, die von Grabers Gespür für die Wirklichkeit des vorgeburtlichen Erlebens ausging. In diesem Sinne initiierte Graber auch die Gründung der Internationalen Studiengemeinschaft für Pränatale und Perinatale Psychologie (ISPP), die später ihren Namen zur Internationalen Studiengemeinschaft für Pränatale und Perinatale Psychologie und Medizin (ISPPM) erweiterte. Die Gründung dieser Gesellschaft im Jahre 1971 erfolgte in Wechselwirkung zu einem liberaleren postmodernen Zeitgeist mit einer zunehmenden Einfühlung in das Erleben des Neugeborenen und Säuglings.

Grabers Konzept der Geburt

In der Sicht Grabers ist die Geburt die abrupte und gewissermaßen grausame Beendigung der vorgeburtlichen Dualeinheit. Er schreibt: „Was hat es also für eine Bewandtnis mit dem Trauma der Geburt? Das bedürfnislose Leben des Kindes im Mutterleib wird durch das furchtbare Erlebnis des Geburtsaktes gestört. Dieser Ureindruck des Unlustvollen ist Auftakt für ein neues Dasein, das als beständige Begleiter die Versagung und den Schmerz hat. Das Kind erlebt bei und nach der Geburt diesen krassesten von allen denkbaren Gegensätzen im menschlichen Dasein. Er gibt seinem Seelenleben ein neues Gepräge. Wie schon betont, sehe ich das Trauma weniger im Schmerzerlebnis des Durchgequetschtwerdens durch die Geburtswege (Rank), als vielmehr im Wechsel der beinahe völlig gegensätzlichen Lebens- und Daseinsbedingungen vor- und nachgeburtlicher Existenz. Beide Leidquellen – Geburtsakt und neues Dasein – werden sicher von der Seele des Neugeborenen erlebt, …" (Graber 1978a, S. 50). Und weiter: „Dieser unvermittelte Daseinswechsel ist der Hintergrund für die Ambivalenz des Menschen. ... Die Objektwelt wird vom Kinde gleichsam als Träger der Schuld an seiner neuen, unvorteilhaften Existenz empfunden. Sie wird darum ‚in globo' abgelehnt, sie (das das Eingehen in sie) hat ja auch wirklich die Ambivalenz von Lust/Unlust verursacht" (Graber 1978a, S. 54).

Die Intuition von der Leidensseite der Geburt ist wohl eigentlich allgemein menschlich, wird kulturell aber eher als „natürliches Ereignis" verleugnet. Ein schönes Beispiel ist die Aussage von Erasmus Darwin, dem Großvater von Charles Darwin, den Graber anschaulich zitiert: „Die ersten starken Empfindungen, die nach der Geburt auf das Junge eindringen, entstehen durch Atemnot mit Beklemmung der Brust und durch den plötzlichen Übergang aus einer Temperatur von 37 Grad in unser kaltes Klima. Das Junge zittert, d. h. es setzt nacheinander alle Muskeln in Bewegung, um sich von dem Druck auf seiner Brust zu befreien, und es beginnt mit kurzen, schnellen Atemzügen Luft zu schöpfen. Gleichzeitig zieht die Kälte seine gerötete Haut zusammen, so daß es langsam erblaßt; der Blasen- und Darminhalt wird entleert und aus dem Erleben dieser ersten unlustvollen Sensation entsteht der Angstaffekt, der nichts anderes ist als die Erwartung unlustvoller Sensation. Diese frühzeitige Kombination von Bewegungen und Empfindungen erhält sich durch das ganze spätere Leben; durch den Angstaffekt wird Kälte und Blässe der Haut, Zittern, Beschleunigung der Atemtätigkeit und Entleerung von Blase und Darm bewirkt; und diese Erscheinungen werden so zum natürlichen, universellen Ausdrucksmittel für diesen Affekt" (Erasmus Darwin, zit. n. Graber 1978a, S. 51).

Auch Freud hatte ja eine ähnliche Intuition von der Geburtsangst als Vorbild für die späteren Angstaffekte, ohne dieser Einsicht aber einen systematischen Stellenwert für die reale Bedeutung der Geburtserfahrung geben zu können. Er leitete hieraus seine Signalangsttheorie ab, konzentrierte sich auf diese sekundären Erscheinungen und ließ die Frage nach den Einzelheiten der Realität der Geburtserfahrung unausgearbeitet. Hier setzt Graber ein mit der Fokussierung auf die unlustvollen und verstörenden Seiten des unvermittelten Daseinswechsels (Graber 1924, 1966, 1978a, 1978b). Die Freudschen Formulierungen, die die Bedeutung der realen Geburt im Vagen belassen, entsprachen sehr viel mehr dem damaligen Zeitgeist, während Grabers Formulierungen provozierend waren und Ausgrenzung zur Folge hatten. Die eigene Verdrängung, das eigene Fremde, wurde gewissermaßen in ihm verdrängt und abgelehnt.

Aber auch Grabers Begrenzung in der Sicht auf die Geburt wird deutlich. Durch die beschriebene Idealisierung der vorgeburtlichen Zeit wird die Geburt zum überwältigenden Einbruch einer unlustvollen Realität. Dadurch kommen die positiven und transformativen Seiten der Geburtserfahrung als eines ersten Abenteuers, als eines stärkenden Heldenkampfes usw. zu wenig in den Blick, wie auch die Faszination der Begegnung mit den Eltern und der Mitwelt. Hier spielen, wie es bei introspektiv gewonnenen Einsichten gar nicht anders sein kann, Elemente aus Grabers Biographie mit hinein, der real in die Notsituation einer Dürrezeit hineingeboren wurde (s. den Beitrag von Eva Eichenberger in diesem Band S. 15–30).

Grabers Sicht auf den therapeutischen Prozeß

Für Graber geht es im therapeutischen Prozeß darum, die durch Geburtstrauma und nachgeburtliche Not bewirkte Entfremdung im therapeutischen Prozeß zu relativieren, um einen inneren Bezug zum kreativen Potential des vorgeburtlichen Selbst zu gewinnen, aus dem heraus dann eine Neugeburt und Selbstverwirklichung unter günstigen Umständen stattfinden kann (Graber 1978b).

Durch die Einbeziehung der vorgeburtlichen Lebenszeit in den Erlebenshorizont im Konzept der „Dual-Einheit" wird eine neue Behandlungsdimension zugänglich. Die Vorgänge der aktiven und passiven Identifizierung gewinnen durch die Bildhaftigkeit des „In-Jemand-Hineinschlüpfens" und des „Jemand-in-sich-Hineinnehmens" eine größere Konkretheit. Die Übertragungsdimension wird durch das Konzept der „Total-Regression" (die intrauterine Regression) und des „Primär-Widerstandes" erweitert: „Es ist die oft unangreifbar und unwandelbar erscheinende Widerstandshaltung des Patienten, die unsere Bemühungen mit einer starr und primär fixierten Regressionshaltung embryonaler Daseinsansprüche absoluter Geborgenheit, gottähnlichem Geliebtwerdens, absoluter Güte usw. in Bann versetzt. Ich habe bereits vor mehr als 20 Jahren und seitdem immer wieder darauf verwiesen, daß die Hauptaufgabe der Psychotherapie die ist, das Ich-hafte, das Gefüge aus Identifizierungen mit Fremdem, das Außenweltcharakter trägt (falsches Selbst) aufzuheben, um dem Selbst, dem ursprünglichsten und eigensten der Seele, Entfaltung zu ermöglichen ... Und doch können wir, sofern wir das Organ dafür besitzen, tagtäglich in der Praxis erfahren, wie im Grund jeder kleinste seelische Heilungserfolg eine Wiedergeburt aus einem gebundenen in ein freieres Dasein ist. Die gebundenste, die embryonale Existenz jedoch braucht auch die schmerzvollste Wiedergeburt, nämlich jene des Durchgangs durch die Ich-Schranken, um zu ihrer höchsten ‚Höhe' (Nietzsche) im Überpersönlichen zur Bewußtheit zu gelangen ... Aber gerade diese primärsten Übertragungen dürfen nicht gezüchtet, sondern müssen als Ur-Widerstände und Projektionen des Vollkommenheits- und Erlösungsanspruches analysiert und aufgelöst werden, wenn nicht daraus eine gegenseitige unheilsame

Hörigkeit erwachsen soll, die eine Ich-hafte Behinderung zur vollen, d. h. bewußten Erlebnisfähigkeit der Integration der ursprünglichen Immanenz des Selbstes ist. Die Mentor- oder Virgilrolle ist dann für Arzt und Patient keine Gefahr, wenn ersterer wohl die Übertragung annimmt, neutral wie als Spiegel (Freud), und sie nicht anders als jene aus den übrigen Ich-Bereichen aufzulösen hilft, den Heilbedürftigen von Übertragung und transzendenter Bindung freizumachen trachtet und ihn so zum Erleben seines Wesens im überpersönlichen Selbst befähigt" (Graber 1966, S. 64ff.).

Wegen des Tabus um das vorgeburtliche und geburtliche Unbewußte in der Psychoanalyse und Tiefenpsychologie war Grabers Werk in Bezug auf die Fachgesellschaften begrenzt. Doch fand er eine größere Resonanz in der Zeit nach dem Krieg bei einzelnen Psychotherapeuten und Interessierten und erhielt so die Anregung, seine Beobachtungen und Überlegungen in zahlreichen Schriften zu veröffentlichen, die in den gesammelten Schriften 1978 erschienen. Darum ist uns sein Werk heute im Überblick zugänglich und kann bei dem durch den neuen Zeitgeist gewachsenen Interesse an der Thematik vorgeburtlicher und geburtlicher Erfahrungen für die Theorie und Praxis in Psychoanalyse und Tiefenpsychologie genutzt werden.

Abschließende Bemerkungen

Der Forschungsprozeß in der Psychoanalyse erfolgt in Prozessen der Ausgrenzung und Reintegration, der Dissidenz und Wiederannäherung. Die Zeiten der Ausgrenzung können Jahre und Jahrzehnte dauern, wie das Beispiel Ferenczis zeigt, und in der Warteschlange einer Wiederannäherung stehen jetzt Rank (Janus 1997, 1998; Janus u. Wirth 2005) und Graber (Schindler 1998; Reiter 2004). Die empirische Forschungssituation und die Beobachtung aus Regressionstherapien haben die Beweissituation grundlegend verändert. Eine Verleugnung seelischen Erlebens bei Kindern vor der Geburt erscheint angesichts etwa der offenkundigen seelischen Nöte eines Frühgeborenen in seinem Inkubator aus der heutigen Mentalität abwegig. Das Zögern der analytischen Gruppen, sich dem vorgeburtlichen und geburtlichen Teil unserer Biographie zu nähern, scheint mir eher Ausdruck der Weitergabe von tradierten Einstellungen als Ausdruck nachdenklicher Reflexion. Da die vorgeburtliche Lebenszeit und die Geburt aber Teil der Biographie unserer Patienten sind (Janus 2000a, 2000b, 2004), ist die Auseinandersetzung unumgänglich, und Graber kann hier ein ermutigender Führer sein. Auf den Reichtum seines in Jahrzehnten gewachsenen Werkes kann hier nur hingewiesen und zur eigenen Lektüre angeregt werden (Graber 1978a, 1978b).

Literatur

Adler A (1924) Praxis und Theorie der Individualpsychologie. Fischer, Frankfurt 1974
Campbell S (2005) Schau mal, wie ich wachse. VGS, Bielefeld
DeMause L (2000) Was ist Psychohistorie? Psychosozial, Gießen
Emerson W (2000) Die Behandlung von Geburtstraumata bei Kindern und Jugendlichen. Bezug: Sekretariat der ISPPM, Friedhofweg 8, 69118 Heidelberg
Emerson W (2004) Psychotherapy with Children. In: Janus L (Hg.) Pränatale Psychologie und Psychotherapie. Mattes, Heidelberg
Freud S (1997) Die Zukunft einer Illusion. In: Studienausgabe Bd. IX. Fischer, Frankfurt
Graber GH (1924) Die Ambivalenz des Kindes. Internationaler Psychoanalytischer Verlag, Leipzig Wien Zürich
Graber GH (1966) Die Not des Lebens und ihre Überwindung. Ardschuna, Düsseldorf
Graber GH (1978a) Ursprung, Zwiespalt und Einheit der Seele. Vor- und nachgeburtliche Entwicklung des Seelenlebens. Gesammelte Schriften Bd. 1. Pinel, Berlin (Bezug: Sekretariat der ISPPM, Friedhofweg 8, 69118 Heidelberg)
Graber GH (1978b) Psychotherapie als Selbstverwirklichung. Gesammelte Schriften Bd. 3. Pinel, Berlin (Bezug: Sekretariat der ISPPM, Friedhofweg 8, 69118 Heidelberg)
Häsing H, Janus L (Hg.) (1999) Ungewollte Kinder. text-o-phon, Wiesbaden
Hüther G (2005) Pränatale Einflüsse auf die Hirnentwicklung. In: Krens I, Krens H (Hg.) Grundlagen einer vorgeburtlichen Psychologie. Vandenhoeck & Ruprecht, Göttingen
Huizink A (2005) Pränataler mütterlicher Streß und die Entwicklung des Säuglings. In: Krens I, Krens H (Hg.) Grundlagen einer vorgeburtlichen Psychologie. Vandenhoeck & Rupprecht, Göttingen
Janus L (1992) Ausgrenzung und Reintegration in der Forschungsgeschichte der Psychoanalyse. Psychoanalyse im Widerspruch 7: 101–112
Janus L (1997) Die Stellung Otto Ranks im Prozeß der psychoanalytischen Forschung. Werkblatt 38: 83–101
Janus L (Hg.) (1998) Die Wiederentdeckung Otto Ranks für die Psychoanalyse. Psychosozial, Gießen
Janus L (2000a) Die Psychoanalyse der vorgeburtlichen Lebenszeit und Geburt. Psychosozial, Gießen.
Janus L (2000b) Der Seelenraum des Ungeborenen. Walter, Düsseldorf
Janus L (Hg.) (2004) Pränatale Psychologie und Psychotherapie. Mattes, Heidelberg
Janus L, Wirth HJ (2005) Otto Rank und das Unbewußte. In: Buchholz MB, Gödde G (Hg.) Macht und Dynamik des Unbewußten, Bd. I. Psychosozial, Gießen
Leitner M (1998) Freud, Rank und die Folgen. Turia und Kant, Wien
Levend H, Janus L (2000) Drum hab ich kein Gesicht – Kinder aus ungewollten Schwangerschaften. Echter, Würzburg
Nilsson L (1984) Ein Kind entsteht. Mosaik, München
Nyssen F, Janus L (1997) Psychogenetische Geschichte der Kindheit. Psychosozial, Gießen
Rank O (1924) Das Trauma der Geburt. Psychosozial, Gießen
Reiter A (2004) Dialektik von Ich-Entwicklung und Individuation bei Gustav H. Graber. In: Janus L (Hg.) Pränatale Psychologie und Psychotherapie. Mattes, Heidelberg, S 205–222 (Ergebnisse der Pränatalen Psychologie, Bd. 1)

Schindler S (1998) Pränatale Psychologie als wissenschaftlicher Dialog. Geschichte – Gegenwart – Zukunft. Int J of Prenatal and Perinatal Psychology and Medicine 10: 521–536

Terry K (2004) Observations in Treatment with Children Conceived by In Vitro Fertilization. In: Janus L (Hg.) Pränatale Psychologie und Psychotherapie. Mattes, Heidelberg, S 107–116 (Ergebnisse der Pränatalen Psychologie, Bd. 1)

Van den Berg B (2005) Über die Folgen negativer mütterlicher Emotionalität während der Schwangerschaft. In: Krens J, Krens H (Hg.) Grundlagen einer vorgeburtlichen Psychologie. Vandenhoeck & Ruprecht, Göttingen

Verny T, Kelly J (1981) Das Seelenleben des Ungeborenen. Rogner und Bernhard, München

Verny T (2003) Das Baby von Morgen. Zweitausendeins, Frankfurt

◇

Ludwig Janus, Dr. med., psychoanalytischer Psychotherapeut in eigener Praxis. Arbeitsschwerpunkte: Pränatale Psychologie, Psychohistorie, Geschichte der Psychoanalyse.
Anschrift: Köpfelweg 52, 69118 Heidelberg
Telefon: (06221) 801650
Telefax: (06221) 892277
Email: lujanus@aol.com
Internet: www.isppm.de

Der personale Aspekt im Individuationsprozeß: Versuch einer Würdigung des Anliegens von Gustav Hans Graber

Augustinus Karl Wucherer-Huldenfeld

Mit Gustav H. Graber war ich seit 1963[1] durch persönliche Bekanntschaft verbunden. Die milde Ausstrahlung seiner in sich gekehrten, zugleich zielstrebig wie zerbrechlich wirkenden Persönlichkeit sowie das durch ihn in eine verklärte Aura eingetauchte pränatale Neuland haben mich damals stark angezogen. Ich bin dankbar, so zum Zeitzeugen dieser Entdeckung geworden zu sein.

Auf verschiedenen Tagungen vertrat Graber die Auffassung, der Traum sei eine „Brücke zum Verständnis der Tiefenseele" (Graber 1978, S. 552), womit er *„das vorgeburtliche Dasein"* (Graber 1978, S. 547) meinte. Seine Theorie wurde damals zunächst als verzeihliche Schrulle des immerhin anerkennenswerten Therapeuten und Leiters des Berner Arbeitskreises für Tiefenpsychologie allgemein belächelt. Ich erinnere mich noch gut daran, wie es 1966, anläßlich einer Tagung der „Internationalen Arbeitskreise für Tiefenpsychologie" in Innsbruck unter Leitung von *Igor A. Caruso* (Graber 1978, S. 672), zu einer denkwürdigen Begegnung kam, welche die Anwesenden aufhorchen ließ. Graber sprach wieder einmal zu einem skeptischen Publikum über Träume, die prä- oder perinatale Inhalte repräsentieren sollten. Da meldete sich zu diesem Thema überraschend ein junger, in Fragen frühestdatierbarer Bewußtseinsinhalte überaus kompetenter Arzt zu Wort, ein für Graber Unbekannter. Es war Friedrich Kruse, später erster Sekretär der 1971 gegründeten „Internationalen Studiengemeinschaft für Pränatale Psychologie". Diese Begegnung zwischen dem intuitiver und weltanschaulicher Spekulation zugeneigten Graber und dem in empirischer Methodik erfahrenen Kruse ermöglichte den Eintritt in den Raum wissenschaftlicher Forschung. 1969 erschien das meines Erachtens noch heute gültige Standardwerk Kruses: *Die* [pränatalen] *Anfänge menschlichen Seelenlebens.* [Wissenschaftlicher] *Nachweis und Bedeutung der frühesten Bewußtseinsinhalte.*

Da die anderen Beiträge dieses Sammelbandes verschiedene Aspekte des Gesamtwerkes Grabers herausstellen, beschränke ich meine einführende Darstellung auf den *Beziehungsvorgang im Individuationsgeschehen*.

---

[1] 2. Tagung der Berner und Innsbrucker Arbeitskreise für Tiefenpsychologie unter der Leitung von Gustav H. Graber und Edmund Grünewald.

Diesen Beziehungsvorgang nenne ich den *personalen* Aspekt. Unter dem Adjektiv *personal* verstehe ich zunächst, was personales Sein *wesenhaft* auszeichnet, daß Personen über sich hinausgehen, sich selbst überschreiten, sich ‚transpersonal' verhalten und so aufeinander bezogen, einander zugewandt, eben nur relational ganz sie selbst sind. Dieses kommunikative Bezogensein entspringt nach Graber nicht der faktischen Begegnung bereits voll konstituierter Individuen, sondern entfaltet sich als „vorgeburtliche Dual-Einheit zwischen Mutter und Kind" (Graber 1975, S. 180) und gehört zu den „Urerfahrungen" des Intrauterindaseins, „die jeder Mensch macht" (Graber 1975). Graber spricht ausdrücklich von einem „wesenhaften [!] Leben der Dual-Einheit mit der Mutter" (ebd.).

Die Dual-Union hält sich als seelische Grundströmung, Elementarprozeß und Wandlungsvorgang des Seelischen (Graber 1978, S. 619) bis zum Tode. Das Unbewußte oder, wie ich es lieber nenne, das ‚Verborgene' des Mensch-seins,[2] kennt ja keinen chronologischen Zeitablauf, der Mensch behält das Gewesene, wie immer es sich wandeln mag, und reicht in das Gewesensein seiner Welt ständig hinein. Von der meßbaren, vom Jetztpunkt her verstandenen Gegenwart aus gesehen, ist alles Gewesene vergangen und vorbei, etwas ohnmächtig Schattenhaftes. Jedoch die Zeit, die wir im Verborgenen sind, *währt* oder, wie man früher sagte, ‚*west*' so, daß das nicht-mehr Gegenwärtige in seinem Abwesen uns immer schon unmittelbar etwas angeht, mitbestimmt, ja anwesend ist. Zu unserem Da-sein in der Zeit gehört das jeweilige Gewesen-sein, über dessen Zukünftig-sein wir in der Gegenwart zu bestimmen haben (Wucherer-Huldenfeld 1995).

Auffallend ist, daß Graber vom noch Ungeborenen als einem *Kind* spricht und damit, was zu seiner Zeit keineswegs selbstverständlich war, die Kindheit mit der Pränatalzeit beginnen läßt (Kruse 1979). Die medizinischen Fachtermini Embryo und Fetus – „zwei Begriffe für das Kind in einem früheren und späteren Stadium" (Graber 1975, S. 36) – gebraucht er eher zurückhaltend. Das impliziert, daß er diese gewesenen Lebensphasen nicht zum Subjekt des Werdens macht, aus denen dann ein erwachsener Mensch wird, denn nicht ein Embryo oder Fetus ist zu einem erwachsenen Menschen geworden, sondern ich selbst bin es, der durch diese unterschiedlichen Existenzphasen ein Erwachsener wurde. Das Menschenwesen ist hier das Subjekt des Werdens, und es wurde nicht etwa aus einem gewesenen Etwas ein Jemand (eine Person), sondern es wurde nur

---

[2] Auch Freud spricht gelegentlich, bezogen auf das archäologische Verdecktsein, davon, daß „das Verborgene" im Menschen, „dessen intime Struktur noch so viel Geheimnisvolles birgt", in der Analyse „vollständig zum Vorschein zu bringen" ist (Freud 1937, S. 46f.). Das Bewußtsein besagt nur Orientiertsein im Offenen, im Unverborgenen, das aus dem Verborgenen zum Vorschein kommt (dem Sichereignen von Wahrheit) und ist ein zu enger Begriff.

jemand, der wirklich zu sein angefangen hat, offenbar (Pöltner 2002, S. 212ff.). Graber nimmt indes an, daß die in der befruchteten Eizelle gesetzte „Anlage Mensch [...] durch alle Phasen der Entwicklung zum Menschen wird" (Graber 1978, S. 665).

Das Menschenkind ist für Graber in der Pränatalzeit nicht bloßes Lebewesen im Sinne des biogenetischen Grundgesetzes von *Ernst Haeckel*, wonach sich ontogenetisch in Utero die Evolution der Lebewesen über Tierstadien zum Menschen abgekürzt wiederholen soll. Dieses angeblich große Naturgesetz, das Freud auch als psychogenetisches Grundgesetz rezipiert hat, ist zwar längst überholt (Blechschmidt 1974, S. 9; Sulloway 1982, S. 284-290, 345-353, 407-411, 422 u. ö.; Gould ^{4}1980), geistert aber noch immer durch die populärwissenschaftliche Literatur. Graber setzt hingegen für sein ontogenetisches Entwicklungsverständnis ein durch ihn weiter nicht geklärtes ganzheitliches Konzept der *Leib-Seele-Einheit* voraus, wobei er annimmt, daß die Seele des Kindes ihren Anfang mit der Befruchtung der Urzelle im Mutterleib nimmt (Graber 1975, S. 26, 28; 1978, S. 665). Damit steht er in der Tradition, welche eine humanspezifische Theorie der menschliche Beseelung (Animation) *simultan* mit der Befruchtung annimmt und steht damit wiederum im Gegensatz zur anderen Tradition, die eine stufenweise *Sukzession* bei der Beseelung vermutet, die von einem vegetativen über ein sensitives bis hin zu einem intellektiven Stadium (immer desselben) *menschlichen* Lebens für die (frühe) Embryonalzeit fortschreitet. Dennoch scheint er das bio- und psychogenetische Grundgesetz positiv rezipiert zu haben, da er annimmt, daß „die Anlagen der verschiedenen Tierstadien, die der Embryo durchmacht, sich entsprechend der Seele einprägen", deren Einheit er für die vorgeburtliche Seele postuliert (Graber 1975, S. 37f.), und er an der Auffassung festhalten will, „die überall Tendenzen nach der Wiederherstellung früherer Existenzzustände erkennen läßt" (Graber 1975, S. 300; vgl. S. 217).

Die eigentliche Seele ist ihm nahezu dasselbe wie „das intrauterine Unbewußte" oder das „*unbewußte Selbst*" (Graber 1975, S. 180 = 1978, S. 584), das als verborgener Grund der Seele dem bewußten Seelenleben entzogen ist. „Unsere eigentliche und wahre Seele ist das *unbewußte Selbst*, nämlich das im Mutterleib mit dem Körper gewachsene, vorgeburtliche Unbewußte, das uns in seiner harmonischen Einheit bis in höchste Alter, ja bis zum letzten Atemzug [...] erhalten bleibt" (Graber 1978, S. 58; vgl. S. 153)[3]. Das bedeutet auch, daß „das intrauterine Unbewußte, das unbewußte Selbst – unsere wahre Seele – während des ganzen individuellen nachgeburtlichen

---

[3] Graber unterscheidet nicht zwischen dem Selbst und der Seele, dem Wer-sein und Was-sein, dem Selbst-sein und dem Wesen des Menschen, der Person (Jemand), die das, was der Mensch seinem Wesen nach ist, vollzieht und dem, was die Person vollzieht.

Lebens als *innere* Erinnerung, als Engramm, wie eine lautere Quelle unsere Seele labt" (Graber 1978, S. 548), also im Blick auf eine nachgeburtlich leidfreiere Daseinsgestaltung erquickt (Graber 1978, 198). So sehr Graber dem Buddhismus, wie er ihn damals rezipieren konnte, zugeneigt war, ist ihm entgangen, daß bereits altindische Leid-Theorien nicht nur die Geburt, sondern schon das Leben im Mutterleib, wegen der Fesselung durch Raumverknappung, als Leiden erblickten.[4]

Um Graber besser zu verstehen, müssen wir sein Anliegen und Grundmotiv hervorheben, das im Lichte seines tragischen Lebensschicksals noch verständlicher wird (vgl. den Beitrag von Eva Eichenberger in diesem Band S. 15–30): Es ist die Überwindung der Not des Lebens durch ein glückliches, in späteren Jahren als buddhistisches Nirwana gedeutetes Erleben. Wie ganz anders verhält es sich hier mit dem Grundmotiv Freuds: Im Rückblick auf sein Leben sagt er, die Psychoanalyse wolle er nicht als hilfreiche Therapie unserem „Interesse empfehlen, sondern wegen ihres Wahrheitsgehaltes, wegen der Aufschlüsse, die sie uns gibt über das, was dem Menschen am nächsten geht, sein eigenen Wesen" (Freud 1932, S. 169). Das zentrale Anliegen Freuds scheint mir die Aufschließung und Aufdeckung der zumeist und zunächst verborgenen Wahrheit zu sein: Dieses Enthüllen und in die Unverborgenheit des Seins Stellen des menschlichen Wesens, das so leicht dem Schein unterliegt und sich durch Irrtum, Halluzinationen, Illusion, Wahnideen von der Übereinstimmung mit der Realität entfernt. Daher konnte Freud die Ähnlichkeit zwischen der psychoanalytischen Praxis und der allmählichen, immer wieder verzögerten Enthüllung einer längst vergangenen Tat in der Tragödie des Tyrannen Odipus aufweisen (Wucherer-Huldenfeld 2003, S. 307–325: Über die Wahrheit in der Psychoanalyse Freuds).

Für Graber ist „der tiefste Kern der unbewußten Seele, das Selbst [...] die einzige Realität, [...], als das wahrhafte Sein", „das einzig Gesunde" (Graber 1978, S. 19), aus dem heraus jene seelische Leidfreiheit kommt, um die es ihm geht. Dieses wahre, eigentliche Selbst besagt soviel wie Personsein, in einem anderen, nicht im oben genannten relationalen Sinne: das Jemand-sein eines Einzelwesens (Individuums). Hier taucht ein anderer Aspekt des Personalen auf, insofern unter Personsein das wahre, eigent-

---

[4] In einem Kommentar des *Kaundinya* zu den *Pashupata-Sutren*, der die Typen der Leiden dieser shivaistischen Erlösungslehre systematisch zusammenfaßt, ist vom Leid im Mutterleib die Rede, „wenn dieser Mensch in den Bauch der Mutter eingegangen ist, wie ein in einem zusammengebrochenen Wagen befindlicher Mann die Bedrängnis der Beengung erfährt, keinen Platz hat, nicht [einmal] über genügend Raum zum Ausstrecken und Einziehen [der Glieder] verfügt [, ja] bei jedweder Tätigkeit behindert ist und so notwendigerweise empfindet wie jemand, der in einem verschlossenen, stockfinsteren Raum in Fesseln" liegt (Übersetzung Oberhammer 1989, S. 27).

liche Selbst, das Selbst-sein verstanden werden kann, wobei, deutlicher als Graber es tat, zu differenzieren wäre erstens zwischen dem Jemand-sein eines Einzelwesens (Individuums), dem Wersein im Unterschied zum Etwas- oder Objektsein und zweitens dem konkreten Selbstsein in der konkreten Leibhaftigkeit unseres Anwesens im Unterschied zu einem als selbsthaft vorgestellten Seelenkern.

Für Graber ist das ungeborene Kind *jemand*, und als solcher „wesenhaft" *eins* mit der Mutter. Zu seinem seelischen Leben als unbewußtes Selbst gehört ein lebensverwirklichendes Aufbauprogramm (Graber 1975, S. 34), eine „Gestaltungskraft zur Entwicklung der Anlagen" (Graber 1975, S. 180). Graber bezieht sich hier auf die aristotelische Entelechie (das Innehaben der Vollendung des Anwesens als Ziel). Seele ist nach Aristoteles erste, anfängliche Entelechie eines durch sie bestimmten, in Gestalt gebrachten Körpers. Nun wird der Mensch bei Graber nicht von seiner Vollendung her wie bei Aristoteles als soziales (politisches) und vernünftiges, den Weltlogos erhorchendes Wesen verstanden, sondern die angelegte Vollendung, dieses wesenhaft erste Ziel, ist im Anschluß an C. G. Jung *Individuation, Verwirklichung des Selbst*.

Der Vorgang der Individuation hält sich gleichfalls wie die „*Dual-Beziehung*" (Graber 1978, S. 624) als seelische Grundströmung, Elementarprozeß und Wandlungsvorgang des Seelischen (Graber 1978, S. 619) bis zum Tode. Das Prinzip der Individuation formuliert er gelegentlich allgemein: „*in immer neuen Strukturstufen [...] immer größere Freiheitsgrade und ein autonomeres Verhalten*" erreichen (Graber 1978, S. 622). Die Würdigung des Menschen durch Freiheit sowie mitmenschlich freigebende *Befreiung* Anderer zum Selbst-sein wäre ein dritter Aspekt des personalen Seins, der aber nicht weiter verfolgt wird. Im Vordergrund steht die Individuation, die sich nur *in* der und *mit* der Dual-Beziehung und *durch* sie vollzieht, und zwar ausgehend von der verklärten Sicht vorgeburtlichen Daseins insgesamt: „Die vorgeburtliche *Dual-Einheit* zwischen Mutter und Kind [bedeutet] für das Kind ein Leben der totalen Geborgenheit, der gleichmäßigen Wärme und der automatischen, mühelosen Ernährung [..., daher] wirkt dieses unbewußte paradiesisch-harmonische Leben nach dem Gesetz der Entelechie [...] nachgeburtlich fortdauernd in uns weiter und lenkt und drängt uns zum bewußt-harmonisch-einheitlichen Leben" (Graber 1975, S. 180).[5]

---

[5] Der Nachsatz Grabers (1975, S. 180), „Psychotherapie müßte also als [individuelle] Selbstverwirklichung, letztlich *Selbsterlösung* wirken", ist weder ein streng philosophischer noch theologischer, sondern gehört zur literarischen Gattung einer religionsphilosophischen Weltanschauung. Problematisch ist in ihr die undifferenzierte Entgegensetzung von Selbsterlösung und Fremderlösung (Fremdbestimmung in Abhängigkeit).

Der leib-seelischen Einheit und Ganzheit entspricht die Einheit und Ganzheit des Lebens, so daß „der nachgeburtliche Lebenslauf biologisch, psychologisch und phänomenologisch [...] nur in der Bezogenheit zur Ganzheit des Lebens, zu der das vorgeburtliche Leben als dem Ursprünglichen gehört", verstanden werden kann (Graber 1966, S. 8). Erst wenn das vorgeburtliche Leben als der wesentliche seelische Bereich in die ganze Biographie und Pathographie der Persönlichkeit integriert wird, kann Psychoanalyse eine wissenschaftliche „Ganzheitspsychologie des Menschen" sein (Graber 1978, S. 549). Wie das vorgeburtliche Leben zur Ganzheit des Lebens gehören kann, bestimmt sich aus seinem Ende, der Geburt. Sie „bewirkt die Loslösung aus der Einheit mit der Mutter und gleichzeitig den Beginn des [leidvollen] Begehrens nach der Wiederherstellung der verlorenen Einheit", dem verlorenen Paradies (Graber 1978, S. 537).

Ist die Einheit des pränatalen Selbst des Kindes mit der Mutter Identität als „Dual-Verschmelzung" (Graber 1978, S. 176, vgl. S. 179ff.), so ist die Geburt „Ent-Zweiung (aus eins werden zwei)" mit dem Trieb, Streben, Wollen, dem leidenschaftlichen Durst, die Einheit (Uridentität) wiederherzustellen (Graber 1978, S. 144). So bestimmt die pränatale Situation den ganzen postnatalen Lebenssinn. Geburt ist nach Graber „Daseinswechsel". Hier ereignet sich die für die menschlich-nachgeburtliche Existenz „umwälzendste Grundstörung". Dabei erblickt er das Schwergewicht des Traumatischen nicht so sehr wie Otto Rank in der Schädigung beim Durchgang durch die Geburtswege, „im Schmerzerlebnis des Durchgequetschtwerdens durch die Geburtswege", sondern im umwälzendsten Daseinswechsel des gesamten Lebensablaufes (Graber 1975, S. 50).[6] Die Geburt wird auch nicht wie beispielsweise bei Adolf Portmann in Einheit mit dem Säuglingsalter gesehen, als – im Tiervergleich – frühe Freigabe in den sozialen Uterus, als Ermöglichung größerer Offenheit zur Welt und sozialen Mitwelt, als

---

Sehe ich von weltanschaulichen Implikaten in Grabers Werk ab, dann könnte man Selbsterlösung bei Graber wohlwollend mit einem *Aristoteles*-Wort interpretieren: „Was wir durch Liebende (Freunde: φίλων) vermögen, dessen Grund (ἀρχή) liegt in uns bzw. das vermögen wir gewissermaßen durch uns selbst" (Ethica Nicomachea 1112b 27f.). Das von Graber präzisiv Angezielte kommt auch gut im *Euripides*-Fragment zur Sprache: „Nicht soll dich das Glück zu Hochmut verleiten, noch das Unglück dich zu seinem Sklaven machen. Nein, wie das Gold im Feuer, bleibe, der du bist, und rette dir dein eigenes Selbst" (Graber 1978, S. 57).

[6] Geburt ist für Graber (1978, S. 438) und Rank das „Ereignis des urgewaltigsten Daseinswechsels im menschlichen Leben überhaupt". Graber (1975, S. 11) sagt über sein Erstlingswerk *Die Ambivalenz des Kindes* (1924): „Es baut sich auf über der Grundkonzeption der für die menschlich-nachgeburtliche Existenz umwälzendsten *Grundstörung beim Daseinswechsel* durch die Geburt, wobei ich das Schwergewicht des Traumatischen weniger in der Schädigung beim Durchgang durch die Geburtswege (Rank) erblickte, als im umwälzendsten Daseinswechsel des gesamten Lebensablaufes."

Aufgang der Offenheit der Welt im Lichtbereich für das der Realität (immer schon) zugewandten Neugeborene, Begegnung von Angesicht zu Angesicht. Das konnte Portmann nur im Kontext eines fundamental anderen Menschen- und Weltverständnisses sehen: der Mensch als das vom Anfang an für Mit- und Umwelt *offene* Wesen (Wucherer-Huldenfeld 1982). Geburt ist bei Graber hingegen Wurf des Kindes „in die gegensätzlich zu erlebende Außenwelt: Ungeborgenheit, Ungesichertsein, Schmerz, Todesangst (Ersticken), ungleichmäßige Temperatur, störende Gesichts- (Licht-), Gehörs- und Tastempfindungen, Bewältigung der Erstickung durch Atmung, Eroberung einer neuen Ernährung (saugen), gestörte Ruhe, abgebrochener Rhythmus, zerrissene Dual-Einheit: das Erlebnis der Isolierung [...]."

Nach dem Zerreißen der Dual-Einheit durch die Geburt setzen „*Regressionstrieb und Abwehrtrieb* [...] *simultan ein und entwickeln sich als Primärtriebe*",[7] die den Menschen lebenslang unfrei machen, fesseln können (Graber 1978, S. 175). „Durch das ganze nachgeburtliche Leben hindurch verbleiben diese zwei gegensätzlichen Grundverhaltensweisen zum ‚Drinnen' und zum ‚Draußen' im Unbewußten erhalten und manifestieren sich als Ambivalenz des Seelenlebens" (Graber 1978, S. 505). Ohne näher auf die differenzierte Trieblehre Grabers einzugehen, verfolge ich nur, wie nunmehr die Liebe als *Begehren* „vom Ich ausgeht" (Graber 1978, S. 541). Durch die Abwehr des postnatalen Daseins hat das Selbst eine Art seelischen Panzer, das Ich als Fassade, „*Fassaden-Ich*" (Graber 1975, S. 27), geschaffen, und zwar zur Abwehr alles Störenden sowie zur Identifizierung mit Liebesobjekten (Graber 1978, S. 551). Endziel der aggressiven Ab-

---

[7] Spekulativ von Abwehr- und Regressionstrieben als *Primärtrieben* zu sprechen, war damals ohne konkrete Kenntnisse der Lebenswelt und Entwicklung des Kleinkindes nicht problematisch (Dornes 1997, S. 49f.). Was geschieht, wenn ein Kind sich in lebensfeindlicher Atmosphäre wehrt? Sieht beispielsweise ein Baby weg, wenn eine Mutter kommt, die ihm überwiegend unangenehm erscheint, so vermeidet es das aktuelle Angeblicktwerden, das in affektiver Erschlossenheit der Situation befürchtet wird. Abwendung von der Realität (Verschließung) ist nur innerhalb einer Realitätszugewandtheit (Offenheit) für Begegnendes möglich, das als das Primäre in Frage kommt. Die Abwendung ist eine „Abwehrmaßnahme" (Dornes), die auch ohne ein hypostasierendes Konstrukt eines Primärtriebs verständlich wird. Dazu kommt, daß verschiedene Abwehrmaßnahmen (beispielsweise heftiges Strampeln bei Lärm) auch vorgeburtlich beobachtet werden. Verschließt sich ein Kind einerseits dem nachgeburtlich Begegnenden, obwohl es auf eine andere Weise einmal für seine Umgebung offen war, und hält es sich andererseits nur für solches offen, wie es ihm im fetalen Zustand positiv getönt erschienen ist, dann kann man von einem regressiven Verhalten sprechen, ohne deswegen einen *primären* Regressionstrieb konstruieren zu müssen. Nur unter der überholten Hypothese eines ungetrübten paradiesischen Intrauterinlebens sind vorgeburtliche Verhaltensvorformen von nachgeburtlicher Regression auszuschließen und der Systemkonsistenz zu opfern.

wehr, der Ablehnung der unlustvollen Welt ist die Aufhebung der Objektwelt durch Verneinung der Ich- und Objektbindungen mit dem Ziel der Subjekt-Objekt-Einheit, wie sie einmal im Intrauterindasein war (Graber 1975, S. 94), was aber „nie voll glückt" (Graber 1978, S. 59). Endziel der Identifikationen ist dagegen die Aufhebung des Ichs in eine neue Dual-Beziehung (Graber 1975, S. 178).

Die Liebe in vielerlei Gestalten (Graber 1978, S. 538) vollzieht sich mittels zweierlei Identifizierungsvorgängen, die immer auch Übertragungsvorgänge sind (Graber 1978, S. 541): mehr aktiv, progressiv, besitzergreifend, mit der Tendenz, das begehrte Objekt sich einzuverleiben, jemanden in sich hineinnehmend (= Introjektion), oder mehr passiv, regressiv, sich hingebend (Graber 1975, S. 178), mit dem Bestreben, sich in das geliebte Objekt hineinzuversetzen, in jemanden hineinschlüpfend (= Projektion). In beiden Weisen der Identifizierung erstreben wir immer wieder die *ersatzmäßige* (Graber 1978, S. 539) Herstellung der ursprünglichen Identität der Verschmelzung (Graber 1978, S. 541), wo noch kein Leid war; und suchen das vorgeburtliche Wohnparadies bedürfnisloser Ruhe und Geborgenheit wiederzuerlangen, die „Urform des Wohnens", das „Urwohnen" (Graber 1978, S. 506) in der Dual-Union: zunächst in den Armen der Mutter, immer wieder im Schlaf, dann in Kinderwagen, Wohnung, Gasthaus, Auto usw. (Graber 1978, S. 505, 529). Die pränatale Humanökologie wurde hier angebahnt und vom Altpräsidenten der ISPP, Sepp Schindler, weiter entfaltet (Ökologie der Perinatalzeit 1983).

Alles liebende Streben in den Schranken des Ichs ist vergebliche Flucht vor dem eigentlichen Selbstsein, dem Ursprung abgekehrt (Graber 1978, S. 170–175). Das eigentliche Lebensziel ist das Zurückfinden zu sich selbst im Leben und in der Psychotherapie in eine übertragungsfreie seelische Beziehung (Graber 1978, S. 625): Durchbruch und Aufhebung der Ich-Schranken, Wiedergeburt im Überpersönlichen (Graber 1978, S. 625f.), die *„beglückende Erfahrung des Selbst"* (Graber 1978, S. 552). „Der *Einsichtige*", der die Versenkung in sein Selbst übt, entdeckt in ihm „sein wahres Wesen, seine wahre Wirklichkeit, die ihn mit Glückseligkeit erfüllt", mehr noch, er entdeckt „das Wunderbare, daß ihm zugleich mit seinem Selbst nun auch die äußere Wirklichkeit der Um- und Mitwelt wie ein Geschenk zukommt. Er lebt also in der Einheit des Außen und Innen, des Ich und Du, lebt wie vor der Geburt – doch jetzt bewußt – im allumfassenden Gefühl und in der beseligenden Kraft innigster Verbundenheit mit seinem Selbst und der Welt" (Graber 1978, S. 59). Individuation besagt hier immer größeres Freiwerden für das Eins-sein von Welt (Um- und Mitwelt) und Selbst.

Grabers Grunderfahrung, die er großzügig als ‚das' buddhistische Nirwana deutet, beinhaltet befreienden Wegfall aller Ich-Strebungen und Ich-

Verhaftungen und besagt positiv ausgedrückt: seelisches *Ruhen in der Bedürfnislosigkeit, Erfüllung im All*, „Einswerden mit der Welt", innigste Verbundenheit mit der Welt, so daß ich dieses „All-Eins-Sein" selbst bin (Graber 1975, S. 9, 176, 200; 1976, S. 294; 1978, S. 181). Dabei sieht er „in seelischen Bezogenheiten zur Umwelt, speziell in Liebeserscheinungen" nur *„Umwege der Individuation über ein Objekt oder eine Idee"* (Graber 1978, S. 624). Individual-Einheit und Dual-Einheit sind nach Graber zwei Prinzipien, wobei man nachgeburtlich bis zur Entfaltung der Lebensmitte mehr das Bedürfnis zur Erfüllung der Dual-Einheit hat, danach strebt der mehr und mehr Einsame bis zum Tode die Weisheit der Individual-Einheit als letzte Lösung an (Graber 1978, S. 182). Fraglich bleibt, wie die seelischen Bezogenheiten (Außen/ Innen, Ich-Du-Verhältnis) in die Individuation hinein aufgehoben, negiert werden *und* durch eine Identität des Beziehungsgeschehens vertieft erhalten bleiben sollen.

Während der bedeutendste Denker der Vereinigung in Vielfalt des vergangenen Jahrhunderts, *Teilhard de Chardin*, betont hat, daß gerade wahre liebende Einigung und Annäherung differenziert, personalisiert und superzentriert (Wucherer-Huldenfeld 1997), also jemanden zu selbständigem Anderssein und darüber hinaus das Dasein Anderer, die noch nicht da waren, zu sich selbst frei gibt, erscheint mir hier die Einigung sowohl pränatal als auch im reifen Menschen als „allumfassendes Gefühl", „Identitätserlebnis" in narzißtisch verschmelzender, ozeanischer Art konzipiert, wo die Grenzen symbiotisch verschwimmen. Karl Baier (1998, S. 213–219, hier S. 213) hat darauf hingewiesen: „In der indischen Tradition wurde die Seinsweise des von eigensüchtigen Wünschen und Begierden befreiten Menschen immer wieder als Einssein mit einer göttlichen Weite und Unergründlichkeit beschrieben, die einem uferlosen Meer verglichen wird." Uminterpretiert durch europäische Religionsphilosophie, welche Religion für eine Sache des subjektiven Fühlens hält, wird daraus ein subjektives Sich-eins-fühlen oder -erleben: das ozeanische Gefühl (*sentiment oceanique*), das göttliche Weite und Unergründlichkeit für sich zu beanspruchen scheint. Fraglich bleibt mir, ob die im verborgenen Selbst wirksame Tendenz zur Verschmelzung, zur Auflösung der Individualität als Ich-Schranke im Vollzug des Aufgehens in das Du wirklich die Präsenz des Anderen in seinem Anderssein zuzulassen vermag oder nur das ruhende Glück des Selbstgenusses beim Aufgehen im Anderen und im All jenseits der Identifikationsextreme (Projektion oder Introjektion) beschreibt. Vor einem Defizit an spiritueller Unterscheidungslosigkeit anläßlich der Graber-Rezeption sollte man sich hüten.

Wir erfahren bei Graber wie das Kind *sich* in der Mutter gut und geborgen fühlt, aber nicht, wie es die anwesende Mutter als solche, die ihm in verschiedenen Modifikationen offen zugewandt ist, erfährt, ebenso erfahren wir kaum, wie es umgekehrt der schwangeren Mutter mit dem ihr zugewandten Kind als solchem geht. Graber mutet der Frau im Unterschied zum Mann eine stärkere Abwehr des Selbst, der Ich-Bezogenheit und der Anklammerung an das Vergängliche, an den Leib und die Welt der Erscheinungen zu. Dennoch erscheint ihm ihr Anteil, der „im beschützend-mütterlichen Tragen, im Ernähren und im Gebären des Kindes, und wieder im Beschützen und Ernähren des Geborenen, dem Wesen mit dem noch reinen Selbst" liegt, wesentlicher. Aber er schreibt den Frauen meines Erachtens einen von ihm völlig undurchschauten beziehungssüchtigen Liebestypus *konstitutionell* zu, insofern dieser in einer „Flucht vor der Nähe" (Schaef 1990) zum eigenen Selbst besteht. Dem entspricht, daß ihre Haltung dem Kinde gegenüber ähnlich der Rolle zu sein scheint, die sie nach Grabers Erfahrung „so gerne dem Manne gegenüber spielt": „Sie klammert sich an ihn im sicheren Instinkt, mit seiner Führung am Freiheitserlebnis im Selbst teilhaftig zu werden. Freiheit als Anleihe, nicht als selbsterworbenes Gut." „Auch als Mutter hängt sie mehr am Kind in seiner körperlichen Erscheinung. Gewiß, sie liebt es auch, weil in ihm ein reines Selbst wiedergeboren ist: das göttliche Kind. Aber auch als Mutter bleibt sie die eigentliche Vertreterin der ewig wandelbaren Erscheinung. [...]. Des Weibes Element bleibt Maya" (Graber 1976, S. 403f.). Grabers „*Tiefenpsychologie der Frau*" als *Mutter* ist dennoch im Spiegel seines tragischen Lebensschicksals auch heute äußerst lesenswert, besonders dort, wo er sich bewußt auf die „Abarten" weiblicher Liebe beschränkt und meisterhaft von der schwarzen, zerstörenden Mutter oder Rabenmutter schreibt (Graber 1976, S. 397-400, 404-413, 473-495 sowie 503-602: Die schwarze Spinne. Menschheitsentwicklung und Frauenschicksal nach J. Gotthelfs Novelle).

Die Dual-Einheit als Beziehung *zwischen* Mutter und Kind ist so kein Füreinandersein, sondern bleibt bei einem im Grunde defizitären Nebeneinander von Kind *mit* Mutter oder Mutter *mit* Kind stehen. Liebe (als süchtiges Begehren) in allen ihren Gestalten ist systemkonsistent nur das Bestreben, ein ewiges Unbefriedigtsein zu überwinden, das genetisch betrachtet die Wiederherstellung des Erlebnisses „der Dual-Einheit eines Daseins der Identität mit [!] der Mutter" (Graber 1976, S. 405) ist und die Rückkehr in „die Verbundenheit mit dem mütterlichen Urgrund sucht" (ebd. S. 406f.). Das Glück und die dadurch gegebene Erfüllung, jemand anderen zum ureigensten Anders- und Selbstsein freigeben zu dürfen (um seinetwillen!), taucht weder als Lebens- und Liebesmöglichkeit der Mutter, noch in der Erfahrungswelt des Kindes auf.

Abschließend sei Grabers Denken in einem größeren Zusammenhang gewürdigt. Freud und mit ihm die psychoanalytische Bewegung ist den großen neuzeitlichen Gesellschaftsentwürfen (Hobbes, Spinoza, Rousseau) verbunden. In ihnen wird die spätmittelalterliche Konzeption des Menschen als eines einzigartigen Individuums radikalisiert. Nun erfährt sich aber niemand bloß als Einzelwesen, sondern immer schon eingebettet in Familie, Gesellschaft, Kultur, Staatswesen, unter dem Anspruch zivilisierender Vernunft, im *status civilis* (als Staatsbürger). Doch genau diesem zivilisierten Zustand liegt ein Naturzustand (*status naturalis*) zugrunde, eben das Individuum, wie es bei seinem Eintritt in die menschliche Sozietät ist. Im Menschen als Kulturwesen steckt latent das zunächst asoziale, vormoralisch-unschuldige, den Bedürfnissen gänzlich ausgelieferte und sich so behauptende Triebwesen, das sprachlos, unvernünftig und zu disziplinieren ist. Seine Natur ist das Andere der Vernunft. Für die Sozialisation des Individuums werden verschiedene Entwürfe vorgelegt: Vergesellschaftung und Staatenbildung muß das menschliche Individuum im Naturzustand unterdrücken, damit es überlebt und nicht im Kampf aller gegen alle zugrunde geht (so Thomas Hobbes), oder es ist die Eigenmacht im Naturzustand vermittels der Staatsgewalt zu beschränken, um sie optimal zu erhalten (so Spinoza und ähnlich Freud) oder das Staatsrecht ist so weit als möglich zugunsten des Naturrechts aufzulösen, vom Denaturierten, der Zivilisationstünche, zu befreien (so J. J. Rousseau).

Konkret wird die Natur des Menschen schließlich perinatal als der Geburtszustand eines bereits konstituierten Individuums gedeutet (Geburt = lat. *natura*, daher *status naturalis*). Das ist der Zustand des Eintritts in die menschliche Gesellschaft und Zivilisation. Von daher hat sich für Freud die Aufgabe bestimmt, das ursprüngliche animalische Triebwesen realitätsnah, vernünftig zu sozialisieren, und zwar unter Minimierung der Repression und unter entsprechender Entschädigung für die durch Kultur notwendig gewordenen Versagungen: Wo das Triebchaos des Es war, soll das vernünftig-realitätsbezogene Ich werden. Eine Wende kündigt sich hier an, wenn über die bloße Bewußtwerdung des Ichs hinaus der Individuationsweg zum ureigensten Selbst (unter Wahrung eines Ausgleichs individueller Interessen und unter Vermeidung gesellschaftlicher Anarchie) geht, wie *C. G. Jung* ihn beschrieben hat.

Von diesem Hintergrund der Entfaltung neuzeitlicher Gesellschaftsentwürfe sei nun Grabers Stellung abgehoben. Er hat sich zur Romantik bekannt und knüpft an die „Romantiknatur" (Marquard 1987, S. 57) des Aristotelikers *Carl Gustav Carus* an, dieses großen Gynäkologen, der die harmonische Kondition des verlorenen intakten Seins, den Urzustand *Rousseaus*, durch die Dimension des Pränataldaseins erweitert hat (Graber 1978, S. 21–25), und bereits das menschliche Seelenleben aus seiner unbewußten pränatalen Natur, der ‚Physis' (dem Bildenden, Wachsenden, Umgestaltenden), heraus genetisch zu verstehen suchte. In der Graber eigenen Carus-Rezeption sehe ich eines seiner besonderen Verdienste darin, daß er die *Enge der Individualismen aller dieser Daseinsentwürfe wenigstens im Ansatz aufgesprengt hat*, und zwar durch die Annahme einer bereits zur menschlichen Natur des Ungeborenen wesenhaft gehörenden Dual-Beziehung für die ganze Lebenszeit und durch alle Lebensalter bis zum Tod hindurch.

Für die pränatale Lebensphase bedeutet dies, daß wir es dort keineswegs mit einem abgekapselten, narzißtisch beziehungslosen, exklusiv sich zugewandten ‚Fremdkörper' zu tun haben, sondern daß das pränatale Dasein in sensibler Nähe und Einheit mit der Mutter und ihrer Welt beginnt, um sich hier präverbal in *personaler Kommunikation*, in füreinander offener Teilnahme, rudimentär zu entfalten. Fragwürdig bleibt mir jedoch, ob das, was der Mensch ist, sein Wesen (die Weltoffenständigkeit für Begegnendes in der Spannweite der ihm gewährten Lebenszeit) aus einer einzigen Lebensphase heraus nahezu monoman verstanden werden kann – und sei es auch durch die so überaus wichtige wie die seines vorgeburtlichen Beginns. Denn diese ist zwar wohl die Ersterscheinung seines verborgenen Wesens, das als Ganzes (Entelechie) bereits *angefangen* hat zu sein, doch kommt dieser Anfang (mit dem das Ganze des menschlichen Daseins eröffnet wurde) erst allmählich durch alle anderen Lebensphasen hindurch ans Licht, wenn der Mensch sich zu seinem Wesen frei verhält und vollzieht, was er ist, und wenn er allmählich der Wahrheit seines Wesens näher kommt (Wucherer-Huldenfeld 2003, S. 97–108: Beginn und Anfang des menschlichen Daseins).

Literatur

Aristoteles (1979) Ethica Nicomachea. University Press, Oxford
Baier K (1998) Yoga auf dem Weg nach Westen. Beiträge zur Rezeptionsgeschichte. Königshausen und Neumann, Würzburg
Blechschmidt E (1974) Humanembryologie. Prinzipien und Grundbegriffe, Hippokrates, Stuttgart
Dornes M (1997) Die frühe Kindheit. Entwicklungspsychologie der ersten Lebensjahre. Fischer, Frankfurt
Freud S (1932) Neue Folge der Vorlesungen zur Einführung in die Psychoanalyse. In: Gesammelte Werke, Bd. 15 (^{3}1961). Fischer, Frankfurt
Freud S (1937) Konstruktionen in der Analyse. In: Gesammelte Werke, Bd. 16 (^{2}1961). Fischer, Frankfurt
Gould SJ (^{4}1980) Ontogeny and Phylogeny. Harvard Univ. Press, Cambridge MA

Graber GH (1966) Die Not des Lebens und ihre Überwindung. Zur Tiefenpsychologie des Geburtstraumas und der nachgeburtlichen Lebensgestaltung, Ardschuna, Bern

Graber GH (1975) Gesammelte Schriften, Bd. 1. Tiefenpsychologische Erziehung und Kinder-Therapie. Goldmann, München

Graber GH (1976) Gesammelte Schriften, Bd. 2. Tiefenpsychologie von Mann und Frau. Goldmann, München

Graber GH (1978) Gesammelte Schriften, Bd. 3. Psychotherapie als Selbstverwirklichung. Goldmann, München

Kruse F (1969) Die Anfänge menschlichen Seelenlebens. Nachweis und Bedeutung der frühesten Bewußtseinsinhalte. Enke, Stuttgart

Kruse F (1979) Wann beginnt die Kindheit? Kindheit 1: 5–27

Marquard O (1987) Transzendentaler Idealismus, Romantische Naturphilosophie, Psychoanalyse. Schriftenreihe zur Philosophischen Praxis 3. Dinter, Köln

Oberhammer G (1989) ‚Begegnung' als Kategorie der Religionshermeneutik. Sammlung De Nobili. Occasional Papers 4. Gerold, Wien / Motilal Banarsidass, Delhi

Pöltner G (2002) Grundkurs Medizin-Ethik. Facultas, Wien

Schaef AW (1990) Die Flucht vor der Nähe. Hoffmann und Campe, Hamburg

Schindler S, Zimprich H (Hrsg.) (1983) Ökologie der Perinatalzeit. Hippokrates, Stuttgart

Sulloway FJ (1982) Freud: Biologe der Seele. Jenseits der psychoanalytischen Legende. Hohenheim, Köln-Lövenich

Wucherer-Huldenfeld AK (1982) Geburtszustand und weltoffene Daseinsweise. Adolf Portmanns Deutung der ‚normalisierten Frühgeburt' beim Menschen. In: Schindler S (Hrsg.) Geburt – Eintritt in eine neue Welt. Hogrefe, Göttingen, S 173–191

Wucherer-Huldenfeld AK (1995) Zum Verständnis der Zeitlichkeit in Psychoanalyse und Daseinsanalytik. Daseinsanalyse 12: 63–85

Wucherer-Huldenfeld AK (1997) Ursprüngliche Erfahrung und personales Sein. Ausgewählte philosophische Studien II: Atheismusforschung, Ontologie und philosophische Theologie, Religionsphilosophie. Böhlau, Wien, S 395–420: Pierre Teilhard de Chardins Phänomenologie und Ontologie der Vereinigung

Wucherer-Huldenfeld AK (^{2}2003) Ursprüngliche Erfahrung und personales Sein. Ausgewählte philosophische Studien I: Anthropologie, Freud, Religionskritik. Böhlau, Wien

◇

Augustinus Karl Wucherer-Huldenfeld, Dr. phil., seit 1973 Univ.-Doz. am Philosophischen Institut der Universität Wien. 1974 bis 1997 o. Prof. für Christliche Philosophie und Vorstand des Instituts für Christliche Philosophie an der Universität Wien. 1990 bis 2002 Präsident der Österreichischen Gesellschaft für Daseinsanalyse. Seit 2002 Vizepräsident des Österreichischen daseinsanalytischen Instituts für Psychotherapie, Psychosomatik und Grundlagenforschung.
Anschrift: Rampersdorffergasse 65/II/5, 1050 Wien, Österreich
Email: karl.augustinus.wucherer@univie.ac.at

Das Versagen absoluter Individuierung
Zur philosophischen Ambiguität
von Grabers Idee der Selbstverwirklichung

Artur R. Boelderl

Incipit

Ich lese Gustav Hans Grabers Schriften wie die anderer Tiefenpsychologen, Psychoanalytiker und Psychotherapeuten nicht nur mit philosophischem Interesse, sondern *als Philosoph* (zu allem anderen wäre ich auch gar nicht qualifiziert), im Bewußtsein, daß dies in mancher Hinsicht gewiß ein Manko darstellt, zugleich aber mit der Überzeugung, daß eine solche philosophische Lektüre tiefenpsychologischer Texte nicht zuletzt deshalb legitim ist, weil sich die meisten ihrer Autoren selbst von einem zutiefst philosophischen, näherhin anthropologischen Movens angetrieben wußten. Für Graber gilt dies in besonderem Maße, ebenso wie für Jung, Rank und doch gerade auch Freud selbst, bei all seiner explizit geäußerten Skepsis gegenüber der Philosophie, ja Geringschätzung derselben (oder zumindest dessen, was er von ihr kannte oder verstanden hatte; ungeachtet dessen scheint mir außer Frage zu stehen, daß es in der jüngeren Geistesgeschichte wenige philosophischere Köpfe als Freud gegeben hat).

Nun ist es so, daß jede tiefenpsychologische Konzeption implizit oder explizit von einem bestimmten Menschenbild ausgeht oder ein solches entwickelt und insofern Annahmen oder Aussagen über das „Wesen" oder die „Natur" des Menschen trifft. Für die Psychoanalyse Freudscher Prägung ist diesbezüglich das Schlagwort vom *Menschen als Triebwesen* gefunden worden, unter Berufung auf Freuds Rede von der dritten der drei großen menschheitsgeschichtlichen Kränkungen, derzufolge das Ich nicht Herr im eigenen Haus sei[1], insofern es vom Es getrieben werde; daher müsse das Ziel der psychoanalytischen Kur auf individueller wie auf überindividueller, menschheitsgeschichtlicher Ebene auch in einer sukzessiven Überwindung des Es bestehen: „Wo Es war, soll Ich werden." Ich will nicht die Triftigkeit dieses Schlagworts oder die Richtigkeit des damit angerissenen

---

[1] Vgl. Sigmund Freud, Eine Schwierigkeit der Psychoanalyse. In: ders., Gesammelte Werke, Bd. XII: Werke aus den Jahren 1917–1920, Frankfurt am Main ³1966, S. 1–12, hier S. 11. Zum Kontext der drei großen narzißtischen Kränkungen der Menschheit vgl. auch ders., Die Widerstände gegen die Psychoanalyse. In: ders., Gesammelte Werke, Bd. XIV: Werke aus den Jahren 1925–1931, Frankfurt am Main ⁴1968, S. 97–110, hier S. 109.

Freud-Verständnisses problematisieren, für unseren Zusammenhang mag die Beobachtung genügen, daß auch Grabers Sicht der Freudschen Lehre – wohl von Jung beeinflußt – durchaus in diese Richtung geht.

Freuds Maxime läßt sich recht unzweideutig im Rahmen der aufklärerischen Tradition verorten, die in einer Befreiung des Ichs von allen äußeren Zwängen und einer Stärkung der Subjektfunktion den Königsweg zu einem geglückten Leben erkennt. Es entbehrt daher nicht einer gewissen Ironie festzustellen, daß die Rezeption der psychoanalytischen Lehren (freilich gemeinsam mit anderen Faktoren) auf philosophischer Seite im 20. Jahrhundert zu einer heftigen Kritik an eben diesem aufklärerischen Subjektbegriff und insbesondere dem damit verbundenen Autonomiegedanken geführt hat, wofür hier exemplarisch nur Foucaults (häufig mißverstandene) Rede vom Tod des Subjekts erwähnt sei.

Die Suche nach den vorgeburtlichen Wurzeln und die Entmachtung des Ichs

Von besonderem Interesse für uns, die wir uns heute um eine Würdigung Gustav Hans Grabers bemühen, ist nun – und darum habe ich diese Zusammenhänge in ungebührlicher Kürze in Erinnerung gerufen –, daß Grabers Suche nach den vorgeburtlichen Wurzeln der Individuation und insbesondere die damit einhergehende, von ihm wiederholt emphatisch vorgebrachte Forderung nach einer Entmachtung des (für ihn ausschließlich postnatalen) Ichs mit dieser spezifisch philosophischen Kritik und letztlich tendenziellen Verabschiedung des Subjektbegriffs einerseits merkwürdig konform geht, Graber andererseits aber ein typisch aufklärerisches Argumentationsmuster verfolgt und beibehält oder, negativ formuliert, nicht die ganzen Konsequenzen aus seiner Einsicht in die Bedeutung des vorgeburtlichen Lebens und des Geburtstraumas zu ziehen imstande oder bereit ist. Klingen seine Ideen also einerseits zum Teil unerhört modern oder vielmehr postmodern – wenn etwa die Rede ist von der „tragischen Fiktion" des nachgeburtlichen Ichs, welches „das nachgeburtlich von der Außenwelt durch Identifizierung ins Ich aufgenommene Fremde als das eigentlich Seelische"[2] erlebe, was verblüffend an Lacans Rede von der *méconnaissance* des Ichs im anderen erinnert, also an die subjektkonstitutive Verwechslung bzw. Verkennung meines Spiegelbilds (des anderen) mit mir selbst –, so verbleibt die Konzeption seiner pränatal-psychoanalytischen Psychothera-

---

[2] Gustav Hans Graber, Ursprung, Zwiespalt und Einheit der Seele. Vor- und nachgeburtliche Entwicklung des Seelenlebens. In: ders., Gesammelte Schriften Bd. I: Tiefenpsychologische Erziehung und Kinder-Psychotherapie, München 1975, S. 17–189, hier S. 27.

pie insgesamt doch ganz und gar im Rahmen einer philosophisch überholten, ungebrochen aufklärerischen, dabei aber (in krassem Gegensatz zu Freud) nur ansatzweise säkularisierten Variation religiöser Erlösungsvorstellungen. So hellsichtig und beachtenswert viele von Grabers oft en passant gemachten Beobachtungen sowohl in tiefenpsychologischer als auch philosophischer Hinsicht sind, so sehr leiden sie doch zugleich unter der von mir im Untertitel vorsichtig als Ambiguität apostrophierten Unhaltbarkeit der grundlegenden, für seinen Zugang konstitutiven Unterscheidung zwischen einem ursprünglichen, pränatalen „unbewußten Selbst" und dem postnatalen bewußten Ich. Diese sind beide einander im Sinne einer hierarchischen Opposition derart zugeordnet, daß letzteres das erstere überlagert und unterdrückt, weshalb das Ziel der menschlichen Entwicklung im allgemeinen bzw. der psychotherapeutischen Behandlung oder Begleitung im besonderen sei, es, das Ich, zugunsten der Wiederentdeckung des unbewußten Selbst, des „Urquells",[3] aufzuheben resp. zu überwinden.

Traditionslinien: Graber und Rousseau oder die Probleme der Individuation

Graber hängt also, um einen schwierigen, aber meines Erachtens erhellenden Vergleich anzustrengen, strukturell derselben Logik an wie sein berühmter Schweizer, näherhin Genfer Landsmann Jean-Jacques Rousseau (den die Regierung von Bern wegen seines Eintretens für die Religionsfreiheit 1765 des Landes verwies). Grabers Unterscheidung zwischen „vorgeburtlich" (unbewußtes Selbst) und „nachgeburtlich" (bewußtes Ich) entspricht derjenigen, die Rousseau bekanntlich zwischen „Natur" und „Kultur" zieht, ebenso wie Grabers Zielvorstellung einer Aufhebung der selbstentfremdenden, nachgeburtlichen Ich-Identifizierungen durch Individuation qua Selbstverwirklichung mit der Forderung Rousseaus nach einer Rückkehr in den Naturzustand konvergiert. In beiden Fällen handelt es sich um Strategien zur Wiederaneignung einer Präsenz, einer unvordenklichen Einheit oder Selbst-Präsenz, die allerdings im einen wie im anderen Fall nicht ganz aufgehen und nie aufgehen können, weil das jeweils als erstes angesetzte Moment – hier die Natur, dort das vorgeburtliche Leben oder das unbewußte Selbst – erst in der Differenz zum zweiten – hier der Kultur, dort dem nachgeburtlichen Leben oder dem bewußten Ich – als solches erscheinen kann. Daß Graber bezüglich dieser vorgeburtlichen Existenz von einer *Dual-Einheit* spricht, zeigt sein Bewußtsein hinsichtlich dieser

---
[3] A. a. O., S. 171.

Schwierigkeit und zeichnet ihn gegenüber anderen Pionieren der Pränatalpsychologie, wie etwa Rank, aus.

Freilich ist mit dieser Rede von der Dual-Einheit auf jenes Problem hingewiesen, das Grabers Konzeption insgesamt unterminiert: daß ich nämlich bereits am Anfang – und das heißt eben zumindest vorgeburtlich – zwei Elemente brauche, eine *ursprüngliche Differenz* (und keine ursprüngliche *Einheit*), um dem Phänomen des menschlichen Daseins in seiner Ganzheit gerecht zu werden.[4] (Dieser Einsicht kommt Graber ja interessanterweise mit seiner Betonung der Zeugung, des Zusammengehens von Samen- und Eizelle, wieder recht nahe.) Daraus folgt aber – unerbittlich –, daß ich auch am anderen Ende des Lebens, also dort, wo es um dessen Ziel geht, nicht mehr auf die (Wieder-)Herstellung einer Einheit, eines einheitlichen Zustandes – vollständige Individuation oder, wie Graber auch nahelegt, Nirwana – setzen kann oder hoffen darf.

Mit anderen Worten, gerade die Einsicht in die Beschaffenheit der vorgeburtlichen Wurzeln der Individuation unterläuft die Möglichkeit der Individuation selbst. Ein gemäßes Bedenken der Geburt bzw. des geburtlichen Daseins des Menschen weist meines Erachtens – auch und gerade in psychotherapeutisch-praktischer Rücksicht – nicht oder allenfalls im Sinne einer regulativen Idee in die von Graber anvisierte Richtung einer Wandlung des von ihm auch als göttlich bezeichneten vorgeburtlichen unbewußten Selbst zum bewußten Selbst qua Individuation. Vielmehr stärkt und unterstützt es die Freudsche Position, daß es in der psychoanalytischen Kur um eine Einübung in die Anerkennung der Unmöglichkeit einer solchen Wandlung gehe, anders gesagt eine Anerkennung des eigenen Kastriertseins – *und* des Kastriertseins des Anderen (worauf besonders Lacan Wert gelegt hat). Die von Graber zu Recht als potentiell fatal erkannte usurpierte Souveränität und Anmaßung des nachgeburtlichen Ichs, in welcher in der Tat die meisten psychischen Störungen ihren Grund haben, ist nicht durch die Annahme eines nicht oder noch nicht Ich-haften, vorgeburtlichen Zustandes, eines unbewußten Selbst zu brechen oder auch nur therapeutisch zu mildern, vielmehr bezieht das nachgeburtliche Ich seine Souveränität ja gerade aus der *Aufrechterhaltung* der Fiktion dieses seines „eigentlichen" Andersseins. (Ganz in diesem Sinn interpretiert Lacan das ödipale Inzestverbot: Es habe nicht eigentlich Verbotswirkung, sondern diene der Aufrechterhaltung der Phantasie absoluter Befriedigung; die ei-

---

[4] An diesem Problem arbeitet sich auch Martin Heidegger in *Sein und Zeit* ab, wann immer das Thema der Geburt sich aufdrängt. Vgl. ders., Sein und Zeit, Tübingen [16]1986, S. 180–184, S. 233f., S. 372–375, z. B. S. 372: „... ist denn in der Tat das Ganze des Daseins hinsichtlich seines eigentlichen Ganz*seins* in die Vorhabe der existenzialen Analyse gebracht?" (Kursiv i. O.) – Vgl. dazu auch ARB, *Mal d'enfant*. „Ich, ich bin, ich bin geboren" – Die Dekonstruktion spricht die Sprache der Geburt (II), unveröff.

gentliche Lektion der Psychoanalyse bestehe im Aufgeben dieser Phantasie. – Graber hängt, so will mir scheinen, wenngleich unter dem anderen Titel der Selbstverwirklichung, die er als Einheit im bewußten Selbst, als Loslösen von den Trieben [= absolute Befriedigung] versteht, dieser Phantasie ungebrochen an.)

Intermezzo: Desillusionierung vs. Illusionierung

Man kann im Anschluß hieran im wesentlichen zwei verschiedene psychotherapeutische Grundeinstellungen differenzieren, denen sich im weiteren die einzelnen Tiefenpsychologen zuordnen ließen. Der einen Einstellung zufolge, auf deren Seite beispielsweise Freud und Lacan zu stehen kämen, kommt der therapeutische Effekt der psychoanalytischen Kur durch die Desillusionierung des Subjekts hinsichtlich seiner Möglichkeiten zustande – das Subjekt wird (auf gleichsam paradoxe Weise) gestärkt oder lebensfähig gemacht durch die Einsicht in seine Fragilität, seine Gebrochenheit, auch sein Angewiesensein auf andere. Die andere Einstellung, auf deren Seite unter anderem Jung und eben auch Graber zu stehen kämen, bestünde darin, sich den entsprechenden therapeutischen Erfolg einer Stärkung des Klienten zu erwarten durch den Verweis auf die Vielzahl seiner unausgeschöpften Verwirklichungsmöglichkeiten, auf seinen vermeintlich „wahren" Kern, dem er nur zum Durchbruch verhelfen müsse, etwas polemisch ausgedrückt: durch eine Stärkung seiner Illusionen. Für Graber gesprochen, wäre die therapeutische Maxime hier: „Vor deiner Geburt warst du ein anderer, als du jetzt bist; du kannst es wieder werden!" oder, gleichen Sinnes: „Du bist jetzt ein anderer, als du vor deiner Geburt warst, und kannst wieder du selbst werden!" In gewisser Hinsicht erklärt das auch die doch nicht ganz eingängige Tatsache, daß Graber sich ungeachtet seiner Kritik an Freud als Freudianer verstand, denn: Er dreht die Freudsche Devise „Wo Es war, soll Ich werden" gewissermaßen um und sagt: „Wo Ich war (nämlich das bewußte nachgeburtliche Ich), soll Es werden (nämlich ein die Potenzen und Anlagen des unbewußten vorgeburtlichen Selbst wieder freilegendes bewußtes nachgeburtliches Selbst)!"

Grabers „Metaphysik" und die Metaphysikkritik

Erneut zeigt sich eine gewisse Nähe zur Ich-Kritik der kontinentalen Philosophie des 20. Jahrhunderts, bei gleichzeitiger unüberwindlicher Distanz zu deren wesentlich radikaleren Schlußfolgerungen: Denker und Literaten wie Bataille, Blanchot, Foucault und Deleuze würden der invertierten Formel als solcher vermutlich zustimmen, sie meldeten nur allergrößte Vorbehalte gegenüber der Vorstellung an, das hier evozierte Es sei gleichsam ein zweites oder vielmehr erstes, ein „eigentliches", „wahres", „höheres" und insofern „besseres", weil vorgeburtliches Ich als dasjenige, das man gerade verabschiedet oder, wenn nicht verabschiedet, so zumindest dekonstruiert hat. Sie würden ihren Blick auf der Suche nach der Beschaffenheit dieses Es, das da anstelle des Ich werden soll, eher in die andere Richtung wenden und, wie Freud und mit ihm, in den unteren Regionen des menschlichen Lebens fündig werden, das heißt die Ununterscheidbarkeit oder jedenfalls unauflösliche Verstrickung von Ich und Es zu entlarven trachten.

Indem Graber diesen Schluß aus seiner Einsicht in die Entfremdungsfunktionen des Ichs *nicht* zieht, schreibt er sich ein in die lange und ehrenwerte Tradition metaphysischen Denkens, der auch sein oben erwähnter Landsmann Rousseau angehört. Schon bei Rousseau ist im übrigen die Geburt ein entscheidender argumentativer Faktor, um die Vorstellung eines geglückten, erfüllten Lebens ganz bei sich, um also Selbstverwirklichung als reale Möglichkeit zu evozieren. Was Jacques Derrida in der im folgenden zitierten Passage aus seiner großen Rousseau-Studie *De la grammatologie* über diesen schreibt, scheint mir a fortiori auch für Grabers Pränatalpsychologie zuzutreffen.

> Das Präsens, die Gegenwart, ist ursprünglich, was bedeutet, daß die Bestimmung des Ursprungs immer die Form der Präsenz annimmt. Die Geburt ist die Geburt (der) Präsenz. Vor ihr gibt es keine Präsenz: und sobald die Präsenz, die an sich selbst hält und sich selbst ankündigt, ihre Fülle aufspaltet und ihre Geschichte einsäumt, hat die Arbeit des Todes begonnen. Die Geburt im allgemeinen wird niedergeschrieben, wie Rousseau seine eigene Geburt beschreibt: „Ich kostete meine Mutter das Leben und meine Geburt war das erste Unglück" (*Confessions*, S. 7). Jedesmal wenn Rousseau ein Wesentliches wieder in den Griff bekommen will (in Form eines Ursprungs, eines Rechtes, einer idealen Grenze), führt er uns zu einem Punkt erfüllter Präsenz. (...) Die Wesenheit ist die Präsenz. Als Leben, das heißt als Selbstpräsenz, ist sie Geburt. Und da das Präsens nur aus sich heraustritt, um zu sich zurückzukehren, besteht die Möglichkeit einer Wieder-Geburt, die allein sämtliche Ursprungswiederholungen zuläßt. Der Diskurs und die Fragen Rousseaus sind nur in Antizipation einer Wieder-Geburt oder einer Reaktivierung des Ursprungs möglich. Die Wieder-Geburt, das Wiederauferstehen oder Wiedererwachen eignen sich immer wieder in ihrer flüchtigen Instanz die Fülle der zu sich selbst zurückkehrenden Präsenz an.[5]

---

[5] Jacques Derrida, Grammatologie, Frankfurt am Main ²1988, S. 530f.

Zwei Traumen: Geburt und Triebüberwindung

„Wir werden gezwungen umzulernen",[6] schreibt der späte Graber in einem meines Erachtens überaus bemerkenswerten Essay *Zur Lehre der Psychotherapie* (1972) mit Bezug auf die durch avancierte medizinische Technologien möglich gewordenen „völlig neue(n) Einsichten in das pränatale Leben".[7] Der Text ist unter anderem deswegen so bemerkenswert, weil er die von mir bislang markierten Ambivalenzen, um nicht zu sagen Ungereimtheiten in Grabers Konzeption in geballter Form aufweist und teils auch selbst als solche benennt. Heißt es einerseits, im tiefenpsychologischen Heilungsvorgang könne sich, falls er denn gelinge, auch „die letzte Verjüngung, die der Neu- oder Wiedergeburt, ergeben",[8] die im selben Schriftzug so charakterisiert wird: „die Daseinsbefindlichkeit ist von der Grundstörung befreit – das Geburtstrauma wird überwunden",[9] so versucht Graber ein wenig später im Text das philosophisch ungelöste Problem, was *reine* oder *absolute* Lust sei (also Lust ohne das Gegenbild der Unlust, Lust, von der man nicht sagen kann, sie sei Abwesenheit von Unlust), um sie dem Fötus oder wenigstens dem Embryo zuschreiben zu können, genetisch-psychologisch dadurch aufzuheben, daß er die augenscheinlich unumgängliche, mit Notwendigkeit (im Denken) als ursprünglich anzusetzende Differenz chronologisch noch weiter nach vorn, an den anfänglichsten Anfang des menschlichen Lebens verschiebt:

> Ich frage mich ..., ob diese letztere Vorstellung [daß Lust stets nur mit ihrem Gegensatz denkbar ist] sogar für das hypothetisch gesetzte maximale Lusterleben des embryonischen Daseins gelten könnte. Dies wäre dann der Fall, wenn so, wie bei dem postnatalen Leben das Trauma der Geburt vorausgeht, auch für das pränatale Leben ein Trauma, nämlich das der Zeugung, vorausgeht.[10]

Was wird aber dann aus der Überwindung des Geburtstraumas, systematisch wie therapeutisch gleichermaßen, als Ziel der Analyse, wenn das Trauma der Zeugung bestehen bleibt? – Offenbar behält das Trauma und damit die Differenz, die keine oder doch zumindest *noch* keine Dual-Einheit ist (wie später die zwischen Mutter und Ungeborenem, obwohl man

---

[6] Gustav Hans Graber, Zur Lehre der Psychotherapie. Nachgeburtliches Verhalten und Total-Regression. In: ders., Gesammelte Schriften, Bd. III: Psychotherapie als Selbstverwirklichung, München 1977, S. 161–200, hier S. 189.
[7] Ebd.
[8] A. a. O., S. 184.
[9] Ebd.
[10] A. a. O., S. 191.

auch dieses Postulat hinterfragen kann, wie mir scheint), doch das letzte Wort.

> Der Mensch im Nirwana lebt fortan überbewußt im atomaren Raum wie einst unbewußt im Mutterleib, d. h. so, daß kraft der Alleinherrschaft des Primärvorgangs volle Einheit und Identität von Selbst, Körper und Außenwelt erlebt wird. Jede Unterscheidung von Willensregung zum Zweck einer Abwehr oder eines Begehrens nach der Individuations-Einheit oder der Dual-Einheit hört auf. (...) ... die Triebe sind aufgehoben, das triebhafte Interesse erloschen. Aber dies heißt niemals, daß die Sinnestätigkeiten, die Wahrnehmungen, das Gefühlsleben, die Empfindungen, Hunger, Schlaf, die Körperfunktionen einschließlich der Sexualfunktion, Ernährung und Ausscheidung aufhören würden. *Alle diese Erscheinungen sind nur entbunden von der Uterin-Regressionstendenz, entbunden vom Trieb der Wiedervereinigung oder der Ausschaltung.* Diese Tendenz allein nenne ich „Trieb". Die körperlichen Vorgänge, Sinnestätigkeiten und das Denken sind mit ihm nur behaftet. Sie können davon befreit werden. (...) Der Mensch im Nirwana ist ... frei vom Durst nach dem Früheren, d. h. frei vom Trieb. *Und solange Trieb, Streben, Durst nach dem Früheren, dem Kindsein und pränatalen Dasein, in uns sind, so lange bleiben wir auch teilweise infantil.* Erst wenn das Ziel erreicht ist und das triebbedingte Streben aufhört, ist der Mensch wirklich erwachsen.[11]

Völlige Befreiung vom Trieb, volle Einheit und Identität von Selbst, Körper und Außenwelt, wie Graber sie, vermittelt durch seine Charakterisierung des Nirwana im selben Aufsatz als Ziel der psychoanalytischen Kur wie zugleich der menschlichen Entwicklung überhaupt, beschreibt – das scheint mir, auch ungeachtet der metapsychologischen Frage nach der Stichhaltigkeit und Kohärenz seiner Argumentation, den Auftrag von Psychotherapie als solchen maßlos und mutmaßlich nicht zum besten der Klienten zu überfordern. Er schießt meines Erachtens in diesem Punkt wenn nicht über das anthropologische, so doch jedenfalls über das therapeutische Ziel hinaus, das doch in einer Verbesserung der Lebensqualität des Klienten besteht und in letzterer ihr konkretes, empirisches Maß hat. Und, was vielleicht noch schwerer wiegt: Gerade der Blick auf die Geburt, die Einbeziehung der prä- und perinatalen Zeit in die philosophische wie tiefenpsychologische Reflexion auf das menschliche Dasein, gibt keinen Anhaltspunkt, auch nicht modellhaft, wie Graber relativiert,[12] für die Ansetzung der *Trieblosigkeit* als positivem Fluchtpunkt menschlicher Entwicklung: Daß das Gesetz der Wiederholung, wie Graber einräumt, auch noch über dem angepeilten Ziel der „Wiedergeburt in ein Nirwana-Erlebnis"[13]

---

[11] A. a. O., S. 185 (kursiv i. O.).
[12] Vgl. ebd.: „In der vierten Ihana-Stufe erreicht Buddha das Ziel des wunschlosen Erlebens *nach dem Modell* des unbewußten Erlebens im Mutterleib." (Kursiv ARB)
[13] A. a. O., S. 192.

wacht, steht der Annahme eines „existenzaufhebende(n) Trauma(s)"[14] diametral entgegen; die existentielle Wahrheit, die näher an der von Graber dezidiert abgelehnten Freudschen Todestrieblehre[15] liegt, scheint vielmehr zu sein, daß Traumata jeweils existenz*begründend* sind und es die Wiederholung (an den entsprechenden entwicklungspsychologischen Stellen) ist, die über deren physiologisch-gesunden oder pathologisch-krankhaften Charakter entscheidet.[16]

Geburt, phänomenologisch: Das Entspringen der Zeit

Gegenüber einer wie auch immer vermeintlich nur modellhaft am unbewußten Erleben des Ungeborenen im Mutterleib orientierten „Identität von Selbst, Körper und Außenwelt" als Telos der menschlichen Entwicklung gilt es jedenfalls den phänomenologischen Befund der nämlichen, als Modell beanspruchten Dual-Einheit zwischen Mutter und ungeborenem Kind zu berücksichtigen, den Augustinus Karl Wucherer-Huldenfeld, Graber korrigierend, unter Betonung der Unterschiedenheit in der Einheit (nicht der Einheit in der Unterschiedenheit) so faßt:

> ... beide (sind) in ihrer durchaus verschiedenen Gegebenheitsweise vereinigt, und zwar durch das einander umgreifende Geschehen des Gegenwärtigwerdens für einander. Diese Einheit im Vollzug löscht das Unterschiedene nicht aus, verschmilzt es nicht ideell zu einer illusionären Identität des Bestandes, vereinigt nicht durch ein Sichidentifizieren, das ein „gleich wie" ausdrückt, sondern bedeutet eine gegenseitige Öffnung und ein Selber-offen-sein für einander.[17]

Während Wucherer von da ausgehend die Bedeutung des personalen Moments bereits im pränatalen Dasein unterstreicht, kommt es mir darauf an, im beschriebenen Öffnungscharakter des vorgeburtlichen und geburtlichen Daseins die Unabgeschlossenheit und Unabschließbarkeit der menschlichen Individuation aufzuweisen, also den Faktor der Zeit oder besser der *Zeitlichkeit des Daseins* zu betonen. *Bedingung der Selbstverwirklichung ist die Anerkennung ihrer Unmöglichkeit*; erst wenn ich die – schmerzhafte,

---

[14] Ebd.
[15] Vgl. a. a. O., S. 198.
[16] Hier wäre der Ort, ausführlicher von Freuds unterbewertetem späten Aufsatz *Konstruktionen in der Analyse* her sein *Erinnern, Wiederholen und Durcharbeiten* gründlich neu zu lesen, was ich an dieser Stelle nicht leisten kann.
[17] A. K. Wucherer-Huldenfeld, Schwierigkeiten mit der narzißtischen Selbstliebe in Freuds Metapsychologie, in: ders., Ursprüngliche Erfahrung und personales Sein. Ausgewählte philosophische Studien I: Anthropologie – Freud – Religionskritik, Wien-Köln-Weimar 1994, S. 267–303, hier S. 298.

weil meinen Narzißmus kränkende – Einsicht gemacht habe, daß mir absolute Individuierung aus anthropologischen Gründen (wie sie sich phänomenologisch gerade in der Universalität der doch jeweils singulären Geburt zeigen) versagt ist, bin ich eigentlich ich, bin ich, Heideggerianisch gesprochen, „eigentlich". Aus der von der Philosophie lange Zeit und immer noch sträflich vernachlässigten Reflexion auf die Faktizität des Geborenseins folgt jener von Graber erhoffte, auch für die Psychotherapie gleichsam unmittelbar praxisrelevante therapeutische Effekt einer Relativierung des seine Genese verdrängt habenden, vermeintlich autonomen Ichs, das mit seiner – ja nicht zuletzt durch das psychoanalytische Setting unterlaufenen – Souveränität auch seine lebenshinderlichen Entfremdungen und Schranken aufgeben kann, nicht weil es mit dem All zu einer Selbst-Einheit verschmilzt, schrankenlos wird, sondern weil es im Gegenteil seine Grenzen sieht und anzuerkennen lernt. Wir sind als zeitliche Wesen (was nicht gleichbedeutend ist mit „Wesen in der Zeit") immer zugleich individuell *und* allgemein, was besagt, daß wir eo ipso niemals ganz oder zu Ende individuiert sein werden. Diese Tatsache besiegelt nicht, wie man annehmen könnte, die *Unmöglichkeit* von Psychotherapie, auf ihr gründet vielmehr nachgerade deren *Möglichkeit*.

1945, zeitgleich mit dem Erscheinen von Grabers Buch *Einheit und Zwiespalt der Seele*, der zweiten Auflage seiner Dissertation *Die Ambivalenz des Kindes* von 1924, schreibt der französische Psychologe und Philosoph Maurice Merleau-Ponty in seinem Opus magnum *Phänomenologie der Wahrnehmung*:

> (D)ie Zeit ist Grundlage und Maß unserer Spontaneität, das uns innewohnende Vermögen des Darüber-hinweg-gehens und „Nichtens", das wir selber sind, das uns gegeben ist mit Zeitlichkeit und Leben. Unsere Geburt – oder, wie Husserl ... sagt, unsere „Generativität" – gründet in eins unsere Aktivität oder Individualität und unsere Passivität oder Allgemeinheit, jene uns bleibende innere Schwäche, die uns auf immer die Dichtigkeit der absoluten Individuierung versagt. Wir sind nicht Aktivität, auf unbegreifliche Weise mit Passivität verknüpft, von Willen überstiegener Automatismus, von Urteilskraft überhöhte Wahrnehmung, sondern gänzlich aktiv und gänzlich passiv, da wir selber nichts anderes sind als das Entspringen der Zeit.[18]

Die Wiederentdeckung Gustav Hans Grabers, die an der Zeit ist, scheint mir – unter der Voraussetzung, daß die hier ausgelegten philosophischen Prämissen entsprechend bedacht und berücksichtigt werden, was freilich weit ausführlicher geschehen muß, als ich es hier tun konnte – mehr als

---

[18] Maurice Merleau-Ponty, Phänomenologie der Wahrnehmung, Berlin 1966 (= Phänomenologisch-psychologische Forschungen, Bd. 7), S. 486.

lohnend; zu lange schon haben die Philosophen Eileithyia, die griechische Göttin der Geburt, genauso vernachlässigt, wie schon der Mythos das tat. Aber das ist eine andere Geschichte, die ein andermal an der Zeit ist.

◇

Artur R. Boelderl, Mag. et Dr. phil. s.a.p., Univ.-Ass. am Institut für Philosophie der Kath.-Theol. Privatuniversität Linz, Forschungsschwerpunkte: Phänomenologie, Gegenwartsphilosophie, Philosophie der Psychoanalyse, arbeitet an einer Habilitationsschrift zur Philosophie der Geburt.
Letzte einschlägige Publikationen:
Die Geburt. Vorüberlegungen zu einem Anathema der abendländischen Geistesgeschichte, in: Österreichisches Museum für Volkskunde (Hrsg.), Aller Anfang. Begleitbuch und Katalog zur Ausstellung im Österreichischen Musum für Volkskunde 10. April bis 6. Oktober 2002, Wien: Österreichisches Museum für Volkskunde 2002 (= Kataloge des Österreichischen Museums für Volkskunde, Bd. 80).
„Die Maus im Vogelkäfig". Zum Status der Erinnerung und deren psychohistorischer Dimension in Phänomenologie und Psychoanalyse, in: Theologisch-Praktische Quartalschrift 151 (2003).
„Ich, ich bin, ich bin geboren" – Die Dekonstruktion spricht die Sprache der Geburt, in: Peter Zeillinger/Matthias Flatscher (Hrsg.), Kreuzungen Jacques Derridas. Geistergespräche zwischen Philosophie und Theologie, Wien: Turia + Kant 2004.
Anschrift: Katholisch-Theologische Privatuniversität Linz, Bethlehemstraße 20, 4020 Linz, Österreich
Telefon: [Österreich 0043] (0732) 784293-4147
Email: a.boelderl@ktu-linz.ac.at
Internet: www.ktu-linz.ac.at/Institute/Philosophie/Boelderl.htm

Graber Reloaded
Zum evolutionsbiologischen Sinn
einer pränatalpsychologischen Teleologie

Horia Crisan

Die ersten prä- und perinatalpsychologischen Ansätze tauchten früh in der Geschichte der Psychoanalyse auf. Bereits 1923 veröffentlichte Franz Alexander seine Arbeit „Der biologische Sinn psychischer Vorgänge. (Über Buddhas Versenkungslehre)" und deutete die buddhistische Versenkung als Regression auf die intrauterine Stufe. 1924 folgte das bis heute viel geachtete Buch Otto Ranks „Das Trauma der Geburt". Im selben Jahr erschien auch Gustav Hans Grabers Arbeit „Die Ambivalenz des Kindes", die er später überarbeitet als „Ursprung, Zwiespalt und Einheit der Seele. Vor und nachgeburtliche Entwicklung des Seelenlebens" (Graber, Bd. 1, S. 17) veröffentlichte. Das wichtige Feld der prä- und perinatalen Psychologie wurde somit erschlossen, barg aber eine für die damaligen Verhältnisse schwer zu integrierende Sprengkraft in sich.

Sigmund Freud, der anfangs begeistert Ranks Buch als wichtigsten Fortschritt seit der Entdeckung der Psychoanalyse einstufte, sah sich gezwungen, auf die enorme Abwehr einiger ihrer wichtigen Vertreter Rücksicht zu nehmen, was letztendlich zu einer Art Exkommunikation Ranks aus der freudschen psychoanalytischen Bewegung führte. Eine prägnante Schilderung der damaligen Auseinandersetzungen findet sich in Liebermans Rank-Biographie. In der Folge entstand ein regelrechtes Tabu. Für die Psychoanalyse war der neugeborene Mensch eine Art tabula rasa, die Geburtstraumatisierung und das Erleben vor der Geburt galten nicht als maßgeblich für die Ausgestaltung der späteren psychischen Architektur. Talentierte Psychoanalytiker hielten sich an Freuds Tabu, sogar Franz Alexander verfolgte seine geniale Einsicht nicht weiter und widmete sich akzeptableren Themen wie z. B. der Psychosomatik.

Gustav Hans Graber, der immer wieder betonte, seine Entdeckung sei unabhängig vom Wirken Ranks entstanden, blieb neben Rank einer der wenigen Vertreter des prä- und perinatalpsychologischen Ansatzes, den er ein Leben lang energisch verteidigte. Seine eigene Selbsterfahrung hatte ihn zu der Überzeugung geführt, daß eine tiefere bewußte Begründung des Menschen in der pränatalen uterinen Wirklichkeit heilend und für die Reifung der Persönlichkeit auch dringend erforderlich ist. Seine Schlüsse nehmen zum Teil einen quasi religiösen Charakter an, so daß die Frage zu stellen ist, ob Graber nicht unbewußt den Lockrufen einer Idealisierungstendenz als Folge eigener traumatischer Erfahrungen erlag. Im folgenden werden Grabers Ansichten aus einer evolutionsbiologischen, neurophysiologischen und Ich-psychologischen Perspektive betrachtet.

Ranks Ansatz betonte den traumatischen Aspekt der menschlichen Geburt und die dadurch entstandene Urverdrängung als allgemeine, die menschliche Kultur tief beeinflussende Gegebenheiten. Das Trauma der Geburt war aber weniger Grabers Thema, vielmehr betonte er den Einfluß der Geburt als umwälzendsten Daseinswechsel des gesamten Lebensablaufs: „Ich stellte das traumatische Erleben der zweierlei völlig gegensätzlichen Daseins- und Lebensweisen vor und nach der Geburt als entscheidende Ursache für die tiefgreifenden Strukturveränderungen und neue Zielstrebungen des Seelischen im nachgeburtlichen Leben in zentrale Betrachtung: Einheit des vorgeburtlichen, Zwiespältigkeit des nachgeburtlichen Seelenlebens" (Graber, Bd. 1, S. 12). Das intrauterine Unbewußte nimmt eine zentrale Stellung in Grabers Denken ein: „Eine tiefenpsychologische postnatale Daseinsanalyse kann nur dann Anspruch auf Ganzheitsanalyse erheben, wenn sie die Primärphase menschlichen Daseins im Uterus mit einbezieht" (Bd. 3, S. 177). Im pränatalen Dasein sieht Graber das Urbild aller Paradieses- und Nirwanavorstellungen (Bd. 1, S. 38).

Das unbewußte Selbst des Menschen ist eigentlich unser intrauterines Unbewußtes, ist unsere eigentliche Seele: „Die Seele des reifenden Kindes kurz vor der Geburt ist und bleibt auch für das ganze nachgeburtliche Leben die eigentliche, wirkliche, wahre und unveränderbare Seele des Menschen. Sie allein hat die Art des Eigenen. Sie ist die große Einheit. Ich nenne sie das unbewußte Selbst. Was im nachgeburtlichen Leben sich darüber lagert – im Unbewußten sowohl wie im später erwachenden Bewußtsein – ist von außen Übernommenes, ist Fremdes" (Bd. 1, S. 63). Hier deutet sich eine Öffnung zum Transzendentalen oder Transpersonalen an, die an anderen Stellen noch expliziter wird. In seinen tiefenpsychologischen Betrachtungen schreibt Graber auch von der Seele der Eizelle, der Samenzellen-Seele (Bd. 1, S. 34), ja gar von einer atomaren Seele: „Die Seele entstammt dem atomaren All (dem ‚Himmel') und kehrt mit dem Sieg des Großen Aggressors [des Todes] zurück" (Bd. 3, S. 198). Der Seelen-Begriff bleibt unscharf und ist in dieser Form für eine wissenschaftliche Untersuchung selbstverständlich nicht zugänglich.

Interessanter erscheint mir hier die Auseinandersetzung mit dem von Graber deutlicher definierten Ich-Begriff: „Das Ich ist ein nachgeburtlich aus Abwehr innerer (körperlicher) und äußerer Reize Entstandenes, seelisch Gegensätzliches zum Selbst" (Bd. 1, S. 176). Das Ich baut sich aus äußeren Wahrnehmungen und Identifizierungen auf, bei genauer Analyse seiner Entstehung entpuppt sich das Ich „als ein ‚Nicht-Ich‘, als eine Fremdheit" (Bd. 1, S. 101). Das Entstehen des menschlichen Ich wird von Graber ausschließlich psychodynamisch verstanden: „Das Ich verdankt seine Existenz einer nachgeburtlichen Oberflächenbildung am vorgeburtlichen Unbewußten und ist zunächst in seinen tiefsten Schichten ebenfalls unbewußt. Die Ichbildung erfolgt als Schutz und Abwehr gegen eine völlig neuartige Daseinsbedingung. Im Gegensatz zur befriedigten und gesicherten Existenz im Mutterleib zwingt ein nachgeburtliches Dasein voller Entbehrungen, störender Reize und einer ungeheuerlichen Umstellung auf ‚Alleinsein‘ und ‚Selbstversorgung‘ mit Luft, Nahrung, Wärme usw., die alle ‚erworben‘ und ‚verarbeitet‘ werden müssen, zu einer psychischen Instanz, die diese riesige Aufgabe übernimmt. Es entsteht das ganze uns nunmehr bekannte System der Begehrungen oder Triebe, das zugleich die Basis des Ichs bildet" (Bd. 1, S. 96).

Aus evolutionsbiologischer Sicht greift eine solche Darstellung – Ichbildung lediglich als Schutz und Abwehr gegen eine neue Daseinsbedingung – zu kurz. Der Schritt vom Primärbewußtsein höherer Säugetiere zum höheren semantischen Bewußtsein (higher order consciousness – Edelman 1992), in dem das reflexionsfähige Ich des Menschen verankert ist, läßt sich schwerlich auf ein psychodynamisches Phänomen zurückführen. Das höhere semantische Bewußtsein des Menschen, untrennbar mit der Sprache verbunden, hat unserer Spezies bisher zu einer enormen Erweiterung der Adaptationsfähigkeit verholfen. Es handelt sich hier allerdings um ein noch sehr junges „Experiment" der Natur, dessen Ausgang noch nicht absehbar ist. Wenn man von einer „Ich-Funktion" sprechen kann, muß sie beim Säugling, beim Tier oder präverbalen Hominiden im Primärbewußtsein angesiedelt sein. Graber spricht von einem „unbewußten Körper-Ich" und zeichnet eine mögliche Entwicklung des Ich über mehrere Zwischenstationen (unbewußtes Fremd-Objekt-Ich, verdrängtes Unbewußtes, Vorbewußtes, Bewußtseins-Ich, Bewußtseins-Über-Ich) zum bewußten Selbst (Bd. 1, S. 136).

Das Primärbewußtsein des präverbalen Menschen, und auch des Tieres, muß die biologischen Werte des Individuums vertreten. Dasselbe ist schließlich auch die Aufgabe des semantischen Bewußtseins, wobei sich diese Bewußtseinsebene erst in einem Alter zwischen drei und fünf Jahren stabilisiert. Die Abwehrmechanismen als zentraler Schauplatz der Psychoanalyse beziehen sich in erster Linie auf dieses semantisch verankerte, reflexionsfähige Ich, so daß die Frage entsteht, welche Art von Abwehr von Graber gemeint ist? Die aktuelle Säuglingsforschung zeigt, daß auch auf präverbaler Stufe Verdrängung auftritt, unerwünschtes Verhalten wird unterdrückt und nur physiologische Reaktionen als Ausdruck des Verdrängten bleiben übrig (Dornes 1997, S. 297). Welches Ich entsteht aber als „Abwehr und Schutz" gegen die neuartige postgeburtliche Daseinsbedingung? Wenn Geburt zu Ich-Entstehung als Abwehr führt, kann damit kaum das erst im Alter von ca. drei Jahren entstehende Ich gemeint sein.

Zwischen der körperlichen Geburt und der „Geburt" der symbolisch strukturierten neokortikalen Repräsentanzen des Menschen besteht eine erhebliche Lücke, weswegen das Geburtserleben gar nicht auf der höheren Ebene des Ich integriert werden kann – zum Zeitpunkt seiner Entstehung liegt die Geburt weit zurück. Daß das menschliche Ich allerdings auch verheerende „Verrücktheiten" beherbergt, dürfte nicht nur die Psychoanalyse wissen – davon zeugen der Zustand unserer Umwelt und die irrationalen internationalen politischen Auseinandersetzungen vor dem Hintergrund tradierter kultureller Werte. Dieses neue Experiment der Natur, das semantisch organisierte Bewußtsein, befindet sich offensichtlich noch in einer evolutionären Bewegung, wie sie auch in der Entwicklung der Kulturen sichtbar wird (Crisan 1997, 1999). Neurophysiologisch ließe sich auch behaupten, daß das neue semantische Bewußtsein mit seinem Ich noch nicht ausreichend mit den älteren Schichten vernetzt ist und die von diesen getragenen biologischen Werte noch nicht ausreichend vertreten kann. Diese älteren Schichten beherbergen aber auch die archaische Erfahrung des intrauterinen Einsseins und der existenziellen Bedrohung durch den Geburtsvorgang, was unserer Wahrnehmung eine schwer einzuordnende Färbung verleiht und realitätsadäquates Agieren erschwert.

Grabers tiefe Selbsterfahrung mit Regression bis in die pränatalen Schichten führte zu einer sehr negativen Bewertung des Ich, während die intrauterine Erfahrung als eine Art Erlösung dargestellt wird. Graber konnotiert das Ich genauso negativ wie im Buddhismus und Hinduismus und gibt an: „Es ist Buddhas Lehre von der Persönlichkeit, die sich mit unserer Ichlehre deckt" (Bd. 1, S. 95). Sichtbar wird eine buddhistische Teleologie: „Wir sind alle fortwährend auf dem Weg zum bewußten Selbst. Das wandelbare Ich, dieses unserem wahren Wesen aufgesetzte Fremde, diese Maja, die wir uns von außen aneigneten, wird zwar immerzu vom Selbst angesogen, aber das Ich dreht sich und windet sich dauernd in Abwehr und äffischer Nachahmung. Es will seine Existenz nicht preisgeben. Ja, uns will scheinen, daß der Mensch – besonders der westliche – mehr noch auf der Flucht vor seinem Selbst ist als auf der Suche nach ihm. Er entwertet es, läßt es unbekannt, oder stellt sich gern in die Pose des Fuchses, dem die Trauben zu sauer sind. Aber er leidet unter seiner Gespaltenheit, seiner Halbheit" (Bd. 1, S. 175). Laut Graber ist das Ziel Nirwana, „die letzte und einzige Gesundheit, der Zustand, in dem jede Entfernung von sich selbst aufgehoben ist, der Zustand vollkommener Selbst-Erkenntnis, der den Schlüssel für das restlose Verständnis der Mitmenschen, ja des Weltgeschehens liefert" (Bd. 3, S. 184), wofür allerdings die Aufhebung des Ich erforderlich ist: „Sind die ambivalenten Ich-Kräfte wieder mit dem Urquell, dem unbewußten Selbst, als dem wahren seelischen Kraftzentrum verbunden, dann geschieht das Wunder der großen Befreiung, der Aufhebung des Ichs, und es erwacht das Leben der einheitlichen Kraftströmung aus dem bewußten Selbst" (Bd. 1, S. 171).

Die Ich-Psychologie Grabers sieht das Ich als vom Selbst abgespalten, es tritt mit den Trieben erst nach der Geburt auf, es ist eine „Fremdheit" und lagert sich wie eine „Kruste" über das unbewußte Selbst und fällt ab, wenn das unbewußte Selbst zum Erleben der Individual-Einheit „erleuchtet" ist. Dem gegenüber wird ein idealisiertes Selbst gestellt: frei von Trieben (Bd. 1, S. 97), der ruhende Pol des seelischen Dynamismus (Bd. 1, S. 135). Die bewußte Auflösung im Selbst bedeutet für Graber das Aufhören der Regressionstendenz, die Aufhebung der Triebe und des Ich. Sichtbar wird die Sehnsucht nach der Befreiung vom Leid, die Züge einer Pränatalreligion mit Erlösungsvorstellungen annimmt. Graber strebt die „seelische Wiedergeburt" an und behauptet: „Nirwana ist als letzte Erfüllung, höchste Lebenspotenz" (Bd. 3, S. 185), „… Die zeitlose Wahrheit, das ‚tat tvam asi' (das bist du) ist erreicht: das atomare All-Eins-Sein und damit auch das Ende des Leidens" (Bd. 3, S. 188). Angestrebt wird ein Zustand der Leidensfreiheit, in der Interpretation Grabers der Idealzustand des Menschen.

Konsequenterweise sind Grabers Helden Religionsstifter: „Diese innere Welteroberung steht der Menschheit noch bevor. Wenige Leuchten sind ihr vorausgeschritten, Menschen wie Buddha, Laotse, Christus u. a." (Bd. 1, S. 112). Weitere Beispiele sind die indischen Heiligen Ramana Maharshi und Ramakrishna. Graber lehnt Alexanders Vergleich der „heilenden Versenkungsvorgänge" mit Psychoseformen genauso wie das psychoanalytische „Wo Es war, soll Ich werden", ab (Bd. 3, S. 188). Alexander, ganz im Sinne des aufklärerischen Selbstverständnisses der Psychoanalyse, schreibt nüchtern: „Die buddhistische Versenkung geht in der regressiven Richtung viel tiefer [als die Tiefenpsychologie], doch sie muß diese Tiefe teuer bezahlen. Sie läßt dafür die ganze Außenwelt untergehen, erobert das Selbst und verliert dafür die Welt. Die Zielrichtung der Psychoanalyse ist anspruchsvoller: Sie will das Selbst, ohne die Außenwelt zu verlieren, erobern."

Alexanders Annahme, daß die buddhistische Versenkung eine Regression bis zum Intrauterinen ermöglicht, läßt sich durch die Untersuchung der Yoga-Techniken bestätigen. Diese sind eine perfekte Reinszenierung des prä- und perinatalen Erlebens und können sogar zu einer Reaktivierung perinataler physiologischer Prozesse führen (Crisan 1994). In Alexanders Sinne ist das Wiedererleben des Pränatalen nur Regression, wenn dies nicht im Dienste des Ich steht. Dem gegenüber scheint Graber im Sinne Buddhas die Abschaffung des Ich im Dienste des pränatalen, „atomaren" Selbst anzustreben. Ob Grabers Denken deckungsgleich ist mit dem Buddhismus, läßt sich aus seinen Schriften schwer herauslesen. Sein Werk selbst und sein mutiges Vertreten des prä- und perinatalpsychologischen Anliegens sind beachtliche Ich-Leistungen. Wir können nur vermuten, daß er auch ein in der Tiefe verankertes Ich meint, wenn er vom bewußten Selbst schreibt, und nicht „Ichlosigkeit". Leider bleiben die begrifflichen Bestimmungen in seinen Schriften unscharf. Der angestrebte Zustand der Leidensfreiheit deutet darauf hin, daß Graber zumindest zum Teil dem verlockenden Gesang der „Regressionssirenen" gefolgt ist.

Liegt in Grabers Denken eine Verwechselung zwischen Arche und Telos vor? Ist der Urgrund das Ziel? Wie können wir die evolutionäre Errungenschaft eines im höheren semantischen Bewußtsein verankerten Ich bewerten, ohne sie auf ihren Ursprung zurückführen zu wollen und „aufzuheben"? Grabers Ansatz unterscheidet sich in einem entscheidenden Punkt vom Buddhismus: er benennt das Intrauterine als das, was es ist. Seine Idealisierung des angestrebten Zustandes mindert nicht den Wert des Erkenntnisaktes an sich, zumindest in diesem Punkt könnten sich Graber und Alexander treffen. Wenn das Ziel der psychologischen Erforschung Erkenntnis sein soll, so muß diese Erkenntnis auch die Außenwelt meinen. Das menschliche Ich sieht sich mit einer inneren und einer äußeren Welt konfrontiert. In der Innenwelt der Introspektion begegnet es den nährenden Quellen der intrauterinen Verbundenheit. Dauerhaft dort zu verbleiben widerspricht aber der ursprünglichen Lebensbewegung, die uns nach außen geführt hat. Die Reise zu der Quelle des Ganges ist die Reise zum Beginn der Reise! Die Frage ist nicht, ob das Ich aufgehoben werden soll, sondern welche Beschaffenheit sollte dieses Ich haben, welche Wurzeln sollten in ihm bewußt werden, welche Werte sollte es vertreten?

Die Beschaffenheit unseres Bewußtseins hängt maßgeblich davon ab, wie wir unser Hirn einsetzen. Die Hirnforscher können den feinfühligen Psychologen mit Aussagen wie der folgenden schockieren: „Wer sind Sie? Sie sind Ihre Synapsen. Aus ihnen besteht Ihr Selbst" (LeDoux 2003, S. 424). Ein Blick aus dieser Perspektive kann aber auch für das hiesige Thema hilfreich sein. Unser Hirn verfügt über eine große Plastizität. Synaptische Verbindungen, in Systemen organisiert, kämpfen miteinander ums Überleben. Von den entstandenen Verbindungen überleben diejenigen, die fortlaufend genutzt werden. Was nicht genutzt wird, geht verloren. Dies bedeutet aber, daß der Heilige, der sein ganzes Leben nur der Introspektion widmet und die Erledigung der praktischen Realitätsbewältigung anderen überläßt, ein anders funktionierendes Hirn haben wird als der außenorientierte Mensch abendländischer Prägung.

Bei globaler kulturhistorischer Betrachtung erscheint der Osten als Ort, an dem die Kunst der Introspektion zur Perfektion getrieben wurde. In seiner Innenorientierung gelingt es dem Yogi sogar, die Kontrolle über einige vegetative, autonome Funktionen des Nervensystems zu übernehmen. Wir wissen heute, daß er mit seinen Techniken eigentlich eine Art Regressionskunst betreibt (Crisan 1994), ihm fehlt aber die erforderliche Außenperspektive, die es ihm ermöglichen könnte, zu erkennen, was er tut. Seine innere Erfahrung projiziert er auf die Außenwelt und meint, er könne fliegen („levitieren"), eine Erfahrung, die wir alle als „omnipotentes" Baby gemacht haben.

Der westliche Mensch kann fliegen, weil er außenorientiert Naturwissenschaft und Technik entwickelt hat. Dafür fehlt ihm die innere Landkarte des Mystikers und er muß eigene innere Erfahrungen projizieren. Die Leitnation der westlichen Welt, die Vereinigten Staaten, agiert unbewußt intrauterine Phantasien aus, wenn sie meint, Wachstum und Konsum sind unbegrenzt möglich, als ob eine riesige Nabelschnur sie versorgen würde. Die traumatische, vom bewußten Ich nicht integrierte Geburtserfahrung schlummert im Seelengrund und läßt jede Bedrohung größer erscheinen als sie ist, ein möglicher Grund für die beispiellose Aggressivität unserer Gattung (Wasdell 1993).

Der Weg der Versenkung erlaubt das Wiedererleben des intrauterinen Paradieses bis hin zur Wiederholung physiologischer Vorgänge, läßt aber im großen und ganzen im Sinne Alexanders die Außenwelt untergehen. Der Weg der Naturwissenschaft und Technik erlaubt uns die Beherrschung der Außenwelt, während die Innenwelt verkümmert. Stark simplifizierend lassen sich neurophysiologische Korrelate östlicher und westlicher Bewußtseinseinstellungen erkennen: der Osten als Vertreter der Innenwelt bedient sich vermehrt des Hirnstamms und des limbischen Systems als Vertreter „tradierter" phylogenetischer biologischer Werte, während der Westen das thalamokortikale System mit seinen Appendizes, außen- und lernorientiert, trainiert. Ohne auf die Neurophysiologie zurückzugreifen, kam C. G. Jung zu folgendem Schluß: „Der gewöhnliche Irrtum ... des westlichen Menschen ist, daß er, wie der Student im Faust, vom Teufel übel beraten, der Wissenschaft verächtlich den Rücken kehrt und östliche Ekstatik anempfindend, Yogapraktiken wortwörtlich übernimmt und kläglich imitiert. Dabei verläßt er den einzig sicheren Boden des westlichen Geistes und verliert sich in einem Dunst von Wörtern und Begriffen, die niemals aus europäischen Gehirnen entstanden wären, und die auch niemals auf solche mit Nutzen aufgepropft werden können" (in Hauer 1983, S. 409).

Wenn menschliche Kultur die evolutionäre Richtung der bisherigen biologischen Entwicklung fortsetzt, wenn die neue Erfindung des semantisch organisierten Bewußtseins sowohl nach Innen als auch nach außen auf eine zunehmende Vernetzung hinstrebt, könnten wir auch von einer Art „Arbeitsteilung" zwischen Osten und Westen sprechen. Graber sah ein „abendländisches und morgenländisches Kulturideal" mit unterschiedlichen Zielsetzungen. Der Westen zeigt laut Graber eine progressive Tendenz mit immer mehr Lust am Objekt, während der Osten eine regressive Tendenz hat und sich von jeder Bindung befreien möchte (Bd. 1, S. 169). Die Notwendigkeit einer Synthese, einer gegenseitigen Ergänzung, bleibt allerdings bei Graber nur angedeutet. Das Verharren in einer einseitigen Perspektive wird den heutigen Herausforderungen nicht mehr gerecht. Die Innenperspektive des Gurus in Versunkenheit zwingt die Anhänger dazu, ein uterines System um ihn herum zu bilden, das für die Realitätsbewältigung zuständig ist und Entwicklung hemmt. Die Außenperspektive des konsumorientierten Abendländers hat uns bereits an den Rand der Katastrophe gebracht.

Der Titel dieser Arbeit nimmt auf die Science-Fiction-Trilogie „Matrix" Bezug. Science-fiction Filme sind häufig Fundgruben für prä- und perinatalpsychologisch Interessierte. Im Film „Matrix" werden Menschen von die Welt beherrschenden Maschinen in künstlichen Uteri gezüchtet. Menschen und Maschinen bekriegen sich erbarmungslos mit wechselndem Erfolg. Am Ende des dritten Teils der Trilogie zwingt ein gemeinsamer Feind Menschen und Maschinen dazu, zusammen zu kämpfen und letztlich Frieden zu schließen. Aus einem „entweder Menschen oder Maschinen" ist ein „sowohl Menschen als auch Maschinen" geworden. Auf Graber übertragen könnte das heißen: aus einem „entweder Ich oder Nirwana" könnte ein „Nirwana mit Ich" werden.

Graber reloaded, wieder „geladen" auf eine aktuelle Festplatte, 80 Jahre nach Erscheinen seiner pränatalpsychologischen Schrift, lädt sowohl zur Bewunderung als auch zum Widerspruch ein. Bewunderung für seine tiefsinnige Einsicht und für seinen Mut, das als richtig Erkannte trotz aller Widerstände bis zu seinem Lebensende zu vertreten. Seine buddhistische Haltung kommt vielen heutigen New-Age-Vertretern sicherlich entgegen. Und doch ist die Welt nicht so einfach. Das Ich ist nicht nur eine Bürde, sondern auch ein Geschenk der Evolution, das nicht auf dem Altar einer religiös verklärten Regression geopfert werden sollte.

Literatur

Alexander F (1923) Der biologische Sinn psychischer Vorgänge. (Über Buddhas Versenkungslehre). Imago IX: 35–37
Crisan H (1994) Die perinatale Psychosomatik des Kundalini-Yoga. International Journal of Prenatal and Perinatal Psychology and Medicine 6: 547–579
Crisan H (1997) Das Ich und seine zwei Welten. Zur evolutionsbiologischen Dialektik der Kultur-Natur-Beziehung. In: Baker JR (Hrsg.) Jahrbuch für Ethnomedizin und Bewußtseinsforschung, Bd. 5. VWB, Berlin
Crisan H (1999) Das geistige Echo des präverbalen Daseins. Eine entwicklungspsychologische Skizze. International Journal of Prenatal and Perinatal Psychology and Medicine 11: 65–105
Dornes M (1997) Die frühe Kindheit. Fischer, Frankfurt
Edelman G (1992) Bright Air, Brilliant Fire. On the matter of the mind. Basic Books, New York
Graber GH (1978) Gesammelte Schriften, Bd. 1–4. Pinel, Berlin
Hauer JW (1983) Der Yoga – Ein indischer Weg zum Selbst. Kohlhammer, Stuttgart
LeDoux J (2003) Das Netz der Persönlichkeit. Wie unser Selbst entsteht. Walter, Düsseldorf
Lieberman EJ (1997) Otto Rank, Leben und Werk. Psychosozial, Gießen
Rank O (1988) Das Trauma der Geburt. Fischer, Frankfurt
Wasdell D (1993) Die pränatalen und perinatalen Wurzeln von Religion und Krieg. Centaurus, Pfaffenweiler

◇

Horia Crisan, Dr. med., Facharzt für Psychotherapeutische Medizin, Facharzt für Innere Medizin, Leitender Chefarzt am Penta-Zentrum Bad Säckingen. Arbeitsbereich: Psychotherapeutische Medizin. Interessenschwerpunkte: Prä- und Perinatale Psychologie und Medizin, Psychohistorie, Yoga.
Anschrift: Penta-Zentrum, Schneckenhalde 13, 79713 Bad Säckingen,
privat Eduard-Mange-Weg 37, 79713 Bad Säckingen
Telefon: Klinik (07761) 5600440, privat (07761) 559730
Email: Klinik dr.crisan@penta-klinik.de, privat horia.crisan@t-online.de

Bilder als Halt und Bindemöglichkeit am Abrißpunkt – dem Fokus höchsten Schmerzes und größter Einsamkeit

Natascha Unfried

Gustav Hans Graber gehörte zu den Pionieren, die das vorgeburtliche Seelenleben erforschten. Insbesondere in seinen literarischen Werken wird die Suche nach dem tieferen, geistigen Teil, dem wahren Selbst, wie er es nennt deutlich. Die Erkundung des vorgeburtlichen Seelenlebens ist eine spannende Herausforderung. Die ungeborenen und kleinen Kinder lösen von Anfang an die Probleme, die sich ihnen durch ihren Aufenthalt in den unterschiedlichen Welten stellen. Indem sie dies tun, verändern sie ihr Bild von sich und von der Welt kontinuierlich-fließend.

Sie schaffen dies allerdings nicht allein, sondern brauchen einen Rahmen, der dafür sorgt, daß sie nicht von Problemen überwältigt werden, die sie noch nicht lösen können. Sie benötigen bereits pränatal beginnend einen Dialog, eine intensive „Ver-Bindung" zur Mutter und zum Vater, damit diese die Lebensbedingungen so gestalten, daß die ungeborenen und kleinen Kinder nicht über-, sondern gefordert werden in der Entfaltung ihrer Anlagen. Indem sie diese eigenen Aktivitäten einsetzen, lernen sie und adaptieren sich bereits frühzeitig.

Damit das Neugeborene dazu in der Lage ist, entwickeln sich Empfindungen von den Hintergrundempfindungen bis zu Empfindungen von grundlegenden Universalgefühlen. Damasio (2001) benennt die Hintergrundempfindungen als den anderen in der Evolution vorausgegangene Empfindungen.

Er bezeichnet sie als „Hintergrundempfindungen", da sie aus „Hintergrundzuständen" des Körpers und nicht aus Gefühlszuständen entstehen. Wahrscheinlich haben wir im frühen Leben viele solcher Empfindungen.

Folgt man den neueren Erkenntnissen der Zellbiologie / Zellphysiologie, werden physiologische Vorgänge vom Embryo „erfahren" und sind wahrscheinlich die Vorläufer von späteren Sinneswahrnehmungen, Gefühlen und der Persönlichkeitsentwicklung. Empfindungen sind unauflöslich mit dem Körper verbunden und stellen sich während der Entwicklung zuerst ein, sie sind primär und durchfließen unser geistiges Leben oft unbemerkt. Es entsteht ein kontinuierlich fließendes Bild, welches mit all den bereits entstandenen inneren Bildern abgeglichen wird.

Die ungeborenen und kleinen postnatalen Kinder sind darauf angewiesen, aus den konkreten Erfahrungen, die sie mit den Bezugspersonen machen, sich ein kontinuierliches kohärentes Bild zu verschaffen, wie diese Welt um sie herum aufgebaut ist und wie man mit ihr in Beziehung geht bzw. wie man mit ihr umgeht. Dieser Bewußtseinsvorgang ist als Zugewinn von Informationen zu verstehen. Obwohl nur diskontinuierliche Informationen entsprechend dem Entwicklungsstand aufgenommen werden, wird ein Gesamtbild konstruiert, welches in andere Zusammenhänge eingeordnet wird.

Die Prozesse der Vor- und Rücktransformation zwischen der Welt der Tatsächlichkeiten und der Welt der Möglichkeiten, wie F. A. Popp es bezeichnet, laufen im Inneren eines Lebewesens, aber auch in der Wechselwirkung mit der Umwelt ab.

Damit wird auch deutlich, daß ohne Zeitempfindung kein Bewußtsein möglich ist. Ziel des Bewußtseinsvorganges scheint es zu sein, den Bereich der Möglichkeiten und somit die Überlebenschancen zu erweitern. Es wird eine fortlaufende Optimierung der Kommunikation zwischen den Welten versucht. Menschen beginnen, Mythen zu bilden, ab einer bestimmten Zeit der Evolution des menschlichen Gehirns. Wahrscheinlich sind wir biologisch dazu bestimmt, unser Gehirn „zwingt" uns zu dieser Selbstentdeckung. Heute wissen wir, daß es ein neurologischer Prozeß ist, der es dem Menschen ermöglicht, die materielle Existenz zu transzendieren und mit einem tieferen, geistigen Anteil, dem frühen pränatalen Teil von uns selbst, in Verbindung zu treten. Oft wird er als universell, absolut o. ä. wahrgenommen. Mystik ist dementsprechend nicht nur eine Kompensation, sondern biologisch zu uns gehörig. Mythen entstanden evolutionär in der Zeit, als der Mensch die Endgültigkeit des Todes entdeckte, als sein Gehirn (besonders der Scheitellappen) so weit entwickelt war (nach Newberg 2003).

Wir greifen wahrscheinlich auf Mythen zurück, um die existentiellen Nöte zu lindern und in einer bedrohlichen Welt Halt zu finden. Es besteht ein unwiderstehlicher biologischer Druck, der Realität Sinn zu geben. Deutlich nachweisbar wird dies, wenn eine Flut sensorischer Daten auf das Gehirn eintrifft. In diesem Fall reagiert es mit zunehmender Angst, da dieses Überfluten nicht zu ordnen ist.

Mythen bieten eine Lösung existentieller Fragen an und reduzieren somit Ängste und schützen das Gehirn vor schädigender Überflutung. Unser psychisches Leben ist durch die fortwährenden Versuche gekennzeichnet, die das „emotionale und kognitive Gehirn" unternehmen, um miteinander zurecht zu kommen. Beide Anteile entwickeln sich relativ unabhängig voneinander. Das in der Evolution früh entwickelte limbische System ist einem

„Kommandoposten" wie Servan-Schreiber (2004) es benennt, vergleichbar – es arbeitet unbewußt, auf das Überleben bedacht und vor allem in engem Kontakt mit dem Körper. Die Informationsverarbeitung läuft schneller ab, aber auch primitiver. Lange bevor das andere kognitive Gehirn die Analyse abgeschlossen hat, hat das emotionale Gehirn die Überlebensreaktion ausgelöst, die ihm am effektivsten erschien. Das Ergebnis dieser fortlaufenden Zusammenarbeit kann Kooperation oder Konkurrenz sein. Danach wird sich unser Fühlen richten und unser Verhältnis zur Welt und anderen Menschen.

Für Notsituationen, wie in der traumatischen Situation, ist dem emotionalen Gehirn Vorrang eingeräumt. Bei frühen Traumata, das heißt, wenn ein Fötus oder Neugeborenes nicht die Bedingungen erhält, die es zur Entfaltung seiner mitgebrachten Möglichkeiten benötigt, arbeitet das emotionale Gehirn in Richtung Überleben und es werden entsprechend „verzerrte Bilder von der Welt und sich selbst entstehen". Bei Patienten mit präverbalen Traumata treten traumakompensatorische Rettungsphantasien anstelle echter Ressourcen in den Vordergrund. Sie entstammen dem jeweiligen Punkt höchster Bedrohung des Lebens und stellen eine biologische Möglichkeit dar, durch körpereigene Endorphine u. a. geschützt, den „Jetzt-Todprozeß" in der frühen traumatischen Situation zu bewältigen. Der Körper wird in der Spätphase der Streßwirkung, im Schockzustand, auf den „Beinahetod" vorbereitet.

Durch das schnelle sensorisch-perzeptiv-affektive Verarbeitungssystem mit dem ausgebauten „Kurzschluß" zwischen Thalamus und Amygdala kann nach emotionaler Bewertung ein effizientes motorisches, viszerales und neuroendokrines Reaktionsschema aktiviert werden, welches den möglichen Sterbeprozeß betäubt. Es kommt zur zunehmenden Reduktion der Schmerzempfindung. Derealisation und Depersonalisation bestimmen fortan das Selbstgefühl. Parallel mit ACTH[1] werden körpereigene Opioide ausgeschüttet.

Während auf der Bild- und verbalen Ebene Leichtigkeit und Schweben den „erlösenden Eindruck" hinterlassen, befinden sich die körperlichen Systeme im Überlebenskampf mit Fortschreiten der Erschöpfungsphase (Verzweiflung bis Resignation).

Für Patienten, die eine extreme Früherfahrung mit Schockqualität überlebt haben, bleiben also die sensomotorischen Schablonen, inneren Bilder und andere Modalitäten auf der Ebene des Körpers und der Amygdala implizit gespeichert. Solche früh gespeicherten Erfahrungen bestehen aus sensomotorischen Schemata und affektiv-emotionalen Eindrucksqualitäten aus realen traumatischen Situationen – als implizite Kernerfahrung.

---

[1] adrenocorticotropes Hormon

Wie bereits erwähnt, sind zum Zeitpunkt des Eintreten des Traumas die jeweiligen Verarbeitungsmechanismen überfordert. Das sich entwickelnde Gehirn wird im Moment des Ereignisses mit aversiven Reizen überschwemmt. In diesem Zustand zunehmender Bedrohung scheint die funktionelle Verbindung zwischen den Nervenzellen verloren zu gehen, so daß die einströmenden Informationen in den vielen parallelen Nervenfasern noch ankommen. Die Informationen können noch nicht oder nicht mehr gebündelt werden, dies ähnelt dem von Pöppel (1997) beschriebenen Ablauf bei Narkosezuständen. Dies entspricht einem Zustand der Zeitlosigkeit. Es gibt wie bei der Narkose kein Zeitempfinden mehr; d. h. auch kein Bewußtsein, aber implizite Gedächtnisspeicherung. Diesen Zustand beschreibt Pöppel als gekennzeichnet durch den „Verlust des zeitlichen Klebstoffes zwischen den Nervenzellen".

Das Orientierungsfeld ist aber auf den Zustrom von Nervenimpulsen angewiesen, um seine Aufgaben zu erfüllen, wie A. Newberg mit (SPECT[2]-Aufnahmen bestätigte. Wenn im Orientierungsfeld keine Informationen mehr ankommen, könnte es keine Unterscheidung zwischen Selbst und Außenwelt feststellen und es käme zu der Wahrnehmung, daß das Selbst endlos mit allem verbunden sei. Diese Wahrnehmung ist real, da die Aktivitäten im entsprechendem Hirnareal reduziert meßbar sind.

Diese Untersuchungen wurden bei zahlreichen Menschen, welche spirituelle Erfahrungen durch Meditation erlebten, Patienten mit Nahtoderfahrung, Epilepsiepatienten und Schizophrenen durchgeführt. Sie konnten nachweisen, daß alle gemeinsame biologische Ursachen dieser Erfahrungen hatten.

Beim frühen Trauma mit Schockqualität kommt es zum Zeitachsenverlust, welcher das Trauma immer präsent werden läßt. Die Zeit reißt ab, die Handlung wird blockiert und die Informationsverarbeitung wird unterbrochen.

Auf der Wahrnehmungsebene entspricht dieser Zeitpunkt dem Abschaltpunkt. Für das Erlebensdefizit zwischen Abschaltpunkt und Beendigung der jeweiligen konkreten traumatischen Episode entsteht auf der neurobiologischen Ebene eine Dissoziation zwischen Amygdala und Hippocampus. Es fehlen die funktionellen Voraussetzungen, die subkortikal gespeicherten Erfahrungen differenzieren zu können, und in das persönliche Narrativ zu integrieren (Unfried 2003).

An diesem Punkt höchster Bedrohung kommt es zu dem von Neurobiologen (Linke 2003) als „Clash der Zeiten" bezeichneten Zustand. Der Fortlauf der Zeit bricht zusammen, es entsteht die Empfindung „ich sterbe jetzt". Nur, wenn diese Empfindung auftritt, derentsprechend das Gehirn

---

[2] Single Photon Emission Computed Tomography

Bilder als Halt und Bindemöglichkeit

Abschaltpunkt

Die Zeit beschleunigt sich

Der Fortlauf der Zeit bricht zusammen; erzeugt Bilder und Vorstellungen der „Jetzt-Tod-Erfahrung"

Vergangenheit ➡ Gegenwart ⬅ Zukunft

„Clash der Zeiten"

NMDA- Rezeptoren spielen eine wichtige Rolle
° Zeittakt des Gehirns wird durchbrochen;
° Verbindung mit dem Opoid-System (Gefühl wie Friede)
° Gehirn schaltet plötzlich in einen anderen Zeittakt

Verlust der Fähigkeit, Gegenstände als solche zu erkennen (Unterschiede zwischen Selbst und Umwelt lösen sich auf)

Amygdala spielt ebenfalls eine wichtige Rolle, es kommt zu geringerer neuronaler Aktivität.

Es existiert keine Möglichkeit zum Handeln mehr, die eigenen Gedanken lösen sich auf.

„Ich sterbe jetzt"

Intrapsychische Rettungsillusion
(Heile Welt vs. Katastrophe)

Depersonalisation des Erlebens

Wahrnehmungsriss

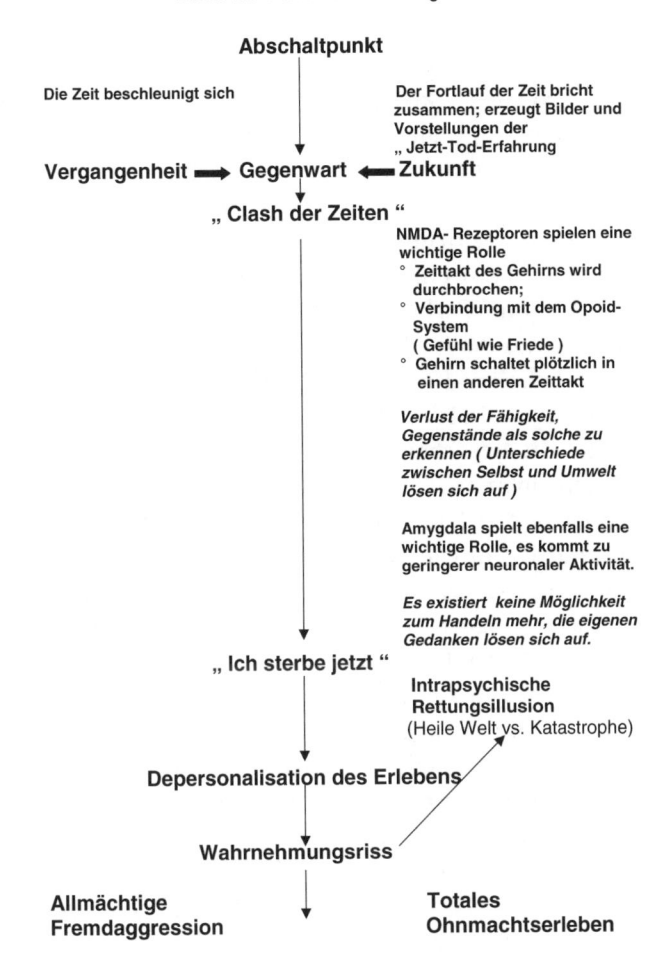

Allmächtige Fremdaggression   **Totales Ohnmachtserleben**

Abb. 1. Jetzt-Tod-Erfahrung / Traumakompensation (Unfried 2004).

die Information „sterben" erhält, werden Bilder und Vorstellungen der „Jetzt-Tod-Erfahrung" erzeugt. Auf der einen Seite (Abb. 1 links) arbeitet der Geist intensiv und aktiv, um dem Erlebten einen Sinn zuzuordnen. Oft erscheint dieser Zustand überaktiv, die Zeit scheint schneller zu laufen und die Patienten sind in höchster Aktivität, oft entstehen zahlreiche Abbildungen, literarische Werke, andere Ausdrucksvarianten usw. Wenn alle Möglichkeiten geprüft sind, und im Gehirn, welches etwas voraus arbeitet, keine Informationen mehr ankommen, entsteht der „Zeitstillstand". Es existiert keine Möglichkeit zum Handeln mehr, alle im bisherigen Leben gespeicherten Lösungsvarianten sind geprüft, die eigenen Gedanken lösen sich auf. Wir finden hier die biologischen Grundlagen für die „intrapsychischen Rettungsillusionen". Auf der biologischen Ebene werden Abfall von Cortisol, Erschöpfung körpereigener Endorphinspeicher und Verringerung der neuronalen Aktivität der Amygdala und Erschöpfung der körpereigenen immunologischen Abwehr beobachtet. Die erzeugten Bilder ähneln sich, die Empfindungen sind durch Leichtigkeit, Körperlosigkeit, Schweben und das bereits beschriebene ozeanische Gefühl mit hellem Licht gekennzeichnet; diese Erfahrung ist ebenfalls implizit gespeichert. Meine Suche hat ergeben, daß nur eine kohärente Lichtquelle (Laser, biologischer Laser) solche Bilder und Farben mit dieser Leuchtkraft und holographischer Tiefe erzeugt. Auf der anderen Seite (Abb. 1 rechts) verlangsamt sich die Zeit, und die Schaffenskraft nimmt extrem ab, depressiv-resignative Tendenzen treten in den Vordergrund. Am Punkt der „Zeitfusion" hält die Zeit scheinbar an, die beschriebenen individuellen Schöpfungen sind als Überlebensmechanismen zu verstehen. Unser Geist kommt in Kontakt mit den tiefsten Anteilen, den frühesten Erfahrungen und damit wird der bedrohlichste Zustand irgendwie „verstehbar" und wahrscheinlich auf diese Weise überlebbar. Diese in uns gespeicherten Vorstellungen und Bilder geben Halt. Die höchste Bedrohung und der größte Schmerz kann so gebunden werden. Heute weiß man, daß biologische Laser an der Laserschwelle arbeiten, von den Chinesen wird dieser Zustand Tao genannt; in sich ruhend, kann jederzeit neue Energie und Leben schaffende Gegensätzlichkeiten erzeugen. Ich verstehe die „Jetzt-Tod-Erfahrung" ähnlich. Die Biosphäre selbst („eine vernetzte Einheit"?) scheint die Quelle für diese Bilder in unserem Geist zu sein, welche uns Künstler mit ihrem defokussierten Blick, Schamanen mit ihren Trance-Erlebnissen und Überlebende von Extremtraumatisierungen zeigen. Es scheint eine haltgebende Möglichkeit zu sein, einzutauchen in diese „vernetzte Einheit" und sich als zugehörig zu spüren, um anschließend mit anderer Information neu zu beginnen.

Meine Patienten benennen, daß es ihnen schwer falle, „die Farben zu finden", „das Gesehene festzuhalten" und andere „wollen es bei sich behalten". Nach meinen Beobachtungen gibt es ihnen die Möglichkeit, nachfolgend etwas Eigenes zu entwickeln. Vielleicht ist es auch die Erfahrung, eingebunden zu sein in eine größere Ordnung; Prigogine verwendet den Begriff „Kohärenz" für „das kollektive, ganzheitliche Verhalten einer großen Zahl von Teilen". Über die inneren Bilder und Vorstellungen besteht die Möglichkeit, sich an die im Körper gespeicherten Traumaanteile (insbesondere die nach dem Abschaltpunkt befindlichen Anteile, die durch extreme Ohnmacht, Schmerz und massive Einsamkeit gekennzeichnet sind) anzunähern und sie als Überlebensangebot im Sinne traumakompensatorischer Ausdrucksmöglichkeit zu nutzen.

Die literarischen Werke von G. H. Graber bieten hierzu reichlich Material. Er fand eine ästhetische Möglichkeit, die präverbal erlebten Traumatisierungen zu zeigen. Das führte aber auch dazu, daß er die Dissoziation in die intrapsychische Rettungsillusion als traumakompensatorisches Schema kontinuierlich weiter ausbaute. Graber war entsprechend seiner frühen Lebensgeschichte gebunden, den Zustand vor dem Leiden zu suchen, welchen er im frühen pränatalen Empfinden als erstrebenswerten Seinszustand fand. Somit ist für mich auch seine intensive Beschäftigung mit dem Buddhismus erklärbar. Wir wissen heute, daß sich die neuronalen Netzwerke ausbauen, die gebraucht werden. Das heißt, auch Traumanetzwerke werden stabilisiert und das Bild der Welt und von sich selbst kann anders aussehen, als es am Ursprung gedacht war. Vielleicht führt daher seine Abwehr des „Ich", welches wirklich ein „heimliches Überlebens-Ich" (Hochauf 2003) ist. Auch andere Künstler wie zum Beispiel Dali, Munch, E. A. Poe und Christian Wolf bieten mit ihren schöpferischen Werken vielen Menschen eine Projektionsfläche, lange bevor diesen ihre eigenen frühesten Erfahrungen bewußt werden.

Literatur

Damasio A (2001) Ich fühle, also bin ich. List, München
Hochauf R (2003) Frühe Traumatisierung und Strukturstörung. Zeitschrift für Psychotraumatologie und Psychologische Medizin, Heft 2
Linke D (2003) An der Schwelle zum Tod. Gehirn und Geist, Heft 3
Newberg A (2003) Der gedachte Gott. Wie Glaube im Gehirn entsteht. Piper, München
Pöppel H (1997) Grenzen des Bewußtseins. Wie kommen wir zur Zeit und wie entsteht Bewußtsein? Insel, Frankfurt
Servan-Schreiber D (2004) Die neue Medizin der Emotionen. Kunstmann, München
Singer W (2002) Der Beobachter im Gehirn. Suhrkamp, Frankfurt
Unfried N (2003) Trauma und Entwicklung. Zeitschrift für Psychotraumatologie und Psychologische Medizin, Heft 3

◇

Natascha Unfried, Dipl. Med., Fachärztin für Kinder- und Jugendmedizin, Psychotherapeutin, Traumatherapeutin DIPT-Köln.
Anschrift: Lutherstraße 13, 09224 Chemnitz
Telefon: (0371) 858541
Email: natun@web.de

Die therapeutische Arbeit
mit pränatalen existentiellen Erfahrungen

Renate Hochauf

Die Würdigung Gustav Hans Grabers als eines bedeutsamen Mitbegründers der pränatalen Psychologie schließt einen Kreis zwischen Traditionen der Psychoanalyse und gegenwärtigen wissenschaftlichen Erkenntnissen verschiedener Disziplinen.

Als Pionier der Entwicklung eines psychoanalytischen Entwicklungskonzeptes der vorgeburtlichen Lebenszeit stellt Graber die Geburt als erstes und existentielles Trauma in den Mittelpunkt seiner Betrachtungen. Ungeachtet der Tatsache, daß die Geburt eine prägende Zäsur im Leben eines Menschen darstellt und durchaus traumatisch verlaufen kann, ist sie lange als das frühe Trauma schlechthin betrachtet worden. Im vorgeburtlichen Raum wurden konfliktfreie, paradiesische Zustände unterstellt, die das Kind vor der Reizeinwirkung der realen Welt schützen und mit einem Geburtstrauma enden. Diese Annahme erweist sich unterdessen unter dem Druck neuer Erkenntnisse als überprüfenswert.

Bei strukturellen Störungen werden zunehmend entwicklungsprägende frühe Traumata vermutet. Für deren Therapie müssen damit Herangehensweisen hinterfragt werden, die auf der Annahme einer derartigen ursprünglich „heilen Welt" aufbauen. Dies betrifft zum Beispiel traditionelle Entwicklungslehren, in denen Gedächtnisspeicherungen erst ab der Geburt reflektiert werden, oder das Konzept der frühen Spaltung, das vor allem die Abwehr aggressiver Reize gegenüber einem symbiotischen Verschmelzungszustand mit der Mutter zum Inhalt hat. Vor diesem Hintergrund existieren in der Psychotherapie schulenübergreifend Stabilisierungs- und Regressionsangebote, die konfliktfreie Räume, narzißtische Substitutionen, Entspannungs- und meditative Praktiken, heile innere Orte u. ä. anregen und dabei davon ausgehen, u. a. auch heile frühe vorgeburtliche Erfahrungen zu aktivieren. Das therapeutische Erfahrungswissen, daß „nährende" Therapieinterventionen kurzfristig einen raschen Entlastungseffekt haben können, langfristig aber die Gefahr maligner Tendenzen in sich bergen, läßt auch die Frage aufkommen: Wie heil ist der pränatale Raum wirklich?

Die intensive wissenschaftliche Erkundung des Lebens und Fühlens vor, während und nach der Geburt ist erst jüngeren Datums und erfährt durch die Zugänglichkeit über die pränatale medizinische Diagnostik erst seit einiger Zeit vertieftes Interesse. Es erhärtet sich die Tatsache, daß vorgeburtliche Erfahrungen in weit höherem Ausmaß auch auf psychische Reifungsprozesse einwirken, als bisher angenommen. Zur Korrektur früher Auffassungen über die Empfindungsfähigkeit ungeborener Kinder tragen auch die Beobachtungen an zu früh geborenen Kindern bei. Deren Reaktionsspektrum gibt ein eindrückliches Bild von den Wahrnehmungsleistungen der ansonsten zu diesem Zeitpunkt im intrauterinen Raum lebenden Kinder.

Therapeutische Regressionsphänomene weisen oft eine verblüffende Übereinstimmung mit diesen Beobachtungen auf. Gerade die auf Seiten des Patienten meist vorhandene Unkenntnis über die Erlebnisqualitäten ungeborener Kinder läßt vorgeburtliche Erlebensrekonstruktionen sehr authentisch erscheinen. Ihre Bearbeitung setzt nach meiner Erfahrung heraus oft einen grundsätzlichen Wendepunkt in der Therapie.

Der menschliche Embryo scheint bereits von Beginn an über ein Zellgedächtnis zu verfügen, das ihn befähigt, sensomotorische Reizkombinationen wahrzunehmen und zu speichern. Diese sind durch die zuerst funktionsfähigen Sinne (Gleichgewichtssinn zur Erfassung des Raum-Lage-Empfindens, taktile Wahrnehmung) wesentlich geprägt. Damit verbunden scheint die Möglichkeit, Erfahrungen als einen bestimmten physiologischen, emotionalen und Seinszustand zu konservieren und jederzeit reizbezogen zu reaktivieren. Wir kennen derartige „Zustandsschaltungen" bei dissoziativen Reaktionen, bevorzugt bei sogenannten frühen Störungen.

Unser Gehirn scheint sich also auf der Basis prinzipieller genetischer Reifungsprogramme in seiner individuellen Ausformung bereits vorgeburtlich über eine umgebungs- und ereignisbezogene Aktivierung von biologischen Informationsprozessen zu entwickeln. Das Gehirn des neugeborenen Kindes kann damit als Prägungsnetz vorgeburtlicher Erfahrungen gesehen werden.

Diese frühen Speicherungen scheinen normalerweise in den späteren Erfahrungshintergrund als habituelle Prägungen in „Bilder" und symbolische Metaphern eingebettet zu werden. Insofern gehen derartige frühe Erfahrungen als Kernprägungen innerer Repräsentanzen in das sich differenzierende Gedächtnis ein und färben grundsätzliche psychische Prozesse. Damit bilden sich bereits zu diesem frühen Zeitpunkt Kernstrukturen späterer innerer Bilder.

Die Ergebnisse der Säuglingsforschung zeigen auf, daß sich frühe nachgeburtliche Gedächtnisstrukturen und die damit zusammenhängende Selbstbildung ereignisbezogen entwickeln. Wir finden einen kompetenten Säugling beschrieben, dessen Selbstentwicklung sich auf der Grundlage einer ganzheitlichen Erlebensfähigkeit über konkrete interaktionelle Erfahrungen realisiert.

In diesem Selbstentwicklungsprozeß spielen Stufen der Symbolisierung auf dem Boden einer primär ganzheitlichen Erlebensqualität eine Rolle, die auch frühe Erfahrungen in die Symbolisierung „mitnehmen".

Damit läßt sich das „Aufheben" auch sehr früher Ereignisse im späteren Erfahrungskontext beschreiben, indem primäre episodische (interaktionelle) Erfahrungsmuster jenseits des 2. Lebensjahres über Generalisierung und Verdichtung in einen lebenslangen Symbolisierungsprozeß (und die damit verbundenen inneren Bilder) einmünden. Es ist zu vermuten, daß in diese Verarbeitung auch vorgeburtliche Erlebnisse integriert sind.

Im Prozeß der Symbolisierung erhalten auch sehr frühe Erfahrungen nachträglich eine Einordnung in evozierbare Gedächtnisstrukturen, die in Distanz und Probehandeln, Kontrolle und Regression im Dienste des Ich und Reflexion (also eine doppelte Realitätsbewußtheit) einmünden. Zum Beispiel kann eine gelingende Tiefenentspannung als gesundes Regressionsphänomen im Dienste des Ich gesehen werden: Es erfolgt ein vertrauensvolles Einlassen auf „Kontrollverlust" gegenüber der aktuellen Realität und „Mitnahme" in körperliche selbstregulative Prozesse, ohne die Bewußtheit für die aktuelle Realität zu verlieren. Der bekannte innere „Übergangsraum" nach Winnicott transportiert zuverlässig den Halt im Heute und die Hingabe an ein tröstendes, tankendes, haltgebendes Damals.

Bei Patienten, die früh, u. a. auch vorgeburtlich traumatischen Erfahrungen ausgesetzt sind, zeigen sich deren Abbildungen besonders in nichtsymbolischen Strukturanteilen, denn Traumata sind infolge ihrer dissoziativen Speicherung nicht symbolisierbar (vgl. Hochauf 2003a, 2003b). Insofern bildet sich deren Erfahrungsspektrum als zustandsbedingte Eindrücklichkeit mit unkontrollierter Affektivität, Konkretismus, Affektinstabilität, Leeregefühlen u.a.m., insgesamt aber mit fehlender Distanz zur Reaktivierungssituation ab – und dies betrifft auch vorgeburtliche Erlebnisqualitäten. Das hat damit zu tun, daß die sensomotorischen Prägungen aus bedrohlichen oder existentiellen Erfahrungen ebenfalls eine solche komplexe Zustandskonservierung erfahren – und dies im Sinne einer Grundprägung zur Umwelt (Janus 1997) und im primären Bezug auf diese.

Deshalb ist die Repräsentation früher Traumata in ganz besonderem Maße durch eine sensomotorisch-affektive Fixierung in subkortikalen Gedächtnisbereichen geprägt, ihre Reaktivierung ist durch unspezifische Triggerung und potentielle Daueraktivierung gekennzeichnet.

Traumata in der pränatalen Lebenszeit haben also einen gravierenden, in der Therapie meist nicht genügend beachteten Einfluß auf alle späteren Reifungsprozesse, weil sie noch implizit und undifferenziert die künftige Grundorientierung zur Welt prägen – und sie haben stets existentiellen Charakter.

Für das Verständnis eines traumatischen Vorganges, dessen Abbildungsmöglichkeiten im Gedächtnissystem und deren Bedeutung für das dauerhafte „Zerreißen" innerer Erfahrungsprozesse kann es bedeutsam sein, sich den Ablauf einer traumatischen Episode zu vergegenwärtigen (Abb. 1, vgl. auch Hochauf 2004).

Bei einer traumatischen Einwirkung kommt es nach mißlingenden Versuchen, über Kampf- und Fluchtmuster die Streßsituation zu bewältigen, zu dissoziativen Vorgängen, die eine selektive Aufmerksamkeit für Bedrohungs- und Rettungsmöglichkeiten bewirken – allerdings um den Preis verminderter Selbstwahrnehmung. Damit geht die Erlebensganzheit der Situation in Zeit, Raum und Personenbezug zunehmend verloren und kann bei anhaltender / verstärkter Reizeinwirkung schließlich in eine Schockreaktion einmünden.

Diese schafft eine Entkopplung von der traumatischen Situation, in dem sich als letzte wahrnehmbare Erfahrung ein Zustand ausweglosen Hilflosigkeit gegenüber einer allmächtigen Fremdaggression speichert – gemeinsam mit den situativen Schmerz-Angst-Reizkonfigurationen der Ereignisfolge. Der Entkopplungsprozeß bewegt sich in einem Spektrum zwischen Angst-Panik-Aktivierung zur Einschaltung somato-psychischer Überlebensprogramme und völligem Kontrollverlust und Erstarrungsreaktionen. Solange noch Rettungschancen vorhanden sind, ermöglichen neurobiologische Streßsysteme, unter Angst- und Schmerzdämpfung alle vorhandenen Überlebensreserven zu erschließen. Dabei sind eine extreme Steigerung der körperlichen Leistungsfähigkeit, beschleunigte Zeit-, Wahrnehmungs- und Denkabläufe zu verzeichnen.

Entsteht (trotzdem) ein völliger Kontrollverlust über die Situation, wird der damit verbundene verzweifelt-hilflose Zustand über eine potenzierte Ausschüttung von Kortisol und Endorphinen depersonalisiert. Unter Aktivierung der letzten Überlebensreserven fällt die (transmarginale) Streßreaktion in einem Erschöpfungszustand zusammen, das subjektive Zeitempfinden verlangsamt sich, letztlich steht subjektiv die Zeit still. Der stattfindende Abwehrvorgang führt sensomotorisch in eine depressive Schockstarre, psychisch in derealisierte Erlösungszustände. Letztere scheinen die letzte „Gnade" unseres Körpers zu sein, das in Gang befindliche Sterben körperlich nicht mehr zu spüren.

Wird die Traumatisierung dennoch überlebt, besteht für den Betroffenen für den Anteil der traumatischen Episode, die jenseits der Abschaltung in beschriebenem depersonalisierten Zustand stattgefunden hat, keine kontinuierliche (das heißt später im Bewußtsein kortikal veran-

Abb. 1. Die traumatische Episode
(Hochauf 2004)

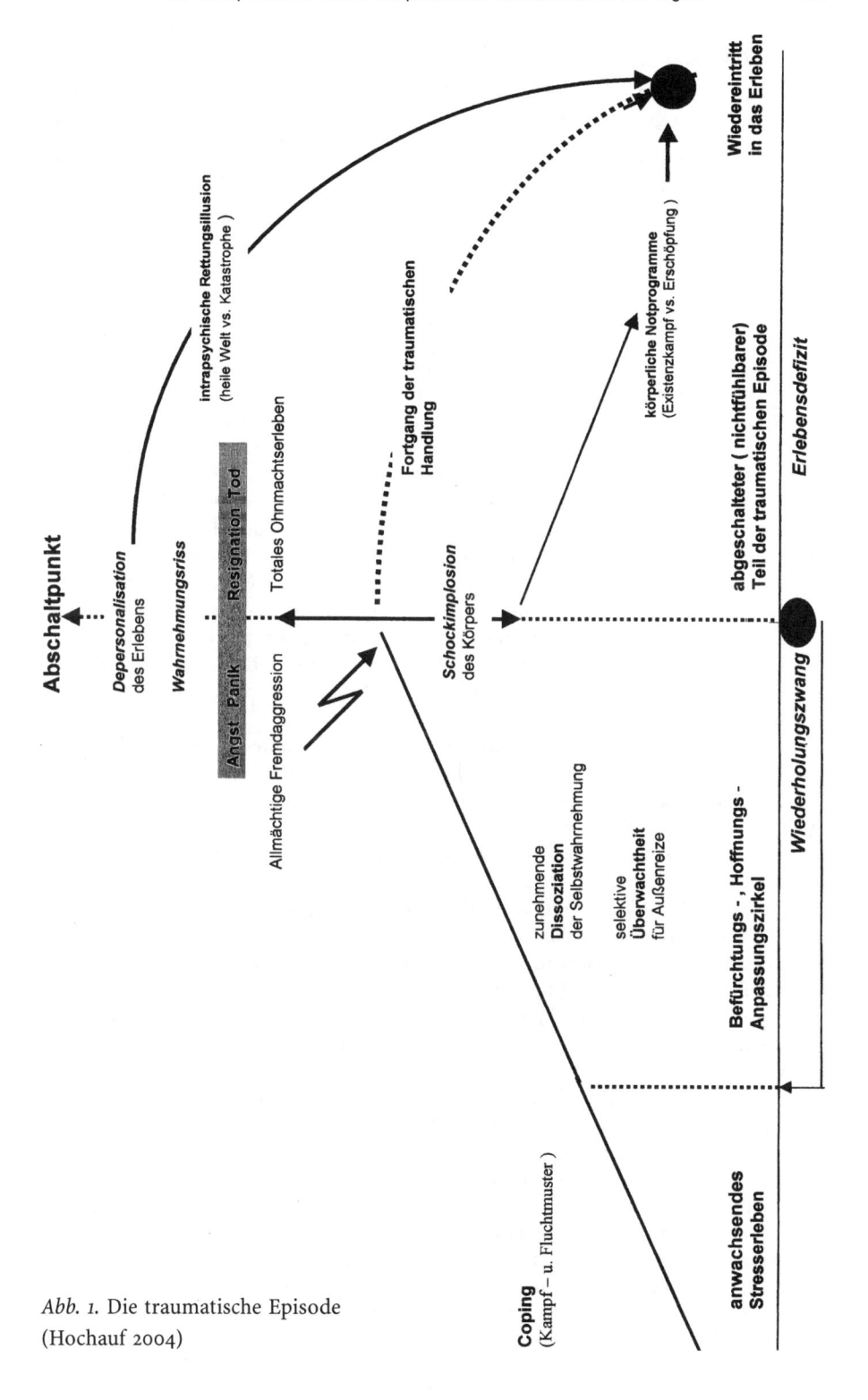

kerte) Repräsentation. Die damit neurobiologisch verankerte Dissoziation und Trennung der traumatischen Kernerfahrung von Ereignissen und Prozessen, die nach dem „Wiedereintritt" in das Erleben die Struktur formen, reaktiviert unter entsprechenden Reizbedingungen die geprägte Abbildung identisch. Damit wiederholen sich in diesen Wiederholungsaktivierungen auch Depersonalisation und Erlösungssehnsucht als spontaner traumakompensatorischer Versuch des Organismus.

Fallbeispiel

Die 44jährige Patientin stellte sich mit einer Mischung aus Panikattacken und depressiven Stimmungsschwankungen mit Suizidphantasien (Sehnsucht nach Ruhe und Erlösung im Tod) vor. Als Auslösesituation der Symptomatik bei bis dahin psychisch unauffälliger Lebensbewältigung wurde von ihr eine lebensbedrohliche Erkrankung der Mutter benannt, die von Verwirrungs- und Demenzanzeichen begleitet war. Die Patientin realisierte wohl, daß ihre Reaktion auf die längerfristig bevorstehende Betreuungsbedürftigkeit der Mutter nicht adäquat erscheinen mußte, konnte sich aber bis in körperliche Schmerzzustände hinein nicht von der existentiellen Bewertung der Situation distanzieren. Eine „Selbsttherapie" in einem Meditationszentrum hatte zunächst eine Entlastung gebracht, zunehmend aber erschien es ihr so, als würde die „heilende Wirkung" der Meditation immer schneller wieder „zusammenfallen" und es ihr nachher noch schlechter gehen. So hatte sie sich für eine Psychotherapie entschieden.

Anamnestisch war die Patientin als heiß erkämpftes Wunschkind zur Welt gekommen. Die Mutter hatte infolge einer schweren Nierenerkrankung die dringende Empfehlung bekommen, keine Schwangerschaft auszutragen, und sich dieses Kind „heimlich" ertrotzt. Sie hatte auch die Schwangerschaft zunächst geheim gehalten und war so in eine Stoffwechselkrise geraten, die sowohl für die Mutter als auch das ungeborene Kind als lebensbedrohlich gelten mußte. Eine intensive medizinische Betreuung der Mutter im Krankenhaus konnte die Gefahr abwenden, es stand allerdings die Einleitung eines Schwangerschaftsabbruchs zur Diskussion. Dieser hatte, wie die Mutter der Patientin ihr berichtete, nur abgewendet werden können, weil die Mutter die Erlaubnis nicht gegeben hatte. Ein Fortschreiten der Krise hätte allerdings die Beendigung der Schwangerschaft aus medizinischer Indikation zur Folge gehabt.

Die Schwangerschaft konnte medizinisch begleitet ausgetragen werden, allerdings gab es eine nochmalige schwere (existentielle) Komplikation für Mutter und Kind unter der Geburt. Die therapeutische Arbeit konnte sowohl die Symptomatik weitgehend zum Abklingen bringen, als auch die Zusammenhänge erklären: Auch das Kind, prinzipiell in das Gewolltsein und die Annahme der Mutter eingebunden, erlebt infolge der Stoffwechselkrise der Mutter eine existentielle (todesnahe) Erfahrung – mit Anzeichen der Derealisation nach quälenden Schmerzzuständen und Todesängsten. Der drohende Tod der Mutter bzw. deren „Verwirrung" im Rahmen der ersten Krise in der Schwangerschaft, und das Versagen der Beziehungskompetenz über die Ohnmacht der Mutter unter der Geburt signalisierten für das ungeborene Kind den Grad seiner eigenen Lebensbedrohung – im Rahmen der Todesnähe erfolgt endorphingetragen das „Einverständnis" mit dem Tod (die Art der Suizidgedanken der Patientin). Die aktuelle Erkrankung der Mutter, ihr körperlich lebensbedrohlicher Zustand (eine erneute Erkrankung der Nieren) und die begleitende Verwirrungs- und Demenzsymptomatik aber aktualisieren für die Patientin die Bedrohungsimpulse des ungeborenen Kindes und führen in die seelische Krise.

Das früheste Trauma scheint oft wegen seiner prägenden impliziten Gedächtnisspeicherung grundsätzliche Verlaufsschemata auch für spätere traumatische Ereignisfolgen zu prägen. Als frühe sensomotorische „Matrize" färbt es offensichtlich spätere traumatische Erfahrungen hinsichtlich ihrer affektiven und Wahrnehmungsbesonderheiten ein. Da es mit nachfolgenden Traumata häufig dissoziativ fusioniert ist, kann seine Aktivierungspotenz in der Therapie ständig präsent sein, unabhängig davon, ob es thematisiert werden kann oder nicht.

Es vermag in diesem Fall sowohl eine angestrebte Integration späterer Traumata als auch die Bearbeitung dazu korrespondierender kumulativer Beziehungspathologie zu behindern. Eine solche, dem ersten Trauma nachfolgende Erfahrung aber ist häufig die Geburt. Findet eine solche Dopplung statt, wird das neugeborene Kind bereits mit einer Traumaschichtung geboren, deren impliziter Anteil eine traumatisch eingefärbte Grundpositionierung zum Leben beinhaltet.

Kinder, die eine intrauterine Extremgefährdung überleben, weisen oft auch Geburtstraumatisierungen auf. Der Hintergrund dafür scheint eine „Verwechslung" dieses Vorganges mit dem frühen traumatisierenden Ereignis zu sein. Das ganzheitliche Erleben und damit auch ein psychobiologischer Konsens mit der Mutter, der eine natürliche Geburtsabstimmung möglich machen würde, scheint über die frühe traumatische Episode verlorengegangen zu sein. Das Kind befindet sich in mehr oder weniger latenter Beziehungsabwehr mit erhöhter Orientierung auf Reize, welche an die frühere traumatische Episode erinnern. Ein „Austreten" aus dem mütterlichen Körper zum Zeitpunkt einer drohenden Fehlgeburt wäre tödlich. Rettungsversuche des Kindes, diese zu überleben, zielen erfahrungsgemäß auf die Vermeidung oder Verhinderung des „Herausfallens". Die im Konsenz mit der Mutter abgestimmte Unterscheidung zur Geburt als lebensbejahendem Ereignis ist für das pränatal auf diese Weise traumatisierte Kind nicht problemlos möglich.

> Reflektieren wir nochmals die Traumaaspekte der Patientin. Die erste existentielle Erfahrung des pränatalen Kindes, für die in der Therapie eine Reaktionskette bekannter Nah-Tod-Phänomene exploriert werden konnte, kann als prägende Erfahrungsmatrix für diesbezügliche Reizkonfigurationen ange-

sehen werden. Die Arbeit an der Geburt zeigte diese Zusammenhänge deutlich. Die Arbeitssequenzen wurden immer wieder von Blockierungen unterbrochen, die zu der frühen Szene gehörten, und erst deren Erarbeitung für das Geburtstrauma gab die „nächste Wegstrecke" frei.

Die Rekonstruktion hatte (imaginativ-körpertherapeutisch) zunächst spontan bei der Geburt angesetzt, zur Überraschung der Patientin, aber auch in großer Stimmigkeit, da diese über ihre schwere Geburt unterrichtet war. Von den Einzelheiten ihrer vorgeburtlichen Geschichte wußte die Patientin zu Beginn der Therapie nichts außer dem Tatbestand, daß sie wegen der gesundheitlichen Gefährdung der Mutter eigentlich hätte nicht geboren werden sollen. Erst die auftretenden Widerstände und deren sorgfältige Prüfung ließen die frühe Traumamatrix deutlich werden, so daß die Patientin nachträglich ihre Mutter zu den bereits rekonstruierten Ereignisfolgen ihres vorgeburtlichen Lebens befragte.

Die über die Widerstandreflexion parallel erfolgende Rekonstruktion beider Traumata zeigte deutlich die Trigger- und Verwechslungsreize, die von der pränatalen zur Geburtstraumatisierung koppelten: Die Kontraktionen des Uterus, im frühen Fall lebensbedrohlich, konnten von dem Kind unter der Geburt nicht als lebensfördernde Hilfe erlebt werden, das Kind wehrte sich massiv gegen das Ausgestoßenwerden. Auch die erneut lebensbedrohlichen Körperanzeichen der Mutter, deren einsetzende Bewußtlosigkeit, aktivierten die frühe Bedrohungsszene mit der Realitätsgewißheit des nahen Todes.

Im Spektrum früher Traumatisierungen haben real aggressive Handlungen gegen das Ungeborene besonders katastrophale Auswirkungen auf das Kind. Das Umfeld, von dessen nährender Bezogenheit die Existenz abhängt, erscheint tödlich feindselig. Empfindungen, wie „sich vergiftet fühlen", „sich auflösen", „verfolgt werden", können in diesem Kontext als Restwahrnehmungen des seinen Tod überlebenden Kindes verstanden werden. Auch Empfindungen zum rekonstruierten Gesamtkontext, welche oft Wahrnehmungen wie Schwindel- und Drehgefühle, Strudel- und Sogempfinden, Schwebezustände im Weltraum u. a. m. enthalten, weisen auf pränatale Traumatisierungen hin. Patienten mit einem so frühen Trauma haben oft ein tiefes Gefühl von Verlassenheit und Lebensschuld, weil die Entschlüsselung der erstempfangenen (paradoxen) Botschaft bedeutet: ich werde geliebt, wenn ich sterbe.

Gelegentlich spielt in diesem Zusammenhang auch das Vorliegen einer Zwillingsschwangerschaft eine Rolle. In diesen Fällen können spätere Entwicklungen von Überlebensschuld, Näheängsten und Beziehungsabwehr beobachtet werden, die sich in der Therapie gelegentlich durch extreme Ausprägungen symbiotischer Beziehungsfusion oder schizoider Beziehungsabwehr zeigen.

Die Traumatisierung des frühen Kindes prädestiniert besonders dazu, traumatische Verarbeitungsprozesse generalisierend in der sich bildenden Struktur zu verankern, und die Ausformung eines hinreichend stabilen innerpsychischen Regulationssystems für Streß- und Balancebedingungen von vornherein zu gefährden (vgl. Schore 1998; Dornes 2000). Deren weitere Verarbeitung in der Lebensgeschichte kann in posttraumatische Kompensationszustände führen, die in Abhängigkeit von Art, Ausmaß, Situations- und Entwicklungsfaktoren in ein dauerhaftes strukturelles Defizit einmünden können (vgl. auch Fischer u. Riedesser 1998; Fischer 2000; Hirsch 2002). Insofern können derartig frühe Traumatisierungen den Kern eines Strukturdefizits darstellen, wie es schwere Persönlichkeitsstörungen aufweisen.

In die Therapie dieser Störungen auch pränatale Traumatisierungen einzubinden, stellt ein kompliziertes methodisches Problem dar. Dieses ergibt sich aus den Besonderheiten der nichtsymbolischen Abbildungsqualität solcher früher Erfahrungen. Im Kern geht es darum, auch die frühe todesnahe Erfahrung als ganzheitliche Episode kortikal abbildbar zu machen, also die depersonalisiert gespeicherte Überlebenserfahrung des Körpers zu erarbeiten. Das bedeutet, die Erfahrungen desjenigen (in der Abbildung gestrichelten) Teiles der traumatischen Episode in Körperschema, Emotionalität und Bezogenheit dieser Ereignisfolge therapeutisch zu erarbeiten, die nicht mehr die bewußte Wahrnehmung erreichen konnten, und deshalb auch eine Integration in die Gesamtstruktur bis zu diesem Zeitpunkt nicht erfahren haben.

> Reflektieren wir erneut das vorgestellte Fallbeispiel. Die Patientin hatte, bevor sie sich für eine Psychotherapie entschied, eine Selbstheilung mit meditativen Techniken versucht. Diese hatten ihr zwar zunächst Entlastung, längerfristig aber eine Verstärkung der Symptomatik gebracht, ohne daß dieser Sachverhalt erklärt werden konnte. Was hatte sich intrapsychisch „fehlreguliert"?
>
> Dissoziative und depersonalisierende Prozesse, wie sie unter Traumata und todesnahen Erfahrungen auftreten, schaffen einen Bewußtseinszustand der Trance. Subkortikale „Betäubungsprozesse" der körpereigenen Streßregulation bereiten den Körper darauf vor, die körperliche Qual des Sterbens nicht zu spüren. Infolge ihrer Traumaaktivierung waren bei der Patientin auch deren existentielle Erfahrungen „getriggert" und reaktionsbereit. Eine Vorgehensweise aber, die Trance-Phänomene unterstützt, so wie es die Meditation tun kann, fördert den inneren „Ausstiegsprozeß" der Todesnähe, während parallel die traumatische Körpererfahrung ebenfalls getriggert wird. So kann es geschehen, daß zunächst die biologischen Reaktionen, die über drogenähnliche körpereigene Botenstoffe eine Schmerzdämpfung, Angstentlastung und emotionale Harmonie in Derealisation schaffen, aktiviert werden, analog dem damaligen Kompensationsmechanismus des inneren „Ausstiegs" aus der Wahrnehmung. Erlangt die Patientin das Realbewußtsein zurück, wird sie analog dem „Wiedereintrittserleben" (vgl. Abb. 1) die körperlichen Zustände der vorausgegangenen Traumatisierung (damals) bzw. deren Triggerung im Körper (heute) spüren und als Sympto-

matik erleben. Bei steter Wiederholung steigert sich dann die Bereitschaft zur traumabezogenen Reizaktivierung.

Erst eine Traumarekonstruktion (die Erarbeitung der Anteile des Traumas, die während des und nach dem Ausstieg aus der Wahrnehmung stattgefunden hatten, also eine Integration der unterschiedlichen Speicherungsebenen von Körper und psychischer Wahrnehmung) konnte die Patientin so „erden", daß sie die frühen Traumata integrieren und danach ihre spirituelle Erfahrung als Zugang zu einem sonst verschlossenen Wissen einordnen konnte, als „Geschenk" ihrer todesnahen Grenzerfahrung. Damit konnte sie sich angstfrei nun auch Trance-Erfahrungen aussetzen.

Die parallelisierende Erarbeitung des regelhaft schmerzhaften Überlebenskampfes bei geankerter Jetzt-Präsenz, der damit verbundene Realbezug zum erkämpften Leben (die Erdung der depersonalisierten Traumaerfahrung) kann die strukturellen Defizite „heilend" ausgleichen. Erst dann aber können auch mit diesen Depersonalisationen einhergehende transpersonale Erfahrungen als spiritueller Zugang realisiert werden. Dieser stellt dann nicht eine traumakompensatorische Flucht aus der Welt, sondern die Bewahrung einer uns erst im Angesicht des Todes offensichtlichen Erfahrung des universellen Aufgehobenseins dar.

Damit kann auch das Werk Grabers unter diesem Gesichtspunkt eine besondere Würdigung erfahren. Sein lebensbegleitendes Interesse für die Bedeutung der pränatalen Lebenszeit, seine Versuche einer künstlerischen und spirituellen Bewältigung und Verarbeitung eigener Erfahrungen, Art und Qualität seiner Lebenskrisen und seines Vermächtnisses legen den Schluß nahe, daß in sein Werk eigene pränatale Erfahrungsprägungen einflossen. Insofern können viele Aspekte seiner Hinterlassenschaft vielleicht als Versuch einer Kompensation eigener schmerzhafter und existentieller Erlebnisse der frühen Lebenszeit gesehen werden.

Diese so zu bearbeiten, daß eine Integration gelingt, bedarf es in neuerer Zeit und auf dem Boden gegenwärtiger Forschung neuer Therapieansätze, insbesondere aber einer haltenden therapeutischen Beziehung. Insofern kann das Werk Grabers als ein wertvoller Baustein auf dem Weg zu Therapieansätzen gesehen werden, die eine Therapie auch so früher Erfahrungen ermöglichen, von denen er aber selbst noch nicht profitieren konnte. Diese zu entwickeln, heißt, das Vermächtnis Grabers weiterzuführen.

Literatur

Dornes M (2000) Die emotionale Welt des Kindes. Fischer, Frankfurt
Fischer G (2000) Mehrdimensionale psychodynamische Traumatherapie. MPTT Asanger, Heidelberg

Fischer G, Riedesser P (1998) Lehrbuch der Psychotraumatologie. UTB Reinhard, München Basel
Graber GH (1978) Gesammelte Schriften, Bd. 1-4. Pinel, Berlin
Hirsch M (2002) Schuld und Schuldgefühle. Vandenhoeck Göttingen
Hochauf R (1999) Imaginative Psychotherapie bei frühtraumatisierten Patienten. Internationale Zeitschrift für Pränatale und Perinatale Psychologie und Medizin 11(4): 503–517
Hochauf R (2003a) Frühe Traumatisierung und Strukturstörung. Zeitschrift für Psychotraumatologie und Psychologische Medizin, 1(2): 45–58
Hochauf R (2003b) Zur Rekonstruktion früher traumatischer Erfahrungen. Persönlichkeitsstörungen 7(1): 44–55
Hochauf R (2004) Körpererfahrung im Trauma. Psychoanalyse und Körper 5(2): 61–101
Janus L (1993) Die Psychoanalyse der vorgeburtlichen Lebenszeit und der Geburt. Centaurus, Pfaffenweiler
Janus L (1997) Wie die Seele entsteht. Mattes, Heidelberg
Schore A (1998) The experience-dependent maturation of an evaluative system in the cortex. In: Pribram K (ed.) Brain and Values: Is a Biological Science of Values Possible? Erlbaum, Hillsdale NJ, p 337–358
Winnicott DW (1973) Vom Spiel zur Kreativität. Klett, Stuttgart
Winnicott DW (1974) Reifungsprozesse und fördernde Umwelt. Kindler, München
Wirtz U (2003) Die spirituelle Dimension der Traumatherapie. Zeitschrift Transpersonale Psychologie und Psychotherapie 9(1): 4–17

◇

Renate Hochauf, Dr., Psychoanalytikerin, Psychotherapeutin. Seminartätigkeit und Publikationen zu Trauma und Traumatherapie.
Anschrift: Friedrich-Ebert-Str. 11 D, 04600 Altenburg
Email: 03447861906-0001@t-online.de

Schwere Seelenverletzungen und ihre Auswirkungen auf das werdende Leben

Margret Overdick

Einleitung

Mit der Wiederentdeckung des Gedankengutes von Gustav Hans Graber steht der Psychoanalyse eine Weiterentwicklung bevor, wenn seine Annahmen über die pränatale Entwicklung in die Theorie und Praxis integriert werden.

Die großartige Lebensleistung von Gustav Hans Graber begründet sich darin, eine Psychologie des ganzen Menschen entworfen zu haben. Zeitgleich und unabhängig voneinander veröffentlichten Graber und Rank im Jahre 1924 ihre Ideen zur Existenz eines vorgeburtlichen Seelenlebens und zum Trauma der Geburt. Viele Jahre lang wurden diese Thesen vielfach von der Tiefenpsychologie ignoriert oder abgelehnt; doch heute erleben wir – bedingt durch mannigfaltige wissenschaftliche Erkenntnisse – eine Renaissance der Graberschen Psychologie.

Graber (1977, S. 567) schreibt in seinen gesammelten Schriften:

> „In der Annahme, wir sind uns alle darin einig, daß unsere tiefenpsychologischen und psychotherapeutischen Bemühungen um den Menschen Stückwerk bleiben, wenn wir nicht zur Einsicht vorstoßen und den Mut haben, die Integration des pränatalen Seelenlebens als den wesenshaftesten Bereich in der Biographie und Pathographie der Persönlichkeit anzunehmen. Nicht allein die Anerkennung der großen Bedeutsamkeit jener Urerfahrungen des Lebens, des Intrauterindaseins und des Traumas der Geburt, gehört zur selbstverständlichen Tätigkeit unserer Studiengemeinschaft, sondern vor allem deren vertiefte Erforschung. Sie allein kann Anspruch auf eine ‚Ganzheitspsychologie' des Menschen erheben. Wir stehen dabei zwar auf dem Boden der Psychoanalyse, aber wir durchbrechen ihre bisherige Schranke und ihr Tabu gegenüber dem Geburtstrauma und öffnen damit den Zugang zur zeitlosen und unendlichen Wunderwelt des pränatalen Lebens."

Mit dem Konzept der dualen Erlebniseinheit – im Sinne einer ursprünglichen und konfliktfreien Einheit des Kindes mit der Mutter (d. h. mit seinem gesamten uterinen Lebensmilieu) schuf Graber ein Modell, das es ermöglicht, den Prozeß der psychischen Entwicklung als ein einheitliches und kontinuierliches Geschehen zu begreifen (Ammon 1974, S. 52). Graber vertrat zunächst die Ansicht, daß die ursprünglich konfliktfreie Einheit zwischen Mutter und Kind erst nachgeburtlich gestört wird. Diese Erkenntnis hat er jedoch in späteren Arbeiten relativiert; nur für die embryonale Zeit könne man eine Ungestörtheit vermuten.

Seitdem haben beträchtliche Fortschritte in der Technik die Erforschung der pränatalen Zeit durch Psychologie und Medizin ermöglicht. Entscheidende Impulse sind vor allem durch Paradigmenwechsel z. B. in der Verhaltensembryologie, der Neurophysiologie und der Entwicklungsembryologie entstanden. Wir müssen aufgrund dieser Erkenntnisse davon ausgehen, daß der Fetus ein aktives, sensibles Wesen ist, das Präferenzen besitzt und aus Erfahrungen lernen kann (Schindler 1998, S. 532). Unser Wissen um die pränatale Psychologie hat sich grundlegend verändert und erweitert: nicht nur die Geburt oder die Ereignisse in der späteren Schwangerschaft können traumatisch sein oder die Persönlichkeitsentwicklung beeinflussen. Die Seele fühlt von Anfang an. Der Körper speichert alle Empfindungen der vorgeburtlichen Lebenszeit, bis in die Zeugungssituation. Und bereits die Ursprungserfahrung der Verkörperung kann für die Seele traumatisch sein.

Die Weiterentwicklung des Graberschen Gedankenguts

Der Arzt und Theologe Frank Lake war einer der bedeutendsten frühen Vertreter der pränatalen Psychologie. Durch seine therapeutische Arbeit mit einer großen Anzahl von Patienten entdeckte er vielfältige Hinweise für die Erinnerung an die gesamte pränatale Entwicklung. Lake war der Ansicht, man müsse die Patienten durch den Gang der primären Entwicklung führen, damit sie ihre eigenen prä- und perinatalen Erfahrungen erkunden könnten (House 1999, S. 438).

Lakes große Leistung bestand unter anderem darin, den Einfluß von Ereignissen im ersten Trimester der Schwangerschaft auf das spätere Leben aufzuzeigen. Er stellte fest, daß sich viele seiner Patienten nicht nur an die Geburt, sondern auch an die Zeugung erinnerten. Dies führte ihn zu der Annahme der Existenz eines Zellgedächtnisses, das bereits vor der Ausprägung des Gehirns Erinnerungen speichern kann (Lake 1981, zitiert nach House 1999, S. 444).

Ein ähnlicher Ansatz findet sich in den Arbeiten von Joanna Wilheim, die das Vorhandensein einer Grundmater postuliert. In dieser Grundmater sind die Eindrücke enthalten, die vom gesamten Prozeß unserer biologischen Erfahrungen eingeprägt wurden, und zwar von der Zeugung bis zur Geburt. Die Existenz dieses Zellgedächtnisses konnte sie durch klinische Beobachtungen eindrucksvoll belegen. Frühe traumatische Eindrücke in der pränatalen Phase können sich in sehr unterschiedlicher Weise im postnatalen Leben klinisch manifestieren (Wilheim 1998, S. 198; Wilheim 2002, S. 24ff.).

Renggli (2000, S. 20f.) beschreibt in seinem Aufsatz „Ursprung des Seelenlebens" vier urtraumatische Situationen:

1. Die Zeugung kann – muß aber nicht zwangsweise – als traumatisch erlebt werden.
2. Die Einnistung des Embryos in der Gebärmutter, die bei vielen Menschen mit einem Nah-Tod-Erlebnis verbunden ist.
3. Der Zeitpunkt, wenn die Eltern erkennen, daß die Frau schwanger ist (hier können starke negative Einstellungen der Eltern auf den Embryo einwirken).
4. Der Übergang vom Jenseits ins Diesseits – also die Geburt. Traumata, die das Kind in diesen Situationen erleidet, können das spätere Leben in großem Maße beeinflussen: Schwangerschaft, Geburt und Kleinkindzeit hängen psychisch gesehen eng zusammen.

William Emerson begann zeitgleich mit Lake, Grof und Janov mit der Therapie von prä- und perinatalen Traumata (House 1999, S. 443). Durch eine frühe Heilung dieser Traumata, möglichst schon im Säuglings- oder Kleinkindalter, wird eine endgültige Entwicklung zu Dysfunktionalität und psychopathologischen Symptomen im Erwachsenenalter verhindert (Emerson 2000a, S. 53). Pränatale Traumata bilden die Grundlage späterer Erfahrungen. Ähnliche oder wiederholte Ereignisse verstärken diese Traumata und können zur Ausprägung von chronischen Symptomen führen (Emerson 2000b, S. 40).

Vor ca. 20 Jahren begannen Hans und Inge Krens damit, die pränatale Erfahrung in die tiefenpsychologische Körpertherapie einfließen zu lassen. Für Inge Krens ist die Lebenszeit in der Gebärmutter die erste Beziehung, die – biologisch gesehen – mit der Empfängnis beginnt (Krens 2001, S. 127). Allerdings gibt es ihrer Meinung nach – aus der sozialen und psychologischen Perspektive heraus – bereits erste Beziehungsinteraktionen, wenn die zukünftigen Eltern ihren Wunsch nach einem Kind durchdenken. Es ist vermutlich ein Unterschied, ob ein Kind in Liebe in einer intimen und stabilen Beziehung empfangen wird oder ob es z.B. aus bloßer Lust, Nachlässigkeit oder gar Gewalt heraus entsteht. Nicht jedes Kind ist willkommen. Für unwillkommene Kinder ist das Leben in der Gebärmutter – möglicherweise – ganz und gar nicht paradiesisch. Der Preis für das Überleben kann hoch sein, verbunden mit Erfahrungen von Todes- und Existenzangst, Identitätsverlust und dem Gefühl, vom Leben abgeschnitten zu sein (Krens 2001, S. 131).

Biochemische Austauschprozesse zwischen Mutter und Kind allein reichen nicht aus, um die emotionalen Qualitäten dieser Beziehung ausreichend zu beschreiben. Inge Krens geht davon aus, daß ein Kommunikationskanal zwischen der Mutter und dem pränatalen Kind existiert, auf dem Informationen über den physischen und emotionalen Zustand gegenseitig ausgetauscht werden (Krens 2001, S. 137). Diese weitgehend unbewußt ablaufende Kommunikation kann sich positiv oder negativ auswirken. Ein kontinuierlich hohes Streßniveau in der pränatalen Beziehung, dem sich das Ungeborene nicht zu entziehen vermag, kann zu Traumata und Schock führen (der von William Emerson benutzte Begriff „Schock" beschreibt die Folgen stark belastender Lebenserfahrungen und ist von der Bedeutung her intensiver als der Begriff „Trauma"; Emerson 2003, S. 1).

Im ungünstigsten Fall sind die Folgen fatal. Laut Verny und Kelly (1993, S. 78) kann bei rund einem Drittel aller Fehlgeburten keine medizinisch faßbare Ursache gefunden werden. Es ist also möglich, daß die Mutter dem Kind unbewußt vermittelt, die Gebärmutter zu verlassen oder daß das Kind sich eigenständig dazu entschließt (Verny u. Kelly 1993, S. 78).

Inge Krens zieht aus ihren Überlegungen nachstehende Schlußfolgerungen für die Behandlung pränataler Schockerfahrungen (Krens 2001, S. 140):

„Pränataler Schock schwächt das sich im Werden befindliche Ich und erhöht darauf die Möglichkeit weiterer traumatischer Erfahrungen im weiteren Lebensverlauf.

Multiple Traumata können auch mit der psychischen Tendenz zusammenhängen, belastende Beziehungserfahrungen zu wiederholen.

Bei Klientinnen mit multiplen Traumen ist es sinnvoll, ein pränatales Trauma diagnostisch in Erwägung zu ziehen.

Bei der Diagnose sollte der Therapeut sich darüber bewußt sein, daß die Hintergründe pränatalem Schocks tief im Unbewußten verborgen sind. Sie zeigen sich ähnlich wie Symptome der posttraumatischen Belastungsstörung in Intrusionen, Träumen, körperlicher Gefühllosigkeit, Dissoziationen, Kampf-/Fluchtimpulsen angesichts von Liebes-, Scham- oder Abhängigkeitsgefühlen etc."

Erste persönliche Begegnungen mit der pränatalen Psychologie

Meinen beruflichen und persönlichen Werdegang haben die oben erwähnten Arbeiten außerordentlich geprägt. Nach meiner psychoanalytischen Ausbildung am Institut der DPG in Freiburg brachten mich meine eigenen Erfahrungen als Mutter dazu, mich mit der Bedeutung vorgeburtlichen Erlebens für die Persönlichkeitsentwicklung zu beschäftigen. 1996 lernte ich William Emerson kennen, der auf Einladung von Ludwig Janus am Heidelberger Psychoanalytischen Institut einen Einführungsworkshop über Prä- und Perinatale Traumata hielt und vermittelte, wie diese ein lebenslanges psychologisches Muster der Lebensgestaltung bilden können. Die Teilnahme an der Weiterbildung bei William Emerson in der Behandlung prä- und perinataler Traumata war für mich der Beginn einer großen persönlichen Veränderung und in der Folge auch meiner beruflichen Identität.

Meine eigenen vorgeburtlichen Regressions-Erfahrungen aus der Emerson-Weiterbildung konnte ich in einer tiefenpsychologischen Körpertherapie bei Inge Krens in Holland weiter bearbeiten, die in ihrer Arbeit einen bindungstheoretischen Ansatz verfolgt.

Mit Hilfe dieser beiden Erfahrungen, die sich in einer guten Weise ergänzt haben, konnte ich meine vorgeburtlichen Seelenverletzungen transformieren.

Beruflich hat sich mit der neugewonnenen Erfahrung meine Arbeit als Psychoanalytikerin verändert, da ich jetzt in der Lage bin, aus meiner Gegenübertragung Hypothesen über das Ursprungs-Szenario des Patienten auf der pränatalen Ebene zu bilden, d. h., mein diagnostisches Spektrum hat sich erweitert. Dies ist zugleich eine „Verortung" der Grundstörung in den pränatalen Raum.

Wenn die Grundstörung auf der pränatalen Beziehungsebene liegt, muß die Qualität der therapeutischen Beziehung als analytische Methode dem Rechnung tragen. Auf dieser Ebene bekommt die nonverbale, energetische Beziehungsgestaltung eine ähnlich große Bedeutung, wie es während der Schwangerschaft der energetische Informationsfluß zwischen Mutter und Kind hat. Der Therapieraum wird zu einem gebärmütterlichen Raum, in dem in symbolischer Weise embryonale Entwicklung in einer guten Weise wiederholt werden kann.

Der Therapeut muß dem unsicher gebundenen pränatalen Kind im Patienten eine sichere Bindungserfahrung ermöglichen. Dies wird dadurch möglich, daß der Therapeut fühlen kann, welche archaischen Gefühle beim traumatisierten pränatalen Kind mobilisiert werden und er diese in erträglichen Schritten annehmbar macht. Diese Neuerfahrung des inneren pränatalen Kindes im Patienten und der gemeinsame Verstehensprozeß auf der erwachsenen Ebene bilden die Grundlage für Persönlichkeitswachstum.

Pränatale Erfahrungen bei Borderline-Patientinnen

Im folgenden möchte ich Beobachtungen aus modifizierten psychoanalytischen Therapien mit Frauen beschreiben, die während der Schwangerschaft oder kurz nach der Geburt ein Kind verloren haben. Für diese Frauen war es heilsam, daß sie zu den Ursprungserfahrungen der eigenen Seelenverkörperung vordrangen und daß wir diese, bereits im Ursprung traumatische Erfahrung, gemeinsam transformieren konnten. Hierdurch konnte der Tod des Kindes in einem neuen Sinnzusammenhang der eigenen Lebensgeschichte gesehen werden.

In der Arbeit mit Borderline-Patientinnen habe ich mehrfach erlebt, daß sie in ihrem Leben mindestens eine Fehlgeburt gehabt hatten und daß dies – fast wie nebenher – Thema in der Therapie wurde. Bei den vielfältigen, augenfälligeren Traumata dieser Patientinnen und einer häufig von großer Dramatik geprägten Lebensgeschichte war von ihnen selbst und auch von ihrer Umgebung dieser stille Verlust gar nicht als „Trauma" erkannt worden. Für meine Patientinnen war die Auseinandersetzung mit dem Kindstod und dem entdeckten Zusammenhang zum eigenen „Seelentod" in der Verkörperungsgeschichte ein Wendepunkt in dem Gefühl für sich selbst auf einer tieferen Ebene.

In Regressionen in die frühe Pränatalzeit erlebten verschiedene Frauen ihre Zeugung als Vergewaltigung wieder, andere erlebten die Mutter als erstarrt und den Koitus als etwas, was sie über sich ergehen ließ. Viele Frauen fühlten sich „dazu verdammt, leben zu müssen". Sie erlebten ihre Verkörperung als gegen ihren Willen geschehend und fühlten sich sowohl von Gott verlassen als auch von ihren Eltern. In Zeichnungen, Imaginationen und Träumen spiegelte sich ein früher „Seelentod": die befruchtete Eizelle schien bereits vor ihrer Einnistung Traumainformation und -energie zu enthalten.

Abtreibungsversuche und Zwillingsverlust waren weitere embryonale Erfahrungen. Ein charakteristischer Traum einer Frau, die in pränatalen Regressionen ihren Zwillingsverlust wiedererlebt hat und sich in der Folge als „seelentot" erlebt, ist der folgende:

> „Ich war am Wasser mit einer ganzen Gruppe, ich hatte zu keinem Kontakt. Ich wollte nicht ins Wasser. An dem Weg, wo ich reingehen mußte, da lag etwas, das war ein Mensch. Ich hab gedacht: So darf man nicht im Wasser liegen, sonst stirbt der. Ich wollte das jemand sagen, aber keiner wollte das hören, alle drehten sich weg. Da lag noch ein zweiter Körper. Ich hab geschrien: da sind zwei im Wasser, die leben nicht mehr. Keiner hat reagiert. Ich war verzweifelt: das kann doch nicht sein, daß da zwei Leute tot im Wasser liegen und keiner will was davon wissen."

In weiteren Regressionen wurde der Uterus als extrem kalter Ort erlebt, an dem kein Leben möglich ist. In der Embryonalzeit erlebten sich alle Frauen als Wesen, das sich extrem zusammengezogen hatte und erstarrt war. Dieser Zustand ging häufig in einen lethargisch erschlafften Zustand des Dahindämmerns über. Die „Seele" oder die „Energie" oder das „Lebendige" wurde als außerhalb dieses Wesens befindlich erlebt, mit einer Sehnsucht, dahin zurückzugehen, wo die Seele herkam.

Alle litten unter einem Einsamkeits- und Verlassenheitsgefühl, soweit sie zurückdenken konnten. In ihrer Ursprungsfamilie hatten sie das Gefühl Außenseiterin zu sein und nicht wirklich dazuzugehören. Alle hatten bereits in der Kindheit Selbstmordgedanken oder begingen Selbstmordversuche.

Als sie schwanger wurden, waren sie in einer schwierigen Situation mit dem Partner. Mit der Schwangerschaft wurde das Ausmaß der seelischen Einsamkeit wiederbelebt, das sie selbst als pränatales Kind in der Beziehung zur Mutter erlebt hatten. Sie wußten, daß es dem werdenden Kind in ihnen nicht gut ging. Sie litten darunter, keine gefühlshafte Beziehung zu dem, was da in ihnen wuchs, herstellen zu können und fühlten sich dafür schuldig. Sie hatten alle das Gefühl, mit dem eigenen Überleben beschäftigt zu sein und alle Kraft für sich zu brauchen.

In der nachträglichen Bearbeitung der Situation, die sich mit dem Partner konstelliert hatte, spürten sie, daß sie aufgrund der inneren Erstarrung nicht in der Lage gewesen waren, die Situation mit dem Partner zu klären. Zur Zeit der Fehlgeburt waren sie in einer Art Totstellreflex gewesen, in dem sie gegen weitere erwartete seelische Verletzungen durch den Partner geschützt waren.

Alle Frauen hatten nachträglich die Gewißheit, daß das Sich-Trennen vom Körper zum eigenen Schutz dem Kind in ihnen die Lebensgrundlage entzogen hat. Indem sie sich vom Körper trennten, um keinen Schmerz zu spüren, brach die Verbindung zum Kind vollends ab, wodurch dieses seinen intrauterinen „Halt" verlor.

Nachdem die Patientinnen eine gefühlshafte Beziehung zu dem inneren, erstarrten pränatalen Kind aufgebaut hatten, konnten sie es betrauern. Dies war der erste gefühlshafte Kontakt zum verlorenen Kind. Dabei zeigte sich, daß einige Frauen auf einer unbewußten Ebene sehr genau wahrgenommen hatten, wann das Kind, mit dem sie schwanger gewesen waren, starb. Sie hatten oft schon vor einer bestätigenden Ultraschalluntersuchung gewußt, daß ihr Kind nicht mehr lebte. Gleichzeitig konnten sie sich des inneren pränatalen Kindes, das sie selbst waren, in liebevoller Weise annehmen, wodurch sich eine innere Erstarrung auflösen konnte, und bisher ungelebtes Potential freigesetzt wurde.

Die Fallgeschichten meiner Patientinnen können meines Erachtens nach folgendermaßen interpretiert werden: Es ist möglich, daß ein Kind daran stirbt, daß die Mutter durch ein eigenes Trauma erstarrt ist und das Kind emotional nicht „halten" und füttern kann. Die Seele braucht Haltepunkte und emotionale Nahrung, sonst zieht es sie wieder zurück dahin, woher sie gekommen ist.

Fallgeschichte

Die Fallgeschichte der folgenden Patientin illustriert auf sehr eindrucksvolle Weise, welche Auswirkungen pränatale Traumata und Schock auf die weitere postnatale Entwicklung haben können.

Erstgespräch

Zum Erstgespräch kam abgehetzt eine 44jährige Chefsekretärin, die sich von der Erziehungssituation ihrer beiden Kinder aus zweiter Ehe überfordert fühlte.

Ihre 13jährige Tochter habe vor drei Monaten einen Selbstmordversuch mit Schlaftabletten gemacht und sei jetzt in jugendpsychiatrischer Behandlung. Ihr Sohn sei 15 Jahre alt und sei neulich von der Polizei nachts beim Graffitisprayen erwischt worden. Er sei mit seinem Kürzel TOD, das sei die Abkürzung für „Terrorist of Darkness" enttarnt worden. Sie fühle sich völlig überfordert, weil sich beide Kinder an keine Regeln mehr hielten. Sie habe ständig finanzielle Sorgen, da der Vater der beiden keinen Unterhalt zahle.

Aus der ersten Ehe habe sie noch eine 24jährige Tochter, diese studiere und wohne nicht mehr bei ihr. Ein zweites Kind aus dieser ersten Ehe, ein Sohn, sei zwei Monate nach der Geburt an plötzlichem Kindstod verstorben. Eine erste Schwangerschaft in der zweiten Ehe habe mit einer Fehlgeburt geendet. Sie sei dreimal verheiratet gewesen. Der dritte Mann habe getrunken. Sie sei mit der Hochzeit mit 38 Jahren in die Wechseljahre gekommen:

„Der liebe Gott hatte ein Einsehen und hat meinen Schoß verschlossen."

Vor vier Jahren habe sie sich getrennt. Ihr Vater, also der Großvater der Kinder, sei in der Zwischenzeit verstorben. Ihre Mutter leide an einem Lungenkarzinom, sie kümmere sich auch um diese. Es gibt drei Brüder: der ein Jahr ältere Bruder sei psychotisch, er sitze in der Fußgängerzone und bettle, er lebe im Obdachlosenasyl. Der zwei Jahre jüngere Bruder sei alkoholkrank und lebe im Heim. Der jüngste Bruder habe noch nie gearbeitet. Für die Angelegenheiten der Brüder werde sie immer wieder herangezogen.

Meine erste Reaktion auf die Patientin war ablehnend, ich hatte die Befürchtung: „Nein, die wird mir zuviel!" Ich beobachtete, wie ich während des Erstgesprächs alle möglichen Gründe fand, warum ich die Patientin nicht in Behandlung nehmen könnte, und überlegte schon, wie ich ihr beibringen sollte, daß ich ihr doch keinen Platz anbieten kann.

Während sie ihre überwältigende Geschichte erzählte, erlebte ich den Existenzkampf dieser Frau, die überlebt hatte, in dem sie selbst versuchte, nicht zu sein. Ich erlebte das Paradoxon, sich selbst auslöschen zu müssen, um am Leben bleiben zu können. Hierfür empfand ich ein tiefes Mitgefühl. Auf meine Frage am Schluß der Sitzung, wann sie denn mal zu sich komme, antwortete sie:

„Ich? – Mich gibt es doch gar nicht."

Daraus ergab sich für mich, daß die Initialphase der Behandlung für sie eine Phase des „Da-sein-Könnens" werden mußte, und ich griff ihre Bemerkung: „Ich? – Mich gibt es doch gar nicht!" auf mit dem Angebot, daß wir miteinander den Raum bei mir zu einem Raum machen, in dem sie mit dem „Da-sein" kann, was ihr am Herzen liegt.

Für mich selbst formulierte ich im Stillen die Frage: „Wie kann der Behandlungsraum zu dem Raum werden, in dem die Patientin in Beziehung zu mir ‚Da-sein' kann? Wie kann ich mein anfängliches Gefühl der Überforderung überwinden und mit ihr in einer Weise in Resonanz kommen, daß wir beide uns miteinander in einer gefühlshaften Weise gut verbunden fühlen?"

Ich sah es als meine Aufgabe, meine anfängliche Abstoßungsreaktion in ein „Genügend-gutes-für-sie-da-sein" zu wandeln, so wie der mütterliche Organismus auf das Fremde, was in ihm wächst, zunächst mit Abstoßung reagiert, sich dann aber auf den „Fremdkörper" einstellt.

Das 1. Jahr

Die Stunden im nächsten Jahr, zweimal in der Woche im Sitzen, verliefen nach dem gleichen Muster: sie kam aufgelöst, abgehetzt, mit einer hohen Aktivierung in die Sitzung. Ich hatte mein Augenmerk darauf, daß sie in der Sitzung ihr Tempo verringerte und daß sich etwas von dem großen Druck, unter dem sie stand, entladen konnte. Dadurch kam sie zunehmend in gefühlshaften Kontakt mit sich und nahm sich gleichzeitig selbst wahr mit dem beobachtenden, erwachsenen Ich.

Während in unserer Beziehung ein Gefühl des „Da-sein-dürfens" und Vertrauens keimte, schilderte sie in verschiedenen Facetten die Unmöglichkeit des Daseins in ihrer Familie. Ihr Initialtraum könnte für alle Familienmitglieder zutreffen. Er lautete:

„Ich hatte eine Verabredung, aber ich kam nicht an."

Ebenso wie ihre Tochter und ihr Sohn waren sie und ihre Brüder ungewollt. Ihr Vater wurde adoptiert und erfuhr erst mit 19, daß die Haushälterin „Tante Maria" seine leibliche Mutter war. Die Mutter der Patientin wurde seit der Grundschulzeit von ihrem Vater (also dem Großvater der Patientin) sexuell mißbraucht.

Die Patientin erinnerte, daß sie als kleines Kind versuchte, sich unsichtbar zu machen. Sie habe als dumm gegolten, weil sie immer still und in sich gekehrt gewesen sei und häufig einfach nur schlaff in der Ecke gesessen und an ihrer Kleidung herumgespielt habe.

Nachdem in einer Sitzung wieder einmal Thema war, daß sie zu ihren beiden jüngeren Kindern kaum Verbindung habe, schlug ich einen Wechsel des Settings vom Sitzen zur Arbeit auf der Matte vor. Ich schlug ihr vor, daß wir in Regressionssitzungen auf der Matte einmal gucken könnten, welche Erinnerungen sie in ihrem Körper aus ihrer frühesten Beziehung zur Mutter gespeichert habe. Sie war einverstanden und erlebte in mehreren Doppelstunden, wie sich spontan pränatales Erleben einstellte, wenn sie ihren Körper die Position auf der Bodenmatte einnehmen ließ, die sie als Impuls im Körper spürte.

In verschiedenen Regressionssitzungen erlebte sie sich als lethargisch dahindämmernden Fetus. Die Umgebung war kalt, zur Mutter gab es keine Verbindung. Sie erlebte unendliche Einsamkeit, Leere und Langeweile. Dieser Zustand neutralisierte sich, wenn sie sich vom Körper trennte.

In einer Sitzung zog sie sich zu einer Kugel zusammen. Sie fühlte sich wie eine große Zelle, die sie im Halsbereich wahrnahm, unbeweglich, starr, und beschrieb dies mit ihrem beobachtenden Ich. Sie wußte, dies war die Eizelle, aus der sie entstanden war, die sich so angefühlt hatte. Sie erlebte eine Überwältigung dieser Eizelle durch den gewaltsam eindringenden Kopf eines Spermiums. Sie erlebte dies aus der Perspektive der Eizelle, und es fühlte sich an wie Zerstörung. Gleichzeitig erlebte sie die Mutter, die unter den Bewegungen des Vaters erstarrte. Sie erlebte einen seelenlosen Geschlechtsakt und sagte:

„Wie bei Karnickeln. Das war der erste Mißbrauch in meinem Leben."

Sie erlebte dann, wie die erstarrte Zelle schlaff wurde und sich selbst aufgab. Dabei hatte sie das Gefühl, gleichzeitig in, aber mit einem wesentlichen Teil außerhalb dieser Zelle zu sein. Sie erlebte sich als dazu bestimmt, zu diesen Eltern zu gehen. Als Seelenauftrag fühlte sie die Bestimmung, mit ihrer Liebe zu unterstützen und zu verändern. Sie erlebte erstmals ein Mitgefühl mit der Mutter. Sie hatte ein klares Gefühl dafür, daß die Eizelle, aus der sie entstanden war, aufgrund eines traumatischen Erlebens der Mutter erstarrt war. Indem sie die Erstarrung der Mutter nicht mehr auf sich beziehen mußte, konnte sie die eigene Identifikation mit dem Erstarrtsein auflösen. Sie stellte fest:

„Ich habe nie die Hoffnung aufgegeben, daß Liebe möglich ist."

Ich spiegelte ihr die ungeheure Kraft, die sie besaß, und daß sie diese Hoffnung nie aufgegeben hatte, bei all der Beziehungslosigkeit und Gewalt, die sie in ihrem Leben erfuhr. Daraufhin konnte sie einen tief im Inneren verankerten Wunsch formulieren:

„Ich möchte in Zukunft lieben, ohne dabei mich selbst aufzugeben und meine Würde zu verlieren."

Die Tiefendimension von Mißbrauch und Schuld

In der nächsten Phase ging es um die Tiefendimension von Mißbrauch und Schuld. Erst gegen Ende des ersten Therapiejahres hatte sie sich getraut zu erzählen, daß ihre drei Ehemänner dunkelhäutig waren, ebenso wie ihre Kinder.

Auf die Frage, was sie an den Männern so angezogen habe, schrieb sie ihnen Eigenschaften zu, die sie gar nicht hatten, sondern die zu ihr selbst gehörten. Ich sagte verwundert: „Das sei ja, als ob sie im Mann einen Zwilling gesucht habe." Darauf überraschte sie mich:

„Ja, daß ich vorgeburtlich einen Zwilling gehabt habe, weiß ich schon lange, der ist mir ja herausoperiert worden."

Sie hatte eine aus embryonalem Gewebe bestehende Zyste an der Schilddrüse, die im Alter von 24 Jahren operativ entfernt werden mußte.

In weiteren Regressionen erlebte sie einen Abtreibungsversuch der Mutter mit einer Lauge, die sie in die Gebärmutter eingespritzt hatte. Sie erlebte, wie ihr Zwilling, ein Bruder, davon erfaßt, jedoch nicht weggeschwemmt wurde. Sie erlebte dabei wieder, wie eng und liebend sie intrauterin mit diesem anderen Zellwesen verbunden gewesen war. Sie malte dazu Bilder: ein mumifiziertes, schwarzes Wesen. Sie hatte immer schon wiederkehrende Alpträume, die jetzt Sinn machen. Die Träume lauteten:

1. „Ich werde verfolgt, sehe Wasser aufschäumen, aus dem Wildbach wird ein schäumender, tosender Fluß. Ich habe riesiges Herzklabastern, sehe weitaufgerissene Augen, Schreien, keiner hört mich – es ist keiner da."

2. „Ich renne ohne Ende ums Haus herum und kann mich nirgends verstecken."

Sie betrauerte lange ihren Bruder, mit dem sie sich auf einer tiefen, körperlich gefühlten Ebene verbunden fühlte und mit dem sie ja tatsächlich noch bis zum 24. Lebensjahr körperlich verbunden gewesen war. Sie fühlte tiefen Schmerz darüber, daß er noch weniger sein konnte als sie selbst und erlebte ihr Schuldgefühl für das Überlebthaben. Ihr war klar, wie sie mit den farbigen Männern versuchte, ihren verlorenen Zwillingsbruder wiederzubeleben. Im Mißbrauch und in der Mißhandlung, die sie von ihren Männern erfuhr, sah sie die Bestrafung für ihr Überleben. Gleichzeitig wiederholte sie die eigene Zeugungsgeschichte und bestrafte sich für ihr Dasein.

Phase der Gestaltung eines eigenen Gartens

Die nächste Phase war äußerlich durch die Anmietung eines kleinen Gartens gekennzeichnet, den sie nach ihren Wünschen neu gestaltete. Die Einfassung der Beete entstand aus Schnittgutabfällen von Buchsbaumsträuchern aus meinem Garten, die sie durch Bewässern neu gezogen hatte.

Die Beziehung zu den Kindern wurde intensiver, was für sie äußerst schmerzhaft war: die Kinder machten ihr jetzt offene Vorwürfe, daß sie sich von ihr nicht gehört und gesehen fühlten. Die zweite Tochter offenbarte sich jetzt damit, daß sie vom eigenen Stiefvater sexuell mißbraucht worden war. Der Anlaß für den Selbstmordversuch war, daß sie gemeinsam mit einer Freundin auch von deren Stiefvater mißbraucht worden war.

Meine Patientin hatte die Vorwürfe ihrer Kinder angenommen und um Verzeihung gebeten. Das Schuldthema nahm in unseren Sitzungen großen Raum ein.

Sie begann zu differenzieren zwischen irrationaler Schuld, also ihrer erlebten Daseins- und Überlebensschuld, und dem realen Schuldiggewordensein an ihren Kindern. Sie konnte inzwischen milde mit sich sein, weil sie realisiert hatte, daß sie ihr Bestes gegeben hatte, aber daß dies eben dennoch nicht ausreichend war, damit sich ihre Kinder von ihr gesehen fühlten.

Die Auseinandersetzung mit dem Kindstod

Eines Tages kam sie aufgelöst in die Sitzung: Sie habe in der Bibliothek ein Buch über plötzlichen Kindstod gefunden. Das habe sie sofort durchgelesen. Da stand drin, die verdeckte Feindseligkeit der Mutter sei Schuld am Tod des Kindes. Sie war fassungslos und weinte, weil der von außen kommende Schuldvorwurf ihre innere Selbstvorwürfigkeit in unerträglicher Weise zu bestätigen schien. Ich schlug ihr deshalb vor, daß wir uns die Situation vor dem Tod ihres Kindes noch einmal genau ansehen sollten.

Die Beziehung zum damaligen Ehemann war von Gewalt geprägt. Der verstorbene Sohn wurde in einer Vergewaltigung durch den Ehemann gezeugt, als die erste Tochter neun Monate alt war. Während der Schwangerschaft sei sie mehrfach ins Frauenhaus geflüchtet, weil dieser sie geschlagen habe. Von seinem Bafög habe man nicht gemeinsam leben können, sie hatte eine Putzstelle, zu der sie ihre kleine Tochter mitbringen konnte. Während sie arbeitete, habe der Mann sie mit anderen Frauen betrogen. Ihre Eltern hätten ihr keinerlei Unterstützung gegeben, sondern sie als Negerhure beschimpft. Kurz vor der Geburt fand sie nach einer Flucht ins Frauenhaus kurzzeitig Aufnahme bei den Eltern, allerdings in einem Kellerraum, da ihr altes Zimmer vermietet war. Kurz vor der Geburt hatte sie eine eigene kleine Wohnung ohne den Ehemann gemietet, in die sie mit der Tochter einzog. Als sie ihren Sohn zur Welt brachte, kam es wieder zu einer Annäherung mit dem Ehemann und in den nächsten sieben Wochen zur Hoffnung, daß es doch gemeinsam weitergehen könne.

Wenige Tage vor dem Tod ihres Kindes habe sie dann erfahren, daß eine andere Frau vier Wochen nach ihr ebenfalls einen Sohn geboren hatte, dessen Vater ihr Ehemann war. Sie habe keine Kraft mehr gehabt zu arbeiten und kein Geld mehr gehabt. Sie sei völlig gelähmt gewesen. Sie hätte sich weder gegen den Ehemann wehren, noch von ihm weggehen können.

Sie habe aber weiter funktionieren müssen, weil sie und die ältere Tochter sonst verhungert wären. Den Kleinen hätte sie noch gestillt. Ihn hatte sie geschildert als „ganz besonders ruhiges, liebes Kind". Er habe nie geweint.

Wir haben dann in unserer Sitzung noch einmal zusammen die Situation angeschaut, als sie festgestellt hatte: er ist tot. Sie hat ihr Kind in der Vorstellung noch einmal in den Arm genommen, es war ihr dabei gegenwärtig, wie er sich angefühlt und wie er gerochen hatte, wie die Hautfarbe war. Dabei hatte sie auf der körperlichen Ebene sinnlich realisiert: ja, sein Körper ist tot. Sie hat den unendlichen Schmerz des Unabänderlichen gespürt und herzzerreißend geweint. Sie konnte spüren, daß eine ganz innige Verbindung zwischen ihr und dem toten Kind bestand. Im Nachhinein erschloß sich ihr eine körperlich verankerte Gewißheit, daß ihr Sohn ebenso wenig wie sie selbst mit seiner Seele in den Körper einziehen konnte. Sie belegte dies durch die erinnerte Beobachtung, daß sein Muskeltonus von Anfang an schlaff gewesen sei.

Sie war sich sicher, er habe das Gleiche gespürt, wie sie in ihren Regressionen. Er hatte sich schon mit einem Teil seiner Seele außerhalb des Körpers befunden, als er noch lebendig war. Auch er hatte versucht, nicht zu sein. Er versuchte, sich „wegzumachen", genauso wie sie es in dem Wiedererleben ihres Gezeugtwerdens getan hatte. Sie wußte ganz klar, daß ihr innerliches Zerbrechen über der Nachricht von der Geburt des Kindes einer Geliebten ihres Mannes der letzte Auslöser für das endgültige Weggehen der Seele ihres Sohnes gewesen war.

Es kam dann noch einmal eine Welle von Mitgefühl für das Kind, das sich aufgab und aus dem Körper ausstieg, weil die Mutter es nicht halten konnte. Die unerträgliche Situation konnte nur so überstanden werden. Sie erlebte ein tiefes Mitgefühl für ihren Sohn und für sich selbst. Sie hatte Mitgefühl für sich, daß sie die Erfahrungen des inneren pränatalen Kindes in vielfacher Weise in traumatischen Situationen wiederbelebt hatte, weil sie in der damaligen Situation noch nicht in der Lage war, dieses Kind in sich zu fühlen.

Am Tag nach der Sitzung war sie noch einmal auf dem Friedhof und nahm bewußt vom körperlichen Teil ihres toten Sohnes Abschied. Gleichzeitig hatte sie zur Seele ihres toten Kindes Zugang gefunden. Sie war sich sicher, daß ihr Sohn genau die gleiche „Seelenleistung" vollbracht hatte, wie sie selbst. Beide waren sie aus einer im Ursprung mißbräuchlichen Situation entstanden. Die Identifikation mit einer erstarrten Urzelle bildete den Ursprung für das Muster: Man kann nur existieren, wenn der Körper erstarrt und man mit der Seele innerlich weggeht.

Heilsam war ebenfalls, daß sie ihr Erleben mit mir teilen konnte, daß sie in mir eine Zeugin hatte und mit dem Erlebten nicht mehr allein war.

Nach dieser Sitzung kam ein ungeheurer Energieschub: es war etwas abgefallen von ihr, eine große Schuld, weil sie fühlen konnte, es gab damals keine andere Chance, diese unerträgliche Situation zu überleben. Sie hatte ihr Bestes gegeben.

Sie konnte sich als Wesen mit einer Seelenaufgabe erleben. Dies hat ihr eine größere Perspektive eröffnet, als die der Eltern-Kind-Ebene: In dieser größeren Ordnung konnte sie sich als gewollt erleben, hier hatte sie ganz selbstverständlich ihren Platz.

Sie konnte spüren, welche Kraft und Liebe sie in sich hat, um bei soviel Gewalt und Zerstörung zu überleben. Dadurch daß das innere pränatale Kind wiederbelebt wurde, hatte sie jetzt die Chance, ihre Liebe für sich selbst und andere fruchtbar werden zu lassen.

Einzug in das Haus der Eltern und eigener Um- und Ausbau

Die Wandlung der Patientin nach diesen Sitzungen war beeindruckend: sie wandelte sich zu einer Frau, die da war, die eine Behausung hatte. Auf der äußeren Ebene wurde dieses Thema wieder ganz real gestaltet, indem sie das Elternhaus überschrieben bekam und dort nach der Umgestaltung dieses Hauses nach eigenen Plänen einzog.

Auch auf der körperlichen Ebene war eine Umgestaltung zu erkennen: die Patientin verlor 20 kg an Gewicht und war fast nicht wiederzuerkennen. Sie war jetzt eine attraktive Frau, die präsent war, wenn sie den Raum betrat. Sie wirkte sehr anziehend und strahlte die Gewißheit aus, daß sie ihren Platz hatte.

Die Beziehung zu ihren Kindern wirkte innig. Sie hatte die Vorwürfe der Kinder angenommen und ihre Schuld ihnen gegenüber eingestanden, ohne sich jedoch hierin zu verstricken. Die Kinder bearbeiteten ihre Geschichte in eigenen Therapien. Sie war jetzt in der Lage, die Liebe der Kinder zu ihr zu sehen und zu beantworten.

Sie ist wieder eine Partnerschaft eingegangen: es war wieder ein farbiger Mann, aber sie ließ ihn diesmal nicht in ihr Haus einziehen. Beide waren sehr achtsam miteinander, überstürzten nichts. Diesmal war sie fasziniert davon, wie anders er war als sie.

Schlußfolgerungen

Die Beobachtungen aus den pränatalen Regressionen meiner Patientinnen legen folgende Vermutung nahe: die Seelenverkörperung kann bereits im Ursprung traumatisch sein. Spermium und Eizelle enthalten neben den genetischen Informationen auch Traumainformationen über Vater und Mutter. Die mit der Zeugungssituation einhergehende Energie findet ihren Niederschlag in der Art der Verschmelzung von beiden Zellen und haftet der befruchteten Zelle an. Aufgrund all dieser Informationen scheint bereits zu diesem frühen Zeitpunkt eine Reaktion der befruchteten Eizelle möglich zu sein, die in der Regression als Wunsch erlebt wurde, sich vom Leben zurückziehen zu wollen: die Zelle zieht sich zusammen und gibt den Großteil ihrer Energie nach außen ab.

Die therapeutische Beziehung muß dem Rechnung tragen: der analytische Raum wird gesehen als „gebärmütterlicher" Raum, in dem in symbolischer Form die embryonale Entwicklung in einer guten Weise wiederholt werden kann. Die Therapeutin übernimmt dabei Haltefunktion auf dieser tiefen Seelenebene. Außerdem hilft sie, die Selbstregulation des Nervensystems wiederherzustellen, bzw. überhaupt erst zu ermöglichen. Im Umgang mit der Dissoziation werden Grenzerfahrungen zwischen innen und außen und sich und dem anderen vermittelt. Erst wenn die Fähigkeit zur Selbstberuhigung vorhanden ist, und ein beobachtendes, erwachsenes Ich dauerhaft anwesend sein kann, können pränatale Regressionen durchgeführt werden, ohne daß die dabei freiwerdenden Gefühle erneut überwältigen und zu tieferer Dissoziation führen.

Oft war ein längerer therapeutischer Weg nötig, damit die Frauen selbst spüren konnten, daß sie (manche bis dahin ständig) in einem Zustand der

Dissoziation waren. Danach konnte erlernt werden, wie sie sich wieder aus diesem Zustand herausholen konnten. Erst dann ist die Voraussetzung für die Bearbeitung des pränatalen Traumas in Regressionssitzungen gegeben, in denen in begrenztem Maße in das Schockerleben eingetaucht und wieder herausgegangen werden kann.

Zusammenfassung

Es wurde über Beobachtungen aus der Therapie von Frauen berichtet, die ihr Kind durch eine Fehlgeburt oder durch plötzlichen Kindstod nach der Geburt verloren haben. Bei der Bearbeitung dieses Traumas zeigten sich Ähnlichkeiten im Ablauf: die Frauen fühlten sich in der Beziehung zum Partner in für sie überwältigender und unerträglicher Weise seelisch verlassen. Sie waren aufgrund der inneren Erstarrung (des Totstellreflexes) nicht mehr in der Lage, die Situation mit dem Partner zu klären, noch sich gegen erlebte schwere Kränkungen zu wehren. Sie befanden sich häufig über längere Zeit in einem Schockzustand. Die Dissoziation, mit der die Frau die unerträgliche Situation überleben konnte, wurde bei der Traumaauflösung als ein energetischer Sog erlebt, der dem ungeschützten Kind die Lebensenergie entzieht.

In Regressionen zu eigenem embryonalen Selbsterleben beschrieben alle Frauen ihre Zeugung als traumatisch. Sie erlebten ihre Verkörperung als gegen ihren „Willen" geschehend. Sie fühlten sich in unerträglicher Weise sowohl von Gott verlassen als auch von den Eltern. In Zeichnungen, Imaginationen und Träumen spiegelte sich ein früher „Seelentod": die befruchtete Eizelle schien bereits vor ihrer Einnistung Traumainformation und -energie zu enthalten. In ihren Lebensmustern zeigten alle Frauen eine tiefe Ambivalenz dem Leben gegenüber. Mit dem Tod des Kindes reinszenierte sich das Trauma des eigenen frühen Seelentodes.

Die Beobachtungen legen die Vermutung nahe, daß die Seelenverkörperung schon im Ursprung traumatisch sein kann, und daß hierin die tiefe Ambivalenz der Frauen allem Lebendigen gegenüber begründet war.

Die therapeutische Beziehung muß dieser Qualität der „Grundstörung" Rechnung tragen:

- Der therapeutische Raum muß ein gebärmütterlicher Raum sein, in dem in symbolischer Weise embryonale Entwicklung in einer guten Weise wiederholt werden kann.
- Die spezielle Traumabehandlung muß sich in ihrer Technik auf ein unreifes Nervensystem einstellen.

– Der Therapeut muß die Tiefe der seelischen Verletztheit empathisch „halten" können.

Literatur

Ammon G (1974) Vorgeburtliche Phantasien und Träume im gruppenanalytischen Prozeß. In: Graber GH (Hrsg.) Pränatale Psychologie. Kindler, München, S 43–67
Emerson W (2000a) Behandlungstechniken und Forschungsergebnisse. In: Harms T (Hrsg.) Auf die Welt gekommen. Leutner Verlag, Berlin, S 53–69
Emerson W (2000b) Das verletzliche Ungeborene. In: Harms T (Hrsg.) Auf die Welt gekommen. Leutner Verlag, Berlin, S 39–52
Emerson W (2003) Shock. A universal malady. Deutsche Übersetzung zu beziehen über Dr. G. Schroth, Johannesstraße 22, 67245 Speyer
Graber GH (1924) Die Ambivalenz des Kindes. Internationaler Psychoanalytischer Verlag, Wien
Graber GH (1977) Psychotherapie als Selbstverwirklichung (Gesammelte Schriften, Bd. III). Wilhelm Goldmann Verlag, München
House SH (1999) Primal Integration Therapy – School of Lake. Int. J. Prenatal and Perinatal Psychology and Medicine 11(4): 437–457
Krens I (2001) Die erste Beziehung. Int. J. Prenatal and Perinatal Psychology and Medicine 13(1/2): 127–151
Rank O (1924) Das Trauma der Geburt und seine Bedeutung für die Psychoanalyse. Internationaler Psychoanalytischer Verlag, Wien
Renggli F (2000) Ursprung des Seelenlebens. In: Harms T (Hrsg.) Auf die Welt gekommen. Leutner Verlag, Berlin, S 13–37
Schindler S (1998) Pränatale Psychologie als wissenschaftlicher Dialog. Int. J. Prenatal and Perinatal Psychology and Medicine 10(4): 521–536
Verny T, Kelly J (1993) Das Seelenleben des Ungeborenen. Ullstein, Frankfurt
Wilheim J (1998) Klinische Manifestationen früher traumatischer Eindrücke. Int. J. Prenatal and Perinatal Psychology and Medicine 10(2): 197–207
Wilheim J (2002) Cellular Memory: Clinical Evidence. Int. J. Prenatal and Perinatal Psychology and Medicine 14(1/2): 19–31

◇

Margret Overdick, Dipl.-Psych., Psychologische Psychotherapeutin, mehrjährige therapeutische und wissenschaftl. Mitarbeit an der Werner-Schwidder-Klinik z. Z. der Ärztlichen Leitung von Prof. Dr. T. F. Hau. Seit 1987 in eigener psychoanalytischer Praxis in Münster tätig, Mitglied der ISPPM. Pränatale Selbsterfahrung bei Inge Krens. Weiterbildung bei Dr. William Emerson zur Behandlung von prä- und perinatalen Traumatisierungen bei Babies, Kindern und Erwachsenen. Traumatherapie-Weiterbildung in „Somatic Experiencing" nach Dr. Peter Levine.
Anschrift: Aldruper Straße 52, 48159 Münster
Email: m.overdick@web.de

Gustav H. Graber
Vom „unbewußten vorgeburtlichen Selbst" zum „bewußten Selbst"

Alfons Reiter

Wenn wir von „Wegen zum Selbst" sprechen, suggeriert dies, wir wüssten bereits, was mit dem Ziel gemeint ist. Der Weg zum Selbst ist ein Entwicklungsweg, dieses zu werden: eine „Selbstverwirklichung". Je mehr ich dieses geworden bin, schöpfe ich aus diesem Wissen. Wenn Menschen dieses Ziel verwirklicht haben, wie z. B. vom indischen Erleuchteten Maharshi angenommen wird (Zimmer 1944, S. 173) ist „Selbst" zu sein und es zu wissen ident: Wissen als Sein im Herzen selbst. Da dies aber aus einer für uns nicht nachvollziehbaren Bewußtheit gesagt wird, helfen uns diese Aussagen für unseren Weg zum Selbst nur begrenzt.

So sind Erkenntnisse von Menschen hilfreich, die auf dem Weg zum Selbst sind. Wir können teilnehmen an ihren Erkenntnissen, aber auch an ihrem Scheitern, wo sie auf dem „Weg zum Selbst" durch die eigenen Barrieren Irrwege gingen. In diesem Sinne ist der „Weg zum Selbst" im Konzept von G. H. Graber eine der möglichen Annäherungen an das Selbst.

Vom „unbewußten vorgeburtlichen Selbst" zum „bewußten Selbst"

Im Gegensatz zu Freuds psychosexueller Entwicklungsperspektive interessierte Graber der Verkörperungsweg der Seele. Dieser umfasse die vorgeburtliche seelische Entwicklung, die nachgeburtliche Ambivalenzbildung, die Stationen der entfremdenden Identifikationen und die psychotherapeutischen Möglichkeiten, diese wieder aufzulösen, um in den Zustand des „bewußten Selbst" zu gelangen. Diesen Weg verfolgte er in klassisch psychoanalytischer Denkweise.[1]

Neben diesem psychoanalytischen Denken und Symbolverständnis beobachten wir bei Graber noch ein anderes Denken und Erleben, das er mit seinem Wandlungserlebnis in Verbindung bringt. Dieses Denken wird

---

[1] In seinem Aufsatz: „Zeugung, Geburt und Tod" (Graber, Bd. 1) zeigt Graber, welchen genialen Zugang er zur Symbolik im Jungschen Sinne hatte. Hier veranschaulicht er, wie sich die biologisch-genetische Entwicklung der Seele in reicher Symbolik in markanten Stationen des Menschseins ausdrückt.

deutlich, wenn er von der ursprünglichen Ganzheit der Seele spricht und deren Streben nach der Einheit (Graber, Bd. 1, S. 169f.); aus diesem Denken und Erleben schöpfen – im Besonderen – seine literarischen Schriften. Hier wird ein Sendungsbewußtsein spürbar, das Erfahrene wieder- und weiterzugeben. Es sind anthropologisch-spirituelle Aussagen. Diese beiden gegensätzlichen Denk- und Erlebnisformen bleiben in seinem Hauptwerk „Ursprung, Zwiespalt und Einheit der Seele" als auffallende Brüche bestehen.

In Anlehnung an C. G. Carus (Graber, Bd. 3, 13f.) geht Graber von der ursprünglichen Ganzheit der Seele aus, dem „unbewußten vorgeburtlichen Selbst", das im Prozeß der Selbstverwirklichung zum „bewußten Selbst" werden soll. „Die Verwirklichung dieses Zieles bedingt (aber) vorausgehende Einsicht, Einsicht vor allem in die intrauterine Entwicklung, in die nachgeburtliche Strukturierung unseres Trieb- und Seelenlebens, in den Aufbau unserer Persönlichkeit, in das Ineinander und Gegeneinander von Ich und Selbst, in die unbewußten Beweggründe des Verhaltens, wie sie uns in unseren Träumen offenbar werden und schließlich in die Zielstrebigkeit der Gesundung im umfassenden Sinne einer Heilung und Wiedergeburt" (Graber, Bd. 1, S. 28).

Für die hier notwendige „vorausgehende Einsicht" in die intrauterine Entwicklung erarbeitete er ein Entwicklungskonzept vom Ursprung an. Er leitet von den Funktionen und Formen der biogenetischen Entwicklung analog Funktionen und Eigenarten des Psychischen ab: Das lebensverwirklichende Aufbauprogramm in der menschlichen Urzelle sei im höchsten Grade „seelisch" (Graber, Bd. 1, S. 34). Alles was in der Zelle geschieht, erweise sich als höchst sinnvoll, programmiert, seelisch-energetisch gelenkt und setzte sich auch so fort. Das eigentliche Selbst, die Seele der Seele, sei von Anfang an vorhanden:

> „Unsere eigentliche und wahre Seele ist das unbewußte Selbst, nämlich das im Mutterleib mit dem Körper gewachsene, vorgeburtliche Unbewußte, das uns in seiner harmonischen Einheit bis ins höchste Alter, ja bis zum letzten Atemzug – und nach manch religiöser Vorstellung auch darüber hinaus – erhalten bleibt. Meine Auffassung vom unbewußten Selbst ist also eine biologisch und empirisch begründete und unterscheidet sich grundlegend von allen anderen, die bisher in der Wissenschaft bekannt wurden. Entschließen wir uns, das unbewußte Selbst, das vorgeburtliche Unbewußte, also unser seelisches Zentrum, als die eigentliche Seele anzuerkennen, (...) finden (wir) auch den Schlüssel für das Verständnis des seelischen Verhaltens überhaupt: Aus diesem seelischen Zentrum strömen alle seelischen Kräfte sowohl in das Triebgeschehen wie in das unbewußte und bewußte Ich.
>
> Sie erstreben letztlich nur eines: die Wiederherstellung der harmonischen Ganzheit des Seelischen, die mit der Geburt und der Bildung des Ich gestört wurde. Entsprechend dem Urdasein im Mutterleib, jenem ‚bedürfnis-

losen' Ruhen und Geborgensein im Fruchtwasser, erstrebt der Mensch im nachgeburtlichen Leben aus einem unbewußten Wiederholungszwang heraus, aus einer inneren Forderung, die Wiederherstellung dieser verlorenen Einheit, des verlorenen Paradieses – jetzt aber auf einer höheren Daseinsstufe der Bewußtheit, nämlich einem über das bloße Ich-Bewußtsein hinausgehenden Selbst-Bewußtsein." (Graber, Bd. 3, S. 58)

Dieser Zielzustand sei nicht zu verstehen, wenn wir nicht den Seelengrund, die eigentliche Seele begreifen. Dieses Wissen aber habe unsere Kultur verloren.

Ambivalenz und Zwiespalt des Ichs

Graber sah im geburtstraumatischen Geschehen die Störung der vorgeburtlichen seelischen Einheit, wodurch nachgeburtlich erst das Ich, die Ambivalenz und die entfremdenden Identifikationen entstünden. Sie gelte es zu erkennen und aufzulösen, um zum „bewußten Selbst" zu gelangen. Diese Überzeugung motivierte ihn, dem Weg der entfremdenden Identifikationen in sorgfältiger Weise nachzugehen.

Der psychische Zwiespalt ergebe sich demnach erst für die nachgeburtliche Seele. Mit dem dramatischen Wandel der physischen und körperlichen Ökologie bei der Geburt (Geburtstrauma) entstehe eine Barriere zur vorgeburtlichen Ganzheit.

In Therapien sei die Symbolik der Geburt häufig. Hier könnten Traumen der physischen Geburt in die Wiederholung drängen. Noch häufiger seien solche Symbole aber das Wiedergeburtserlebnis einer seelischen Geburt: „Die Behandlung erweist sich also als eine Art Mutterleibssituation, als eine Wiederholung des intrauterinen Daseins und der darauf folgenden Geburt, so nämlich, als ob die eigentliche Geburt nicht zur Zufriedenheit des Individuums ausgefallen sei und nun endlich auch seelisch noch voll und ganz sich vollziehen müßte" (Graber, Bd. 1, S. 50).

Graber schließt daraus, daß sich die vorgeburtliche Ich-Organisation mit dem krassen ökologischen Wandel, der bei der Geburt stattfindet, nur schwer abfinden könne und Regressionstendenzen sich nach dem verlorenen pränatalen Dasein sehnten. Das gäbe dem Seelenleben ein neues Gepräge, für das der Geburtsakt wie auch das neue Dasein verantwortlich seien.

Das Erleben des Wechsels zweier völlig gegensätzlicher Lebensbedingungen sei „die tiefste Ursache zur Störung der Einheit des Seelenlebens und (führe) zur Bildung der Ambivalenz (Doppelwertigkeit). Die Gegensatzpaare Lust/Unlust, Subjekt/Objekt, Aktivität/Passivität sind von da an wirksam, und der ganze Fluß jeglichen Erlebens bekommt durch sie seine Richtung" (Graber, Bd. 1, S. 52).

Das Ich werde gezwungen, eine Schutzhülle für den verlorenen Zustand aufzubauen. Es dränge sich der Gedanke auf, als ginge das Ich durch diesen Schutz mit der Außenwelt eine „imponierende Fiktion" ein, „als ob es im Psychischen das frühere schützende ‚Außen', den Mutterleib, ersetzen könnte" (Graber, Bd. 1, S. 52).

Dadurch entstünde ein Grundcharakteristikum des Ichs. Dies äußert sich einerseits „im Begehren, Streben, Wollen des vorgeburtlichen Zustandes, eines Zustandes, wo nichts mehr begehrt, erstrebt, gewollt werden muß. Das bedeutet, daß das Ich das Ziel hat, sich selbst aufzuheben. Zugleich ist es aber auch bestrebt, sich selbst zu behaupten, zu stärken und dafür die neue Welt des leidvollen Daseins zu überwinden, sei es durch Bemächtigung oder Vernichtung" (Graber, Bd. 1, S. 52).

In dieser Organisation, die von regressiven wie auch progressiven Bestrebungen charakterisiert ist, bildet „sich neben dem mutterverbundenen unbewußten Selbst als der fortdauernden eigentlichen Seele eine neue Seelenregion: das Ich, das wie als Schale den Seelenkern umgibt" (Graber, Bd. 1, S. 55).

Körper-Selbst zwischen vorgeburtlicher Einheit und Selbstentfremdung

Die „selbst"-entfremdenden Identifizierungen beginnen schon bei der Körper-Ich-Bildung. Der im Vorgeburtlichen erlebte Körper sei eine Einheit mit dem psychischen Erleben gewesen. Er müsse sich nachgeburtlich erst wieder angeeignet werden. An diesem sei aber die vorgeburtliche Urverhaftung mit der Mutter gebunden. „Aber das Bestreben bleibt unerfüllbar. Ja, ein neues Trauma gesellt sich dazu: Der eigene Körper bietet sich nach der Geburt durch Unlustempfindungen als neues, abgelöstes und fremdartiges Objekt dar. Er scheidet aus dem vorherigen Einheits- oder Identitätserlebnis aus und muß mittels Identifizierung (Liebe) wieder ‚zu eigen' gemacht werden" (Graber, Bd. 1, S. 98).

So komme es, „daß der Mensch schon früh von der großen tragischen Annahme ausgeht, alles mittelst der Identifizierungen ins Ich aufgenommene Fremde, der Außenwelt, als das eigentliche Seelische, also das Ichhafte, als das Wesentliche betrachtet und ihm verhaftet ist, während sein wahres Wesen tief verborgen im unbewußten Selbst ruht und nach der Befreiung strebt" (Graber, Bd. 1, S. 100). Diese Selbst-Entfremdung setzte sich bei der Bildung der weiteren Ich-Differenzierung fort.

Es wird deutlich, wie wichtig es ist, die Entwicklung des Körper-Ichs als eine Ur-Identifizierung mit dem Körper, als ursprünglichster erlebter und bemächtigter, das heißt zu eigen gemachter Außenwelt, zu begreifen. Im Körper-Ich verdichtet sich die pränatale Befindlichkeit wie auch der dafür nachgeburtlich geschaffene Kompromiß über die Identifikation mit der Außenwelt. Im Geburtstrauma selbst ist die physiologische wie auch die psychische Not präsent, die zu dieser Ersatzbildung führte. Das konstituiere das „Ich als Widersacher" des Selbst (Graber, Bd. 3, S. 60).

Graber darf hier nicht mißverstanden werden, als werte er das Ich im Gesamten ab. Er stellt nicht die Ich-Fähigkeiten infrage, sondern ein Ich, das sich durch Identifikation eine dem Selbst entfremdete Identität schafft. Dazu Graber (Bd. 1, S. 27): „Der Mensch erliegt (dadurch) derart dauernd der tragischen Fiktion, das nachgeburtlich von der Außenwelt durch Identifizierung ins Ich aufgenommene Fremde als das eigentlich Seelische, das heißt das Ichhafte als das Wesentliche zu erleben, während das wahre Wesen im unbewußten Selbst auf Erweckung harrt." Erkannt und erlebt werden kann es nur von den Möglichkeiten meines Ichs, wie dies auch C. G. Jung betont. Das „unbewußte Selbst" wird in den psychischen Möglichkeiten erlebbar und bewußt: der Zustand des „bewußten Selbst".

Streben nach der Einheit der bewußten Seele

Im letzten Abschnitt von „Ursprung, Zwiespalt und Einheit der Seele" wird die Aufhebung der Ambivalenz, die Erlösung und die Einheit im bewußten Selbst beschrieben. „Sind die ambivalenten Ich-Kräfte wieder mit dem Urquell, dem unbewußten Selbst, als dem wahren seelischen Kraftzentrum verbunden, dann geschieht das Wunder der großen Befreiung, der Aufhebung des Ichs, und es erwacht das Leben der einheitlichen Kraftströmung aus dem bewußten Selbst" (Graber, Bd. 1, S. 171).[2]

Das nachgeburtliche Ich – wie immer es dem Selbst entfremdet sein mag – es speist seine Kraft aus ihm. Unbewußte Anteile im Ich, die –

---

[2] Wir werden bei diesen Worten an Passagen in Dürckheims „Im Zeichen der großen Erfahrung" erinnert. Auch dieser beschreibt ein überwältigendes Streben, wenn den Menschen die Kraft und das Wissen aus dem zentralen Kern berührt. „In der Tiefe unseres Selbstes wirkt ein Agens, das alles, was wir sind, tun oder lassen, formt, übergreift, auswiegt, erneuert und richtet: Die Selbstverwirklichungsspannung des größeren Lebens, so wie es in unserem Wesen verkörpert ist" (Dürckheim 1951, S. 43). Der Mensch kann hier die „große Erfahrung" machen, „daß das eigene Leben im Dasein gespeist und getragen, vorgeformt und gerichtet und zugleich geborgen und aufgehoben ist in der Seinsfülle, Ordnung und Einheit eines größeren Lebens, das unser kleines Leben durchwaltet und übergreift" (Dürckheim 1951, S. 59).

noch – die Botschaften aus dem Selbst empfangen können, sabotieren die „Ich-Identität" auf vielerlei Weise. Graber (Bd. 1, S. 175): „Ob wir es wissen oder nicht, und ob wir uns spöttisch lächelnd abwenden: Wir sind alle fortwährend auf dem Wege zum bewußten Selbst. Das wandelbare Ich, dieses unserem wahren Wesen aufgesetzte Fremde, diese Maja, die wir uns von außen aneigneten, wird zwar immerzu vom Selbst angesogen, aber das Ich dreht und windet sich dauernd in Abwehr und äffischer Nachahmung. Es will seine Existenz nicht preisgeben. Ja, uns will scheinen, daß der Mensch – besonders der westliche – mehr noch auf der Flucht vor seinem Selbst ist als auf der Suche nach ihm."

„Wer aber vom einfältigen, krampfhaften ‚immer strebend sich Bemühen' aus dem Ich-Bewußtsein zum unbewußten Selbst, dem Urquell seines Wesens findet, der wird das Labsal des tausendfältigen und mühelosen Wirkens und Gelingens aus dem wahren Selbst-Bewußtsein erleben. Der Befreite ist seines Selbstes bewußt. Er ist aus der Hülle und Zwiespältigkeit seines Ichs wiedergeboren in sein ureigenes, sein wahres Wesen. Die Einheit der Seele wird ihm zum großen Erlebnis der Selbst-Verwirklichung" (Graber, Bd. 1, S. 177).

Während des ganzen individuellen nachgeburtlichen Lebens bleibe das intrauterine Unbewußte, das „unbewußte Selbst", als innere Erinnerung, die wie eine Quelle uns labe; dies auch durch die errichteten Ich-Barrieren hindurch. Das Ziel höchster Selbstverwirklichung sei nur möglich, wenn die Verbindung zum unbewußten Selbst wieder hergestellt wird. Dies bedeutet aber die psychische Überwindung der Geburts- und Todesangst. Und dazu scheint der Mensch in Not kommen zu müssen, daß er diese zuzulassen beginnt.

Graber entging nicht, daß er mit seiner Rückblendung auf den Ursprung des vorgeburtlichen Lebens und das Geburtstrauma immer wieder schockartige Wirkungen auslöste. Er meinte, daß mit dieser Perspektive die Psychoanalyse nochmals zu entdecken sei und dabei noch heftigere Widerstände zu erwarten seien. Es gehe nicht nur darum, das Wirken und die Dynamik des Unbewußten in der nachgeburtlichen Persönlichkeitsentwicklung aufzuzeigen, sondern um die Anerkennung der großen Bedeutsamkeit jener Urerfahrung des Lebens, des Intrauterindaseins und des Traumas der Geburt – Urerfahrungen, die jeder mache (vgl. Graber, Bd. 1, S. 180).

Konsequenzen für die Psychotherapie

Es gehöre – so Graber – zum zentralen therapeutischen Geschehen, um diese Vorgänge in der Ich-Bildung zu wissen und die Identifikationen zu erkennen, um die Ich-Widerstände überwinden zu können, die sich dem günstigen Ablauf der Behandlung entgegenstellen.

Im Behandlungsverlauf können die verschiedenen Entwicklungs- oder Verwandlungsphasen zurückverfolgt werden, wie zum Beispiel: „Rückzug und Abkehr vom Ich als dem Niederschlag introjizierter Eltern und anderer Objekte, neue Zielsetzung in der Wandlung zum Eigenen, zum Selbst, dann der Widersacher, als Ich-Abwehr erkenntlich, ferner die schwere Aufgabe in der Überwindung des Ich-Widerstandes, dann Harmonisierung vom Selbst aus und schließlich ein neues Verbinden mit der Außenwelt, in die nun nicht mehr nur die introjizierten Objekte projiziert und damit stets auch draußen in derselben ewigen Wiederkehr erlebt werden, sondern mit einer neuen Außenwelt, die nun urtümlich, gleichsam auch aus ihrem Welt-Selbst, erlebt werden kann. So verstehen wir, daß, wenn das unbewußte Selbst in uns erwacht, damit auch die Projektion des Ichs in die Außenwelt aufhört, und folglich auch die Welt als Selbst, als identisch, erlebt werden kann" (Graber, Bd. 1, S. 149).

Die Auflösung entfremdender Identifikationen erfordert eine Strukturlockerung. Regressionsfördernde Methoden können dazu Hilfen sein. In Lebenskrisen wird diese erzwungen. Aber – so mahnt Graber – Erlösung kann nie durch Regression allein erreicht werden (vgl. Graber, Bd. 1, S. 177). Nur mit der Überwindung der unbewußten Urwiderstände könne man in die seelischen Tiefen absteigen, „wo sich die Schranken des Ichs aufzulösen beginnen und wo das Undifferenziert-Chaotische entsteht, aus dem – im Glücksfall – das Wesen, das Leben im bewußten Selbst, erwacht" (Graber, Bd. 1, S. 29).

Erkenntnisse für die Transpersonale Psychologie und Psychotherapie

Von den Definitionen her legt die Transpersonale Psychologie ihr Augenmerk auf die Erforschung der Modi, Zugänge und Erfahrungen von bewußtseinserweiterten Zuständen. Ihr Ziel ist eine „Psychologie des Bewußtseins", sowohl, was die Erkenntnisseite als auch die damit verbundene realitätsverändernde Wirksamkeit betrifft.

Ansätze der Transpersonalen Psychotherapie erwarten mit der Annäherung an das Selbst eine heilende Kraft aus dem Inneren (Voughan 1993), die Verwirklichung des Menschen, wie es im „eigentlichen Selbst" angelegt ist.

Graber verfolgt beide Ziele. Für ersteres fordert er eine Psychologie, die vom Ursprung her denkt und die Realität der Seele anerkennt (Graber,

Bd. 1, S. 63). Die bewußtseinserweiternde Möglichkeit ergäbe sich, wenn die Selbstentfremdungen erkannt und wieder aufgelöst werden können.

In diesem Zusammenhang verweist er auf die Gefahren, die mit der Lockerung von entfremdenden Identifikationen verbunden sind. Dies setze eine psychische Stabilität wie aber auch Regressionsfähigkeit voraus. „Psychisch stabil" bedeutet hier, in sich so gefestigt zu sein, um die nachgeburtlichen Ichbildungen soweit sich auflösen zu lassen, um von der Kraftströmung aus dem eigentlichen (vorgeburtlichen) Selbst getragen zu werden. Für das nachgeburtliche Ich können das Todeserfahrungen sein, das Erleben der eigenen psychischen Auflösung.

Solche Phänomene sind auf dem „Weg zum Selbst" bekannt. Anwärter für Schamanen gehen durch Nahtoderfahrungen, bevor sie ihre seherischen Fähigkeiten erwerben. Auch bei Mystikern wird auf ähnliche Erfahrungen verwiesen. N. D. Walsh und F. Vaughan (1988) oder E. Tolle (2000) u. a. beschreiben seelische Krisenzustände, ehe sie in die Bewußtseinserweiterung bzw. „Jetzt"-Erfahrung kamen.

Grabers Sichtweise läßt den gemeinsamen Nenner solcher Zustände erkennen. Werden „selbst"-entfremdende Ich-Schichten durch gezielte „Wege zum Selbst" oder durch existentiellen Lebenskrisen überwunden, kann ein Jetzt-Bewußtsein als gesamt psychisch-körperliches Erleben erfahren werden. Wenn solche Zustände dem Ziel des Strebens aus unserem eigentlichen Selbst entsprechen, wäre es verständlich, daß von „Rufern" wie Walsh und Vaughan, Tolle und anderen eine Anziehung ausgeht. Der „Ruf aus dem eigenem inneren Selbst" könnte damit in Resonanz kommen und eine Wehmut spürbar werden lassen, ein anderes Ufer zu erahnen, aber selbst – ohne entsprechende Begleitung – keinen Weg dorthin finden zu können.

Es wird aber auch verständlich, warum den Anleitungen, die in solchen Büchern gegeben werden, nur ein bescheidener Erfolg beschieden sein kann. Die „erleuchtende Krise" kam für die „Auserwählten" selbst überraschend. Post festum schöpfen sie aus einem erweiterten Bewußtsein, können aber selbst nicht nachvollziehen, wie sie in diesen Zustand kamen.

Grabers Konzept geht über die Anliegen der Transpersonalen Psychologie hinaus. Ziel der Entwicklung sei ein qualitativ veränderter Bewußtseinszustand, der aus der Dialektik von Wissen aus dem inneren Selbst und Ichbewußtsein hervorgeht, ein „bewußtseins-erleuchtetes Selbst" (Graber, Bd. 1, S. 184). Dieses speist sich energetisch aus dem Selbst und schafft ein dem Ichbewußtsein fremdes ganzheitliches Erleben und Erkennen. Dies ist das Ziel der verschiedenen Ansätze der Transpersonalen Psychotherapie.

Wissen um dieses Ziel bedeutet noch nicht, dieses Ziel auch verkörpert leben zu können. Auch dann nicht, wenn die „einheitliche Kraftströmung aus dem bewußten Selbst" überwältigend erfahren wird. Diese Zustände können meist nur kurz gehalten und im Zusammenhang mit meditativen Zuständen erfahren werden.

Graber erlebte den „Kraftstrom", der von der Ganzheit der Seele in das Leben hinein strahlt. Sein Problem war, dieses Wissen und Erleben im Leben und vor allem in konkreten Beziehungen nicht verankern zu können. Er suchte es zuerst in einem Du, ersetzte es dann aber durch das „bewußten Selbst".[3]

Er suchte danach wie ein Süchtiger. Er spürte ein Drängen zum Gipfel hin, dessen Licht ihn erfüllte. Sein Vorwort zu den Literarischen Schriften schließt er: „Oh! Wie ich ihn liebte und wie ich ihn fürchtete, diesen Gipfel! Wie ich mich sehnte, ewig oben zu stehen! Ach, so sehr, daß das brennende Denken an dieses nahe Ruhen im vollendeten Sein, mich, den großen Narren, schmolz, daß ich (...) den langen, mühsamen Weg noch einmal zu gehen, noch einmal die ganze Lust des Überwindens von Leiden zu genießen. Mein Schaffen war Freude, war stilles Besinnen, war Bekennen, Bewußtwerden, Wachen in göttlicher Kraft, war und blieb Weg zum Gipfel" (Graber, Bd. 4, S. 9f.).

Die Probleme, mit denen Graber rang, sind in der Transpersonalen Psychotherapie bekannt. Es geht darum, das Wissen aus dem eigentlichen Selbst zu „inkarnieren". Dazu braucht es eine entsprechende Begleitung, die um das Selbst weiß und das bewußte Selbst lebt. Diese Begleitung sollte erkennen, welche Widerstände auf dem Weg zum Selbst inszeniert werden und das Streben nach dem „bewußte Selbst" sabotieren.

Eine solche Begleitung hatte Graber nicht; und dies können auch die „Rufer der esoterischen Szene" kaum sein. Östliche Traditionen wissen um das Gut von „Linienhaltern". Es sind Weise, die ihr Erleben und Erkennen aus dem eigentlichen Selbst schöpfen und damit andere in den Zustand des „bewußten Selbst" begleiten können.[4]

Spiritualität als Vermeidung von Beziehung

Spirituelle Zustände können auch Fluchtbewegungen sein. In der Traumatherapie können wir beobachten, daß die Grundstörungsebene oft übersprungen und noch davor liegende „heile Welten" aufgesucht werden. Charakterisiert sind diese durch Einserfahrung und Rettungsvorstellungen (Steiner 1998; weiters die Beiträge von Hochauf und Unfried in diesem Band). Solche Zustände können auch von Bewußtseinserweiterungen be-

---

[3] Vgl. den Beitrag von Eva Eichenberger in diesem Band S. 15–30.
[4] Graber wußte darum. Er veranschaulichte dies in seinem Märchen „Die Sprache des Lebens" (Graber, Bd. 4).

gleitet sein. Die Spiritualität wäre hier eine Abspaltungsposition und ist meist begleitet von einem Rückzug aus der mitmenschlichen Umwelt.

Im Bindungskonzept von Jakel (2004) werden erweiterte Bewußtseinszustände in solchen Positionen verstehbar. Diese können sich aus einer Rückbindung zum „essentiellen Selbst" speisen. Jakel geht vom „bipolaren Selbst" aus. Eine gelungene Selbst-Verkörperung wurzle in einer essentiellen (auf das eigentliche Selbst bezogenen) und interpersonellen Rückbindung. Mißglückt die interpersonelle Bindung, bleibt es einseitig auf das essentielle Selbst rückgebunden. Das Individuum ist gezwungen, Überlebensstrategien durch „selbst"-entfremdende Anpassung an die mitmenschliche Umwelt zu entwickeln (im Sinne Laings „falsche Selbstsysteme"). Es kann damit ein Wissen um sein eigentliches Selbst bewahren und seine Kraft zum Überleben daraus beziehen. Es lebt dieses Ziel aber nicht inkarniert.

In der mystischen Tradition weiß man um diese Fallen. In der Transpersonalen Psychotherapie bzw. in der esoterischen Bewegung sollte diesem Aspekt noch mehr Augenmerk geschenkt werden.

Individueller und kollektiver Weg zum „bewußten Selbst"

Mit dem Weg vom „vorgeburtlichen unbewußten Selbst" zum „bewußten Selbst" wollte G. H. Graber östliches und westliches Entwicklungswissen verbinden. Es gilt, zwei Extreme zu verbinden: Die Introversionslastigkeit des Ostens, die im Selbst aufgehen möchte und das Ich in Frage stellt und die Extroversionslastigkeit des Westens, die die Möglichkeiten des Ichs überbewertet und ihren Ursprung aus den Augen verloren hat. Sein biogenetisches Konzept vom Inkarnationsweg der Seele bietet dazu interessante und weiterführende Perspektiven.

Crisan[5] rät im Umgang mit den Verführungen, die sich aus den beiden Extremen ergeben, sich die evolutionsbiologische Sicht des Ichs zu vergegenwärtigen. Eine kulturelle Dominanz von Introversion oder Extroversion bringt unterschiedliche Wirklichkeitserfahrung mit sich. Die Entwicklung des Ichs ist in der Evolution erst ein „junges Experiment", dessen Ausgang noch nicht absehbar ist. Im Moment ist es dabei, seinen eigenen Biotop zu zerstören.

Grabers Konzept, in den großen Rahmen der Evolution gestellt, entwirft nützliche Perspektiven. Wie sich das „Ich als Widersacher zum Selbst" im Individuellen gebärdet, so erleben wir es kollektiv in einer beängstigenden Arroganz und Destruktion. Die „selbst"-entfremdete kollektive Ichidentität verunsichert, verbreitet Sinnlosigkeit und Resignation. Aber auch

---

[5] Siehe sein Beitrag in diesem Band S. 79–87.

diese kollektive Ichidentität ist unterwegs zum „bewußten Selbst" und wird ebenso vom „Selbst" gelenkt.

Der Zulauf, den östliche Erlösungslehren verzeichnen, könnte eine kreative Nutzung basaler Ressourcen bedeuten. In diesem Sinne käme der Rückbesinnng auf das Entwicklungswissen introvertierter Kulturen bei diesem noch jungen risikoreichen Experiment der Ich-Evolution Überlebenswert zu. Wir dürfen uns kollektiv von derselben weisen Basis begleitet wissen, aus der der einzelne auf seinem Weg zum „bewußten Selbst" seine Lenkung und Kraft bezieht.

Literatur

Dürckheim K (1951) Im Zeichen der großen Erfahrung. O. W. Barth, München
Graber GH (1976) Gesammelte Schriften, Bd. 1-4. Goldmann, München
Hochauf R (1999) Imaginative Psychotherapie bei frühtraumatisierten Patienten. International Journal of Prenatal and Perinatal Psychology and Medicine 11(4): 503-517
Jakel B (2004) Pränatale Wurzeln menschlicher Bezogenheit. In: Janus L (Hrsg.) Pränatale Psychologie und Psychotherapie. Mattes, Heidelberg, S 37-58 (Ergebnisse der Pränatalen Psychologie, Bd. 1)
Steiner J (1998) Orte des seelischen Rückzugs. Pathologische Organisationen bei psychotischen, neurotischen und Borderline-Patienten. Klett-Cotta, Stuttgart
Tolle E (2000) Jetzt! Die Kraft der Gegenwart. Ein Leitfaden zum spirituellen Erwachen. Kamphausen, Bielefeld
Vaughan F (1993) Heilung aus dem Inneren. Rowohlt, Reinbek
Walsh RN, Vaughan F (Hrsg.) (1988) Psychologie in der Wende. Rowohlt, Reinbek
Zimmer H (1944) Der Weg zum Selbst. Rascher, Zürich

◇

Alfons Reiter, A. Univ. Prof. Dr. Mag., Fachbereich Psychologie der Universität Salzburg, Psychoanalytiker, Psychotherapeut, Lehre und Forschung, Publikationen: Klinische Psychologie, Psychoanalyse in ihren Weiterentwicklungen, Humanistische und Transpersonale Psychologie, Pränatale Psychologie, Kunst und Therapie.
Anschrift: Hellbrunner Straße 34, 5020 Salzburg, Österreich
Telefon: [Österreich 0043] (0662) 80445110
Email: alfons.reiter@sbg.ac.at
Internet: www.sbg.ac.at/psy/people/reiter/index.htm

Immer im Keime liegt das Geheimnis, das reift

Leo Prothmann

Ich muß mit einem Geständnis beginnen: Bis zu Beginn dieses Jahres hatte ich keine Ahnung, wer G. H. Graber war. Erst Alfons Reiter machte mich mit ihm bekannt. Er informierte mich von einem geplanten Symposion über Graber und gab mir Kopien seines Buches: „Ursprung, Zwiespalt und Einheit der Seele". Mit diesen Skripten fuhr ich in den Urlaub.

Ich muß auch gestehen, daß mich Themen wie „Geburtstraumata" oder „pränatale Forschungen" nur am Rande interessiert haben. An die eigene Geburt hatte ich keine Erinnerung – also was soll's? Das wären Themen für Kinderärzte und Hebammen, dachte ich.

Meine Abwehr und Verdrängung dieser Thematik wurde mir erst bewußt, als ich bei der Vorbereitung zu diesem Vortrag noch einmal das Buch von Hans Schmid zur Hand nahm: „Jeden gibt's nur einmal". Ich stieß auf folgende Stelle – (das Buch ist 1981 erschienen): „Der jetzt in Bern lebende Psychoanalytiker Dr. G. H. Graber, Begründer der ‚Pränatalen Psychologie', einst verspottet und belächelt wegen dieser ‚Unwissenschaftlichkeit' und erst im hohen Alter auch wissenschaftlich anerkannt ..." Hans Schmid zitiert dann einige markante Thesen von Graber. Ich hatte dieses Buch öfters gelesen und verschenkt, aber diese Stelle offensichtlich überlesen oder verdrängt. Ich kann mir gut vorstellen, daß Analytiker-Kollegen mit diesem Thema ähnlich umgehen.

Mich also traf die Grabersche Botschaft erst auf einer Malediven-Insel. Je mehr ich mich in das Skriptum vertiefte, desto faszinierender waren seine Thesen und Forschungsergebnisse für mich. Jetzt erst fanden sie in mir eine ungeahnte Resonanz. Grabers Aussagen über die Entwicklung der Seele beeindruckten mich. Vieles erinnerte mich an Jungsches Gedankengut. Graber war Psychoanalytiker und entsprechend von Freuds Theorien geprägt. Manchmal hatte ich beim Lesen den Eindruck, er verschweige weitere Hinweise auf Jung, um Analytiker-Kollegen nicht zu vergrämen.

Ich möchte in meinem Vortrag auf einige Übereinstimmungen bei Graber und Jung hinweisen, einige Differenzierungen herausarbeiten und einige Konsequenzen formulieren.

Ich-Auffassung bei Graber und Jung

Graber war davon überzeugt, daß sich der Ursprung der Seele – nach dem Prinzip der Leib-Seele-Einheit – in der befruchteten Eizelle befinde.

Jungsches Gedankengut stimmt öfters mit Graberschem überein, so wenn Jung etwa formuliert: „Die unbewußte Psyche, also zum Beispiel die des Neugeborenen, ist keineswegs ein leeres Nichts ... Wir müssen heutzutage von der Hypothese ausgehen, daß der Mensch insofern keine Ausnahme unter den Geschöpfen darstellt, als er unter allen Umständen, wie jedes Tier, eine präformierte, artgemäße Psyche besitzt. Die spezifische Art liegt schon im Keim" (vgl. Graber, Bd. I, S. 93f).

Graber und Jung unterscheiden sich allerdings in der Einschätzung und Bewertung des Ich. Bei Graber kommt das Ich nicht gut weg. Bei ihm hat der „Ich-Mensch, der Reichtum, Triebbefriedigung und beherrschende Macht auf seiner Fahne flattern läßt, nicht die geringste Ahnung von jenem unendlich kostbaren Reichtum, von jener Glückseligkeit, die alle nur triebbefriedigende Lust verblassen läßt."

Solche Sätze erinnern an mittelalterliche Bußprediger. Der Ich-Mensch ist bei Graber auf seinen Ego-Trip festgelegt. Das wird verständlich, wenn man Grabers enge Definition des Ich berücksichtigt.

Das Ich ist bei ihm „das Produkt oder der Niederschlag von Identifizierungen mit Fremdem". Folgerichtig wird das Ich bei Graber in enge Schranken gewiesen. Sein Ich ist ein bloßes „Fassaden-Ich". Nach Graber erliegt der Mensch der „tragischen Fiktion", daß nach der Geburt das von der Außenwelt abgenommene und aufgenommene Fremde als das eigentlich Seelische gesehen wird. Graber orientierte sich hier offensichtlich an Freud, für den das Ich nur „Repräsentant der Außenwelt" war (vgl. Freud, Das Ich und das Es).

Bei Jung hat das Ich auf der Landkarte der Psyche einen anderen Stellenwert. Er sieht das Ich als Zentrum des Bewußtseins. Auch bei Jung entsteht das Ich aus dem Aufeinanderprallen der körperlichen Begrenzungen des Kindes mit der Realität der Umgebung. Jung orientierte sich zu Beginn noch an den Vorstellungen Freuds und ließ das Ich sich erst im dritten oder vierten Lebensjahr voll entwickeln. Heute sind sich Psychoanalytiker, ob Freudscher oder Jungscher Herkunft, darüber einig, daß „spätestens ab der Geburt eine partielle Organisation der Wahrnehmung, und bereits vor dem Ende des ersten Lebensjahres eine relativ differenzierte Ich-Struktur vorhanden ist " (vgl. Wörterbuch Jungscher Psychologie, Samuels, Shorter u. Plaut 1991, S. 101).

Nach Graber ist in unserer Zeit nichts notwendiger als die Lösung und Erlösung vom Ich, von den Ich-Schranken. Die Parole der Selbstverwirklichung lautet bei Graber: „Weg vom Ich!" Und das heißt, „weg vom Außen, vom Kleben am Geltungsbedürfnis, an Ruhmsucht, Ehrgeiz, Macht- und Besitzhunger".

Wie gesagt, das erinnert an frühere kirchliche Bußprediger mit der Losung: „Abtötung des Ich." Folgerichtig bei dieser Ich-Definition ist auch die Grabersche Auslegung des Märchens vom Froschkönig: Die Prinzessin schmettert den Frosch an die Wand, d. h. das Ich wird zerschlagen und das Selbst dabei erlöst. Oder im Märchen vom Rumpelstilzchen: Wenn das Ich sich wirklich erkennen würde, müßte es sich in Stücke reißen, um dem Ursprünglichen im Menschen, nämlich dem Selbst, Platz zu machen.

In der Analytischen Psychologie ist das Ich die Instanz des Bewußtseins. Das Selbst sorgt für die ganzheitliche Sicht und ist natürlich dem Ich überlegen. Aber auch die Aufgabe des Ich ist wichtig: Nämlich, um die Anforderungen dieser überlegenen Instanz wahrzunehmen, sich ihnen zu stellen und ihnen entweder gerecht zu werden, oder auch, um sie in Frage zu stellen. Ein Jungscher Analytiker gebrauchte das simplifizierende Bild: Es sei wie in einem Konzern: Das Ich sei der Filialleiter und das Selbst die Generaldirektion.

Bei der Selbstwerdung bestehen zwei Gefahren: Wenn sich das Ich-Bewußtsein mit dem Selbst identifiziert, droht eine Inflation. Das Ich löst sich auf. Man diagnostiziert eine Psychose. Die andere Gefahr besteht in der Abschottung des Ich gegen alle Einflüsse des Selbst. Dann wird das Bewußtsein immer enger und eingeschränkter. Der Mensch lebt dann wie in einem zu engen Korsett. Das Leben erstarrt und trocknet aus

In der therapeutischen Praxis sehen wir öfter Patienten, die in der ersten Lebenshälfte mit einer Ich-Schwäche zu kämpfen haben. Das sind Menschen, die an einer Überangepaßtheit leiden. Die eigenen Gefühle und Bedürfnisse müssen um eines äußerlich konfliktfreien, bequemen oder gesicherten Lebens willen unterdrückt oder verdrängt werden. Solche Menschen können zwar äußerlich oft gut funktionieren, gehen jedoch – psychisch gesehen – als Invalide durchs Leben. In der Analytischen Psychologie spricht man deswegen in der Therapie auch von einer „Befreiung *des* Ich". In der zweiten Lebenshälfte hingegen geht es, wenn das Ich zu übermächtig geworden ist und sich zu arrogant gebärdet, um eine „Befreiung *vom* Ich" (vgl. Obrist 1988).

Im Grunde hängt die ganze Entwicklung des Ich und des Ich-Bewußtseins von einer geglückten „Urbeziehung" ab, wie Neumann, einer der bedeutendsten Schüler C. G. Jungs, die frühe Beziehung zwischen Mutter und Kind nennt. Ein „sicheres" Ich hat die Fähigkeit, sich aufzugeben und an das Selbst abzugeben, etwa im Schlaf, in der Gefahr oder im kreativen

Prozeß. Im Gegensatz dazu ist gerade das starre Ich ein unsicheres Ich, das aus Angst an sich festzuhalten versucht.

Selbstwerdung/Individuation bei Graber und Jung

Graber war der Überzeugung, daß wir bei der Selbstwerdung oder Selbstverwirklichung viel von der östlichen Weisheit lernen könnten. „Seit langem schon ergeht aus dem Osten der Ruf an den westlichen Menschen, in sich zu gehen, seinen innersten, göttlichen Kern, sein unbewußtes Selbst zu erwecken."

Den Christen machte Graber den Vorwurf, daß sie sich einer Leidensideologie verschrieben hätten. Das Leiden wirke wie ein Magnet auf viele erlösungsbedürftige Gemüter: „Ein bewußter und mehr noch unbewußter Leidenswille, ja Leidenszwang hat nach und nach die christliche Welt beherrscht. Das Leidtragen und bei Vermessenen sogar das Sich-Leid-zufügen sind als vornehme und sichere Wege zur Erlangung der göttlichen Huld und der Glückseligkeit gepriesen und gepflegt worden. Das Symbol war das Kreuz." Und Graber betont: „Der Weg des Selbst geht in eine andere Richtung."

Das Selbst ist für Graber das „allgemein absolute Unbewußte" – ein Begriff, den er bei Carus entlehnt hat. Dieses Unbewußte entspricht dem Seelenleben des intrauterinen Daseins. Und Graber verweist in diesem Zusammenhang auf das kollektive Unbewußte bei Jung. Graber konzidiert: Bei allem Wissen – „Die Lehre von der wirklichen Seele ist noch kaum geboren. Wir stehen noch am Anfang einer wirklichen Psychologie." Ebenso gesteht Jung in einem Brief von 1935: „Ich habe nie behauptet und glaube auch nicht zu wissen, was das Unbewußte in letzter Linie an und für sich ist. Es ist die unbekannte Region der Seele. Wenn ich von Seele spreche, so bilde ich mir nicht ein, zu wissen, was das in letzter Linie ist und wie weit dieser Begriff reicht" (vgl. Jung 1990, Bd. I).

Beide Forscher sind sich darüber einig, daß es eine Entelechie, ein entelechiales Aufbauprogramm in der menschlichen Urzelle gibt. Nach Jung besteht ein „Drang und Zwang zur Selbstverwirklichung", eine Art Naturgesetzlichkeit und daher von unüberwindlicher Kraft (vgl. Jung 1980, Bd. 9/II, S. 184). Wenn die Psychotherapie dies berücksichtige, dann müsse sie zur Selbstverwirklichung führen. Graber wagt sogar das mißverständliche Wort „Selbsterlösung". Er schränkt es aber gleich ein und meint, „die bewußte Selbsterlösung ist im Leben kaum erreichbar". Auch hier befindet er sich im Gleichklang mit C. G. Jung. Weil die „Selbsterlösung" in diesem Leben nicht erreichbar sei, darum projiziere der Mensch „das entelechial-pränatal erlebte harmonisch-unbewußte Selbst in ein Leben nach dem Tode."

Graber vergleicht den Menschen mit einem Baum. Die Psychologie darf dabei nicht übersehen, daß seine Wurzeln verborgen sind. Aber nur aus seinen Wurzeln ist er lebensfähig. Graber schließt daraus: „Das vorgeburtliche Seelenleben ist und bleibt unser ganzes Leben hindurch biologisch-unbewußt unser seelisches Wurzelwerk, unser unbewußtes Selbst, das fortwährend zur Verwirklichung im bewußten Selbst drängt."

Vor meinem Häuschen habe ich vor etwa 15 Jahren ein paar Birken gepflanzt. Eine von ihnen verdorrte, die Krone welkte mitten im Sommer, nur ein Seitenast blieb grün. Ich schnitt den Stamm bis zur Höhe dieses Astes ab. Und was geschah? Sie würden heute diese Birke nicht wiedererkennen: Der Seitenast bildete den neuen Stamm und es hat sich wieder eine schöne Krone geformt. Die vernarbte Wunde vom alten Stamm ist kaum zu erkennen.

Manchmal führe ich Patienten, die unter schweren Verlusten und Enttäuschungen leiden, zu diesem Baum und zeige ihnen, welche Selbstheilungskraft in der Natur steckt. Und wenn sie für Poesie aufgeschlossen sind, gebe ich ihnen ein kleines Gedicht von Hilde Domin mit:

> *Keine Katze mit sieben Leben,*
> *keine Eidechse*
> *und kein Seestern,*
> *denen das verlorene Glied*
> *nachwächst,*
> *kein zerschnittener Wurm*
> *ist so zäh wie der Mensch,*
> *den man in die Sonne*
> *von Liebe und Hoffnung legt.*
> *Mit den Brandmalen*
> *auf seinem Körper*
> *und den Narben der Wunden*
> *verblaßt ihm die Angst.*
> *Sein entlaubter*
> *Freudenbaum*
> *treibt neue Knospen,*
> *selbst die Rinde des Vertrauens*
> *wächst langsam nach.*

Es ist noch nicht so lange her, daß die allgemeine Meinung vorherrschte, der Fötus entwickle sich im Mutterleib in Sicherheit und Geborgenheit bis zur Geburt. Manchmal klingt das auch bei Graber so ähnlich. Wir wissen aber schon seit längerem, daß das Kind während der Schwangerschaft in ständigem Austausch mit der Mutter lebt, und darum von der emotionalen Einstellung der Mutter abhängig ist, je nachdem, wie es der Mutter gefühlsmäßig geht oder welche grundsätzliche Einstellung sie zu dem werdenden Kind hat. Ist es willkommen oder wird es abgelehnt oder gibt es bei der Mutter widersprüchliche Gefühle? Der Verlust seiner Mutter ist für den Säugling unendlich viel schlimmer als der Verlust der „Nahrungsquelle". Die Trennung von der Mutter ist – bei bester Pflege und bester Nahrung – für den Säugling mit dem Verlust des Lebens identisch. Die Präsenz einer liebevollen aber ungenügend nährenden Mutter wirkt keineswegs im gleichen Maße katastrophal wie die Gegenwart einer lieblosen, aber Nahrung gebenden Mutter.

Dabei ist nach Auffassung Erich Neumanns keinesfalls die „personale" Mutter, also die leibliche Mutter, zum Überleben es Säuglings notwendig. Sie sei mehr oder weniger ersetzbar. Das heißt, nicht das Personal-Individuelle, sondern das archetypisch „Mütterliche" ist das existenznotwendige Fundament für das Leben des Kindes. Es geht um ein mütterliches Milieu, um eine mütterliche Atmosphäre, die nährt, schützt und wärmt. Das sei die Basis der physischen wie der psychischen Existenz.

Durch den Irrglauben, daß die kindliche Seele bei der Geburt wie eine tabula rasa erscheine, ergaben sich jahrelang die wahrscheinlich schlimmen Folgen einer unzureichenden Betreuung von Mutter und Kind während und nach der Geburt. Das Fortreißen des Neugeborenen von seiner Mutter war lange Zeit durchaus üblich. Ein Katzenjunges, das bei und nach der Geburt von seiner Mutter nicht geleckt wird, ist selten lebensfähig. Das Menschenjunge überlebt in den meisten Fällen die allgemeine Gleichgültigkeit. Wenn die Hände der Mutter es nicht in Empfang nehmen, nicht streicheln, nicht massieren, dann kann der magnetische Strom der Liebe nicht überspringen.

Die Autorin Christiane Singer glaubt, jene würdelos begrüßten Kinder später überall auf den ersten Blick erkennen zu können. Es seien Menschen, deren Gefühle abgespalten sind. Es seien Bürokraten, die imstande sind, ohne Emotionen Fauna und Flora, Meere und Wälder zu zerstören; Männer, die Kriege anzetteln und ausführen. Und sie meint, „lebendig sind sie nur in dem Maße, wie es erforderlich ist, um in einem Einwohnermeldeamtsformular oder auf Wahlkreislisten geführt zu werden" (Singer 1996). Zwischen ihnen und dem Leben sei der Funke der Liebe nicht übergesprungen.

Aus meiner Erfahrung als Therapeut glaube ich nicht, daß ein Geburtstrauma genügt, um aus einem Menschenkind einen Zombie oder seelenlosen Bürokraten zu machen. Dazu muß einiges mehr kommen: Eine rigide Erziehung und Dressur oder andere schlimme Erlebnisse. Ich glaube vielmehr, daß es in jedem Menschen einen unzerstörbaren Kern gibt, den auch die grausamsten Erfahrungen substantiell nicht schädigen können.

Spätestens seit Leboyer wissen wir (wieder), daß ein Kind auch im Spital nicht unbedingt in eine institutionalisierte Gleichültigkeit hineingeboren werden muß. Hebammen wußten oder ahnten es schon immer. In einem Abschlußbericht eines Universitätslehrgangs für Führungskräfte im Gesundheitswesen an der Universität Salzburg schreiben drei Teilnehmerinnen: „Ende der siebziger und Anfang der achtziger Jahre des abgelaufenen Jahrhunderts wurden die Kreißsäle in einer bis dahin undenkbaren Weise geöffnet. Das Umfeld der Gebärenden im Kreißsaal wurde wesentlich verändert: Kleinere, abgeschlossene Gebärzimmer oder Kojen berücksichtigen das Bedürfnis nach Intimität. Nach der Entbindung wird auf den sofortigen Körperkontakt zwischen Mutter und Kind geachtet" (vgl. Gruppenarbeit im Fach „wissenschaftliches Arbeiten", Juni 2001).

In der Zeitschrift GEO (Juni 2004) wird von einem „Touch-Research-Institute" in Florida berichtet (einem Institut zur Erforschung und Anwendung von Berührungen), welche Erfahrungen man mit Frühgeborenen gemacht hat. Dort heißt es: „Im Brutkasten, einem der einsamsten Orte der Welt, holen Frühgeborene ihren Reiferückstand früher auf, wenn sie täglich dreimal gestreichelt werden. Diese Gestreichelten können bis zu sechs Tage früher nach Hause entlassen werden als nicht gestreichelte Babies. Aus Vergleichen mit unmassierten Kontrollgruppen weiß man, daß gestreichelte Säuglinge um 47% schneller zunehmen, ohne Extrakost zu bekommen. Sie sind aktiver, ausgeglichener, reagieren wacher auf ihre Umgebung, weinen seltener und schlafen besser. Nebeneffekt: Die Kosten der Klinik haben sich pro massiertem Baby um dreitausend Dollar gesenkt. Wegen der gestiegenen Krankenhaussätze würden die Einsparungen für jeden Säugling heute bei zehntausend Dollar liegen."

Übrigens ist das Tastempfinden eines Fötus bereits in der sechsten Woche nach der Zeugung entwickelt, während Augen und Ohren noch fehlen. Erich Neumann (1980) weist daraufhin, daß der Mangel an in der Kindheit erlebtem Körperkontakt später zu einer Übersexualisierung führen könne. Die Sehnsucht nach zwischenmenschlichem Kontakt bestehe dann beim Erwachsenen häufig mehr oder weniger allein im sexuellen Kontakt.

Warum hat es solche Folgen, wie ein Neugeborenes in unserer Welt empfangen wird? Eine Grabersche Antwort: Weil die Psyche des Kindes einer Goldwaage gleiche. Ein einziges Staubkorn in der Schale bringe sie bereits aus dem Gleichgewicht. Während die Psyche des Erwachsenen dagegen einer verrosteten Krämerwaage gleiche. Hier brauche es schwere Gewichte, um die Waage spielen zu lassen. Sie habe durch den Rost ihre Beweglichkeit eingebüßt.

Im allgemeinen haben wir keine Erinnerung an unsere eigene Geburt. Ich selbst kam bei einer Hausgeburt zur Welt, wie die meisten meiner Geschwister. Und ich konnte auch bei meiner Analyse keine traumatischen Erlebnisse ins Bewußtsein bringen. Meine Mutter war bei meiner Geburt angeblich entsetzt, weil ihr viertes Kind schon wieder ein Junge war. (Das hatte natürlich auch Folgen – aber die gehören nicht zu diesem Thema).

Vor einigen Wochen erzählte mir ein Klient, Mitte 50, von einem Traum: Er sei schreiend aufgewacht, und auf die erschreckte Frage seiner Frau, was denn los sei, habe er spontan geantwortet: „Ich wehre mich gegen meine Abtreibung." Er hatte sonst keine Erinnerung an Einzelheiten im Traum, aber er wußte, es sei um Leben und Tod gegangen. Dieser Klient ist nach dem Krieg geboren. Seine Mutter hatte eine Liebesbeziehung mit einem französischen Besatzungssoldaten. Sie wurde deswegen von der eigenen Familie und der ganzen Verwandtschaft geächtet. Später blieb ein Satz seiner Mutter in seinem Gedächtnis haften: „Du bist die Schande meines Lebens." – Dieser Mann hat eine beachtliche berufliche Karriere gemacht. Mit der Mutter hat er keinen Kontakt – sie verweigert bis heute jede Auskunft über den leiblichen Vater. Der Klient ist in einem katholischen Milieu aufgewachsen. Das war mit seiner rigiden Sexualmoral natürlich ein Abtreibungsmilieu.

Ein Wort zur Abtreibung: Ein Politiker hat ja dieses Thema in Salzburg wieder entfacht. Als Mann fühle ich mich dafür weniger zuständig, deshalb berufe ich mich auf eine Kollegin: Irene Claremont des Castillejo. Sie lebte als Mutter von vier Kindern viele Jahre in Spanien und emigrierte 1936 nach Frankreich, später nach London. Dort arbeitete sie als Jungsche Analytikerin bis zu ihrem Tode. Aufgrund ihrer jahrelangen Erfahrungen kam sie immer mehr zur Überzeugung, daß die negativen Folgen einer Abtreibung bei den Frauen nicht auf dieser Entscheidung beruhen, sondern auf den künstlich herbeigeführten, schweren Schuldgefühlen, die durch die Abtreibungsgesetze hergestellt wurden. Castillejo schreibt: „Abtreibungen sind seit urdenklichen Zeiten von Frauen vorgenommen worden." Diese Möglichkeit sei in einer tiefen Schicht der weiblichen Psyche vorgesehen. – Und wenn man Castillejo gelesen hat, weiß man, daß sie bei Gott keine Frau ist, die einer leichtfertigen Abtreibung das Wort redet (Castillejo 1993).

Zurück zu unserem Thema. Entscheidend für das gesunde körperliche und seelische Wachstum des werdenden Kindes ist, wie es der Mutter in den neun Monaten der Schwangerschaft geht. Dazu ein anderes Beispiel:

Ein befreundetes Ehepaar hatte vor einigen Jahren ständig Probleme mit dem pubertierenden Sohn. Nachdem das Erwachsenwerden der anderen Kinder, eines weiteren Sohnes und einer Tochter, ohne große Probleme vonstatten gegangen war, waren die Eltern sehr schockiert über das Verhalten ihres Jüngsten. Er provozierte in der Tat seine Eltern über alle Maßen – damals auch für mich völlig unverständlich. Erst als er seinen Zivildienst absolvierte, veränderte sich sein Verhalten. Er war wie ausgewechselt.

Vor einigen Monaten kam ich mit der Mutter noch einmal darauf zu sprechen. Sie erzählte mir, daß die Ärzte zugleich mit der Schwangerschaft dieses Kindes eine Krebserkrankung bei ihr diagnostiziert hatten. Sie hätten ihr gesagt, in diesem Fall könne zu jeder Zeit abgetrieben werden – ob im 3., im 5. oder im 7. Monat. – Wie sollte dieses Kind die Ängste seiner Mutter nicht mitbekommen haben? Und könnte es nicht sein, daß die Pubertät eine Art Aufarbeitung für den jüngsten Sohn und zugleich ein Test für die Eltern war: Was kann ich alles anstellen, was darf ich mir alles erlauben, ehe ich aus dem Haus getrieben werde? Oder: Wenn ich in euren Augen unerträglich bin – bleibe ich dennoch euer Sohn? Diese Überlegungen machten es den Eltern leichter, die „schlimmen" Jahre ihres Jüngsten besser zu verstehen.

Was den Umgang mit Schwangeren und mit der Schwangerschaft an sich betrifft, so könnten wir einiges von der „Weisheit Afrikas" lernen. Malidoma Some schreibt im gleichnamigen Buch (Some 2001):

„In unserem Dorf herrscht helle Aufregung, wenn sich herumspricht, daß eine Frau schwanger ist. Jeder fragt sich dann: Warum wird uns dieses neue Lebewesen gerade in diesem Augenblick geschickt? Welche Eigenschaften wird es haben, die unsere Gemeinschaft braucht?"

Es wird dann ein spezielles Ritual veranstaltet, um diese Fragen zu beantworten. Erfahrene Schamanen begeben sich zu der Schwangeren und versetzen sie in Hypnose. Sie nehmen Kontakt mit dem Fötus auf und fragen ihn, warum er in diese verkorkste Welt kommt und was er hier will. Aus den Antworten – aus dem Mund der Mutter – kristallisiert sich dann eine Art Lebensziel für das neue Wesen. So besitzt die Gemeinschaft, die ein Neugeborenes in ihren Reihen willkommen heißt, schon eine gewisse Vorstellung vom Lebensziel des Kindes. Und auch der Name wird entsprechend diesem Lebensziel ausgesucht. Für diese Menschen ist es wichtig daß schon vor der Geburt die Lebens-Aufgabe, die Berufung der Seele entdeckt wird.

Einen ähnlichen Gedanken drückt Brian Swimme aus, ein indianischer Physiker und Mystiker, Universitätsprofessor in Kalifornien:

„Manchmal denke ich, die wichtigste Aufgabe für Eltern ist es, die Schönheit und Anmut der Kinder zu entdecken. Kinder sind herrlich, so wundervoll, daß es einem die Worte raubt. Sie selbst haben keine Ahnung davon, welche Schönheit sie verkörpern." Und er fragt: „Spürst du die Tragik eines Kindes, wenn niemand da ist, der seine Schönheit spürt und beschützt? Niemand, der sich in ein so großartiges Geschöpf verliebt? Niemand, der seine Herrlichkeit feiert...?" (Swimme 1991)

Graber kommt öfter auf seinen Kerngedanken zurück: Wenn das ausgereifte Kind zur Welt kommt, ist es „fertig". Dem kleinen Körper fehlt nichts.

Hans Schmid formulierte diesen Gedanken so: „Der Mensch ist fertig im Augenblick seiner Geburt – er muß es nur noch werden." Bei diesem Werden ist entscheidend, wie der Start in dieses Leben, oder, um mit Neumann zu sprechen, ob die „Urbeziehung" glückt.

Erich Fromm sagt einmal in der „Kunst des Liebens" (Fromm 1980), daß die Mutter ihrem Kind Milch und Honig geben soll. Er nimmt diese biblische Metapher vom Gelobten Land, das beschrieben wird als ein Land, „das von Milch und Honig fließt". Milch sei das Symbol für das Lebensnotwendige, ein Dach über dem Kopf, Nahrung und angemessene Kleidung. Honig stehe für die Süße des Lebens, für das, was das Leben erst lebenswert macht. Das sind die Blumen auf dem Tisch, die Bilder an der Wand, der Teppich, die Musik, die Zärtlichkeit usw. Eigentlich das Überflüssige, der Luxus, wenn Sie so wollen. Und Fromm meint, die meisten Mütter seien nur Milchlieferanten, weil es, um Milch zu geben, nur eine gute Mutter braucht. Um Milch *und* Honig zu geben, braucht es eine glückliche Mutter. Eine glückliche Mutter ist eine zufriedene Mutter, eine Mutter, die das Leben liebt; die sich nicht aufopfert und verausgabt, sondern auch etwas für sich tut. Natürlich gilt das auch für die Väter, für die Therapeuten, für die Ärzte, die Hebammen usw. Wir sollten, wenigstens von Zeit zu Zeit, auch Honig liefern können. Jedenfalls gilt: „Die Liebe der Mutter zum Leben ist ebenso ansteckend wie ihre Angst."

Für uns als Erwachsene ist die Grabersche Frage bedeutsam: „Warum sind wir alle seelisch noch nicht wirklich geboren?" Ein Gedanke, den auch Erich Fromm ausgesprochen hat. In seinem Aufsatz über „Die psychische Entwicklung des Menschen" sagt er: „Die Geburt ist nicht ein augenblickliches Ereignis, sondern ein dauernder Vorgang. Das Ziel des Lebens ist es, ganz geboren zu werden, und seine Tragödie, daß die meisten von uns sterben, bevor sie ganz geboren sind. Zu leben bedeutet, jede Minute geboren zu werden. Der Tod tritt ein, wenn die Geburt aufhört." Und Fromm meint, physiologisch gesehen, befände sich unser Zellsystem in einer fortwährenden Geburt, aber psychologisch gesehen höre die Geburt der meisten von uns an einem bestimmten Punkt auf. Nach Fromm gibt es viele „Totgeburten" – sie leben nur noch physiologisch weiter.

Aber das ist nun kein tröstlicher Schlußgedanke. Vielleicht finden wir bei Dichtern und Schriftstellern mehr Trost.

Der englische Schriftsteller W. H. Auden relativiert unsere Trauma-Theorien: „Die sogenannte traumatische Erfahrung ist kein Mißgeschick, sondern die Gelegenheit, auf die das Kind zum Teil gewartet hat – wäre es nicht geschehen, dann hätte es eine andere, ebenso triviale gefunden –, um eine Notwendigkeit und eine Richtung für seine Existenz zu finden, damit aus seinem Leben eine ernsthafte Angelegenheit werden kann" (Auden 1996).

Und Frank McCourt beginnt seinen Lebensroman „Die Asche meiner Mutter" folgendermaßen: „Natürlich hatte ich eine unglückliche Kindheit, eine glückliche Kindheit lohnt sich ja kaum. Schlimmer als die normale unglückliche Kindheit ist die unglückliche irische Kindheit, und noch schlimmer ist die unglückliche irische katholische Kindheit" (McCourt 1996). – Also, wenn Sie Trost brauchen, lesen Sie diesen Roman. Bei aller Tragik findet man darin viel Güte und Humor.

Ich fand den Titel zu meinem Thema beim steirischen Dichter Alois Hergouth: „Immer im Keime liegt das Geheimnis, das reift" (Hergouth 2002). Ich darf Ihnen zum Abschluß das ganze Gedicht zitieren:

> Das Gute
>
> *ist immer von Grund auf gut*
> *Es wächst im Geringen*
> *Sein Paradies ist das Kleine*
> *Alltägliche*
> *Immer im Keime*
> *liegt das Geheimnis, das reift*
>
> *Das Gute*
> *sucht nicht den Himmel*
> *bevor es die Erde gepflügt hat*
> *Es bricht nicht die Frucht*
> *bevor es den Samen bewahrt hat –*
> *Immer daheim ist das Gute*
> *wo es auch sei*
> *und immer sich selber genug*
>
> *Denn es weiß:*
> *Nicht bei den Sternen wird Lohn –*
> *Lohn ist*
> *zu leben*
> *Mit jeder Sekunde*
> *verschenkt sich die Ewigket*
> *Mit jedem Schritt*

gräbt sich die Spur ins Unendliche

Nicht zu entsagen – zu lieben
sich ganz zu verschwenden
ist alles vom Grund auf

Immer ist Freude
der innigste Trost

Literatur

Auden WH, zit. nach Hillman J (1996) Charakter und Bestimmung. Goldmann, München
Castillejo de IC (1993) Die Töchter der Penelope. dtv, München
Domin H (1987) Gedichte. Fischer, Frankfurt
Fromm E (1980) Gesamtausgabe Bd. 6 und 9. DVA
GEO-Heft Juni 2004
Graber GH (1975) Ursprung, Zwiespalt und Einheit der Seele. Goldmann, München
Graber GH (Hrsg.) (1974) Pränatale Psychologie. Kindler, München
Hergouth A (2002) Vor meinem Fenster singen Verse. Weishaupt Verlag, Gnas
Jung CG (1980) GW Bd. 9/I und II. Walter Verlag, Olten
Jung CG (1990) Briefe I–III. Walter Verlag, Olten
McCourt F (1996) Die Asche meiner Mutter. Luchterhand, München
Neumann E (1980) Das Kind. Bonz, Fellbach
Obrist W (1988) Neues Bewußtsein und Religiosität. Walter Verlag, Olten
Schmid H (1981) Jeden gibt's nur einmal. Kreuz-Verlag, Stuttgart Berlin
Singer C (1996) Zeiten des Lebens. Literareon im Herbert Utz Verlag, München
Some M (2001) Die Weisheit Afrikas. Verlag Diederichs, München
Some S (2002) Die Gabe des Glücks. Orlanda Frauenverlag, Berlin
Swimme B (1991) Das Universum ist ein grüner Drache. Claudius Verlag, München
Verny T, Kelly J (1991) Das Seelenleben des Ungeborenen. Ullstein, Frankfurt
Samuels A, Shorter B, Plaut F (Hrsg.) (1991) Wörterbuch Jungscher Psychologie. dtv, München

◇

Leo Prothmann, Dr. phil. L.P., studierte Philosophie und Theologie in Bayern und Psychologie in Salzburg. Ausbildung zum Analytiker in Analytischer Psychologie in München und Zürich.
Anschrift: Almgasse 7, 5020 Salzburg, Österreich
Telefon: [Österreich 0043] (0662) 829513
Email: leo.prothmann@aon.at

Auf dem Weg zu einer Psychologie des Bewußtseins

Wilfried Belschner

> Wenn das Zufällige und Ungefähre
> verstummte und das nachbarliche Lachen,
> wenn das Geräusch, das meine Sinne machen,
> mich nicht so sehr verhinderte am Wachen –
> dann könnte ich in einem tausendfachen
> Gedanken bis an deinen Rand dich denken
> und dich besitzen (nur ein Lächeln lang),
> um dich an alles Leben zu verschenken wie einen Dank.
> Wir bauen Bilder vor dir auf wie Wände;
> so daß schon tausend Mauern um dich stehn,
> denn dich verhüllen unsre frommen Hände,
> sooft dich unsre Herzen offen sehn.
> Alle, welche dich suchen, versuchen dich.
> Und die, die dich finden, binden dich
> an Bild und Gebärde.
>
> *Rainer Maria Rilke* (Stundenbuch)

Die Botschaft Gustav Hans Grabers (1893–1982)

Welche Botschaft finden wir im Werk von Gustav Hans Graber? Ich will sie aus meiner Sicht mit einigen Sätzen skizzieren. Er geht von einer ursprünglichen Ganzheit der Seele aus. Diese Ganzheit bezeichnet er als das „unbewußte vorgeburtliche Selbst". Spätestens mit der Geburt tritt dieses Selbst in einen Austausch mit der Kultur, in die es hineingeboren wird, und es erfolgt die „nachgeburtliche Strukturierung unseres Trieb- und Seelenlebens". Indem sich das Selbst mit einer vorherrschend dual organisierten Kultur auseinander setzen muß, gerät die Seele in einen Zwiespalt und es bildet sich das Ich als eine eigenständige Funktion aus. Mit der Ich-Entwicklung ist eine wichtige Folge verbunden: „Der Mensch erliegt derart der tragischen Fiktion, das nachgeburtlich von der Außenwelt durch Identifikation ins Ich aufgenommene Fremde als das eigentlich Seelische, d. h. das Ichhafte als das Wesentliche zu erleben, während das wahre Wesen im unbewußten Selbst auf Erweckung harrt."

Entsprechend der hier verwendeten Metapher der Auftrennung der ursprünglichen Einheit in Ich und Selbst können wir erschließen, daß die seelischen Kräfte darauf gerichtet sein werden, die „harmonische Ganzheit des Seelischen, die mit der Geburt und der Bildung des Ich gestört wurde", wiederherzustellen. Diese Wiederherstellung soll jedoch auf einer „höheren Daseinsstufe der Bewußtheit, nämlich einem über das bloße Ich-Bewußtsein hinausgehenden Selbst-Bewußtsein" erfolgen.

Grabers Aussagen interpretiere ich als eine Botschaft und einen Auftrag, daß eine Psychologie des Bewußtseins zu entwerfen ist. Ich will Ihnen hier einen ersten Zugang dazu vorstellen.

Wozu brauchen wir eine Psychologie des Bewußtseins?

Davor ist noch die Frage zu stellen: Wozu brauchen wir eine Psychologie des Bewußtseins? Wodurch könnte der Auftrag, eine Psychologie des Bewußtseins zu entwickeln, motiviert werden? Ich will eine sehr einfache Antwort hier anführen:

Wir alle erhoffen uns eine gerechte, friedliche und lebenswerte Welt. Wir wünschen uns eine Welt, in der das Schreckliche und Grausame, das Destruktive nicht dominant ist. In der Bildenden Kunst finden sich viele Beispiele dieser Hoffnungswelt, in der solche Qualitäten wie Harmonie, Freude, Spiel, Gelassenheit, Wildheit oder Friede ausgedrückt werden.

Wenn wir diese erhoffte Welt vergleichen mit der aktuellen globalen Wirklichkeit, wie wir sie aus den Medien kennen, dann erleben wir eine starke Dissonanz. Wie könnte diese Dissonanz zumindest reduziert werden? Wie könnte ein baldiger Wandel in Richtung unserer Utopien herbeigeführt werden? Als Antwort auf diese Frage zitiere ich Mira Alfassa. Sie entwarf zusammen mit dem indischen Philosophen Aurobindo die Utopie der Zukunftsstadt Auroville in Südindien (Alain 2000). Aurobindo und Mira Alfassa gehören für mich zu den bedeutendsten Erforschern des Bewußtseins in der bisherigen Menschheitsgeschichte (Aurobindo 1957; Mira Alfassa 2001).

„For thousands of years we have been developing outer means, outer instruments, outer techniques for living – and in the end those means and techniques are crushing us. The sign of the new humanity is a reversal of outlook and the understanding that inner means, inner knowledge and inner techniques can change the world and master it without crushing it" (Mira Alfassa, genannt Die Mutter).

Auch hier finden wir den Gedanken, daß das menschliche Bewußtsein sich in zweifacher Weise weiter entwickeln muß, damit die Menschheit eine glaubwürdige Chance zum Überleben erhält:

1. Wir müssen alle Anstrengungen unternehmen, um fördernde Voraussetzungen für eine Bewußtseinsbildung auf der Ebene der individuellen Biographie zu schaffen. Und:
2. Wir müssen alle Anstrengungen unternehmen, um fördernde Voraussetzungen auf der Ebene der Bewußtseinskultur und der kollektiven Evolution des Bewußtseins zu schaffen.

Die Sehnsucht nach Ganzheit – die Frage nach der Ganzheit des Menschen

Meine erste These lautet nun (Anm. 1):

Die Psychologie als Wissenschaft und die Psychotherapie als eine ihrer Anwendungen befassen sich mit der Sehnsucht nach Ganzheit. Wir sind Ganzheit und wir sind angelegt auf Ganzheit.

Unser Leben ist ein Projekt, das von dem Versuch handelt, die Ganzheit in einem irdischen Leben zu manifestieren / zu realisieren. Dieses Projekt kann gelingen oder auch scheitern. In dieser Spannung von Möglichkeit und Realisation, von gelebtem und ungelebtem Leben (von Weizsäcker 1973) existieren wir.

Die jeweilige Kultur, in der wir epochal leben, macht Vorschläge für die jeweils zeitgemäße Ausformung von etwas, das in ihr als „Ganzheit" betrachtet wird. Diese „kulturelle Ganzheit" muß nicht mit der Ganzheit, die wir sind, übereinstimmen. Wir können insofern von einem „Unbehagen in der Kultur" (Freud 1930) sprechen. Unter den Bedingungen des kulturellen Alltags formen wir uns dann eher als eingeschränkte Vernunftwesen / Gierwesen / Machtwesen / narzißtische Körperwesen etc. aus.

Die Sehnsucht nach Ganzheit ist in uns jedoch organismisch verankert. Wir können sie spüren – aber wir müssen dafür ein Sensorium entwickeln. Dies gelingt meist dann, wenn wir den Lärm des Alltags verringern, wenn wir in die Stille gelangen. Dazu wurde die Vielzahl der Methoden der Entspannung (z. B. progressive Muskelentspannung nach E. Jacobson (1938; Fliegel et al. 1981), des Autogenes Trainings nach I. H. Schultz (1935, 1980), der Meditation (z. B. Zen-Meditation oder Kontemplation; Engel 1999; Jäger 2000), der spirituellen Wege (Martin 1985) usw. entwickelt.

Ich stelle deshalb die Frage:

Wodurch wird der Mensch ganz?

Meine Antwort lautet: Der Mensch wird ganz, seine „Seele wird heil", unter einer dreifachen Bedingung:

1. Er wird ganz, indem er das gesamte Spektrum des Bewußtseins-Potentials des Menschseins erkennen und erfahren kann.
2. Er wird ganz, indem die Kultur, der ein Mensch angehört, dieses gesamte Spektrum der Bewußtseinszustände der wesensgemäßen Ausstattung des Menschen zurechnet und damit als normal anerkennt.
3. Er wird ganz, indem wir uns als Menschen – und in besonderem Maße als Professionelle – in dieses gesamte Spektrum der Bewußtseinszustände als (professionelle) Kompetenz hinein entwickeln und einzelne Bewußtseinszustände differenzieren können.

Im Kontrast zu dieser Antwort lautet die zweite These für diesen Beitrag:

– Es mangelt uns in der jetzigen Epoche an der Kompetenz für eine ganzheitliche Bewußtseinserfahrung und
– es mangelt an der kulturellen Anerkennung des humanen Potentials zur Bewußtseinsentwicklung.

Daraus ergibt sich eine dreifache Aufforderung für das zukünftige professionelle Handeln: nämlich, daß wir als Professionelle lernen,

1. das gesamte Spektrum der Bewußtseinszustände aus eigener Erfahrung zu kennen,
2. zwischen verschiedenen Bewußtseinszuständen differenzieren zu können,
3. bei uns selbst als Professionellen gezielt bestimmte Bewußtseinszustände im Prozeß des Handelns induzieren zu können.

Diese zweite These und die Antworten darauf will ich nun weiter entfalten. Dies soll nicht nur auf kognitive Weise erfolgen, sondern ich möchte einige Aussagen auch erfahrbar werden lassen. Dazu werde ich Sie zu kleinen Experimenten einladen.

Das Alltags-Wachbewußtsein als kulturelle Norm

Beginnen wir bei unseren Überlegungen mit der Frage nach dem Ist-Zustand der Bewußtseinsentwicklung in unserer derzeitigen Kultur. Dieser Ist-Zustand läßt sich dahingehend beschreiben, daß wir uns in unserem privaten und beruflichen Alltag in einem kulturspezifischen Bewußtseinszustand „bequem" und „gemütlich" eingerichtet haben: dem des Alltags-Wachbewußtseins (Scharfetter 1997; zur Unterscheidung der verschiedenen Bewußtsein-Modelle siehe die exzellente Analyse bei Laucken 2003,

S. 298ff.). Mit diesem Begriff wird ein Bewußtseinszustand bezeichnet, in dem Sie sich vermutlich jetzt im Augenblick beim Zuhören befinden. Den Bewußtseinszustand des wachen Gewahrseins seiner selbst erleben wir als sehr vertraut, als gegeben, als natürlich, als mühelos, als normal, als selbstverständlich – sogar als so selbstverständlich, daß ihm in der derzeitigen Mainstream-Kultur geradezu ein Monopol zugesprochen wird.

Wodurch zeichnet sich das Alltags-Wachbewußtsein aus? Es sind vor allem fünf Kriterien, die zu seiner Bestimmung herangezogen werden können.

(1) der dreidimensionale Raum
(2) die lineare Zeit
(3) die Subjekt-Objekt-Trennung
(4) die lokale Kausalität
(5) die konsistente Ich-Organisation

Diese fünf Kriterien sind für die Beschreibung des Alltags-Wachbewußtseins erforderlich. Mit ihrer Hilfe konstruieren wir unsere ganz alltägliche Wirklichkeit, – die Wirklichkeit, in der wir uns (in der Regel) ganz vertraut und selbstverständlich bewegen. Sie sind uns so selbstverständlich geworden, daß wir sie – als den tragenden Grund unserer Lebenswelt – gar nicht mehr bemerken. Und im Gegensatz dazu gilt auch: Alle psychischen Vorgänge und Zustände, die diese Kriterien nicht erfüllen, beurteilen wir als unnormal, abweichend, pathologisch, krank oder gestört.

Ich will die besagten Kriterien zur Konstruktion der alltäglichen Wirklichkeit kurz erläutern.

(1) *Der dreidimensionale Raum:*
Seit unserer frühesten Kindheit werden wir hineinsozialisiert in eine Wirklichkeit, in der es drei Dimensionen gibt: Länge, Breite und Höhe. Zu dieser Vorgabe für die Wahrnehmung des Raumes gibt es in unserem Erleben keine Ausnahme. Wir nehmen an, daß das, was „wirklich" ist, sich in diesen drei Dimensionen des Raumes beschreiben läßt. Wir leben somit in einer alltäglichen Wirklichkeit, in der die Erfahrung des dreidimensionalen Raums als Norm absolut und ausnahmslos gültig ist. Die Aussage, ein (dieser) Raum habe fünf Dimensionen, würde von Ihnen sofort und eindeutig nicht nur als falsch, sondern als absurd zurückgewiesen werden. Eine Person, die wiederholt und öffentlich behaupten würde, ein (dieser) Raum sei fünfdimensional, würde sehr schnell mit scharfen Sanktionen belegt werden: sie würde mit Sicherheit als gestört, krank oder psychopathologisch diagnostiziert werden.

(2) *Die Linearität der Zeit:*
In unserer alltäglichen Wirklichkeit erleben wir die Zeit als einen Strahl, der eindeutig und unumkehrbar in eine bestimmte Richtung fließt. Der Zeitpfeil ist ausschließlich von der Vergangenheit über die Gegenwart in die Zukunft gerichtet. Wir leben somit in einer Wirklichkeit, in der die Erfahrung der linearen Zeit als kulturelle Norm uneingeschränkt gültig ist.

(3) *Die Subjekt-Objekt-Trennung:*
Wir leben in einer Wirklichkeit, in der die Erfahrung der Trennung von Subjekt und Objekt als kulturelle Norm gültig ist. Wir erfahren uns beispielsweise als in einem Körper befindlich,
 - der uns und nur uns zugehörig ist,
 - der definierte Ausmaße in dem dreidimensionalen Raum aufweist und
 - der mit allen anderen belebten und unbelebten Objekten in einem Raum nicht verbunden ist.

(4) *Die lokale Kausalität:*
Wir verfügen über einen empirisch (und wissenschaftlich) gesicherten Fundus von Annahmen, wodurch ein Geschehen bewirkt wird. Wir nehmen an, daß sich ein Geschehen nach den als logisch und rational anerkannten Regeln und („Natur"-)Gesetzen vollzieht, die in der westlichen Kultur gültig sind. Die Lageveränderung eines Gegenstandes G von dem Ort A hin zum Ort B wird zum Beispiel dadurch „rational" erklärt, daß ich auf das Objekt eine Kraft mit einer bestimmten Größe in einem bestimmten Winkel für eine bestimmte Zeitdauer einwirken lasse. Wenn wir einen Vorgang unter möglichst genauer Angabe der lokalen Bedingungen beschreiben können, dann sagen wir, wir können den Vorgang kausal erklären.

(5) *Die konsistente Ich-Organisation:*
Damit ich mich als abgetrennt von allem anderen wahrnehmen kann, muß ich mich selbst als ein gesondertes, individuelles und in sich kohärentes Zentrum wahrnehmen können. Dieses Zentrum muß sich, um den Anforderungen der westlichen Kulturen entsprechen zu können, als Zentrum des spezifischen individuellen Fühlens, Denkens und Handelns wahrnehmen können. Es wird weiterhin gefordert, daß es in der Lage ist, die Prozesse des Fühlens, Denkens und Handelns zeitstabil zu steuern und zu regulieren, das heißt, es muß all diese Prozesse in konsistenter Weise wirkungsvoll kontrollieren können.

Aus diesen fünf Kriterien leiten sich drei wichtige Folgerungen ab.

(1) Alles, was innerhalb der Vorgaben dieser fünf Kriterien geschieht, „ist" für uns normal. Es gilt für uns als „real". Wir brauchen auch über

die Gültigkeit dieser Kriterien gar nicht nachzudenken. Wir erleben diese Wirklichkeit als von vornherein gegeben. Wir erfahren sie als quasi immer schon vorhanden. Wir erleben sie als derart „natürlich", daß wir annehmen, sie würden den objektiven Naturgesetzen entsprechen.

(2) Eine Person wird sich nur dann als gesund wahrnehmen können, wenn die Bedingung der wirkungsvollen Kontrolle der Lebensvorgänge möglichst umfassend und möglichst kontinuierlich erfüllt werden kann.

(3) Sie können sich nun auch vorstellen, wie kritisch es für eine Person ist, wenn sie feststellen muß, daß die Forderung der wirkungsvollen Kontrolle der psychischen und / oder somatischen Prozesse „in" der eigenen Person gefährdet ist oder nicht mehr erfüllt werden kann, weil beispielsweise irgendein Stoffwechselprozeß sozusagen autonom geworden ist und sich aus dem Verbund der organismischen Regulation herausgelöst hat. Die Information, d.h. die Diagnose, in der ein möglicher Kontrollverlust oder der bereits eingetretene Kontrollverlust mitgeteilt wird, bedeutet für die Menschen in westlichen Kulturen eine hochgradige und existentielle Bedrohung. Diese Menschen können nämlich einer zentralen Forderung der Normalität nicht länger entsprechen – sie fallen heraus aus der alltäglichen, normalen Wirklichkeit und erleben sich deswegen als gestört, als krank, als „verrückt" etc.

Ich will zusammenfassen: Mit Hilfe der fünf Kriterien (dreidimensionaler Raum, lineare Zeit, Subjekt-Objekt-Trennung, lokale Kausalität, konsistente Ich-Organisation) konstruieren wir die für uns verbindliche Wirklichkeit. Wir werden in diese Wahrnehmungs- und Konstruktionsprozesse von unserem ersten Atemzug an eingeübt. Je länger diese fünf Kriterien ausschließlich in der hier benannten Version in den Einübungsprozessen unserer Biographie angewendet werden, desto eindeutiger leben wir in einem sehr spezifischen Zustand des Bewußtseins. Diesen Zustand nenne ich hier Alltags-Wachbewußtsein. Er läßt sich durch solche Aussagen beschreiben wie:

- Ich kann mich jetzt als wach wahrnehmen.
- Ich erlebe mich in diesem dreidimensionalen Raum.
- Ich kann erleben, wie die Zeit vergeht.
- Ich erfahre mich als eindeutig getrennt von meiner sächlichen und sozialen Umwelt.
- Ich bin mir meiner selbst bewußt.
- Ich erlebe mich als das Zentrum meines Fühlens, Denkens und Handelns.
- Ich erlebe mich als etwas Ganzes und Einheitliches.

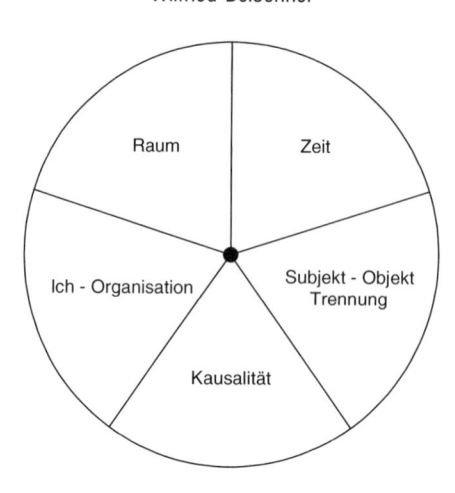

Abb. 1. Die Kriterien des Alltags-Wachbewußtseins.

Diese Aussagen habe ich graphisch zusammengefaßt (Abb. 1).

Wenn wir diese fünf kulturellen Selbstverständlichkeiten öffentlich anzweifeln oder gegen sie in unserem Denken, Fühlen und Handeln verstoßen, werden wir uns massiven Sanktionen ausgesetzt sehen: Wir werden in der Regel als psychopathologisch diagnostiziert werden, und die negativen Folgen dieser stigmatisierenden Diagnose für unsere Lebenspraxis werden deutlich erlebbar sein. Die Mainstream-Kultur erwartet die strikte Einhaltung der fünf Kriterien von Normalität.

Das Bewußtseinspotential des Menschen

Worin könnte nun ein Gegenentwurf zur Mainstream-Kultur bestehen, um „ganz", um „heil" werden zu können? In welcher Weise könnten die derzeitigen kulturellen Annahmen von Normalität weiterentwickelt werden? Die Antwort finden wir, wenn wir uns dem Bewußtseins-Potential des Menschen zuwenden. Die dritte These lautet deshalb:

Zum normalen Potential des Menschen gehört eine Vielfalt von Bewußtseinszuständen. Diese Vielfalt schließt auch die sog. „höheren Bewußtseinszustände" ein.

Um dieses Potential der menschlichen Bewußtseinszustände zu beschreiben, können wir eine Dimension mit den beiden Polen „Alltags-Wachbewußtein" und „höhere Bewußtseinszustände" aufspannen (Abb. 2). In diesem Kontinuum könnten wir die Vielfalt der Bewußtseinszustände lokalisieren – wenn wir sie denn kennen würden. Aus diesem Schema wird bereits ersichtlich, daß dem Alltags-Wachbewußtsein nicht mehr das Mo-

○────────────────────────────→○

ALLTAGS-
BEWUSST-
SEIN

HÖHERE
BEWUSSTSEINS-
ZUSTÄNDE

NONDUALITÄT

Abb. 2. Das Spektrum der Bewußtseinszustände.

nopol zukommt, sondern daß wir eine neue Kultur des Bewußtseins postulieren.

Welche Bewußtseinszustände kennen wir denn? Damit wir über eine gemeinsame Erfahrung verfügen, möchte ich Sie jetzt zu einem kleinen Experiment einladen (siehe Anm. 1). Ich nenne es das „Rosen-Experiment" (Abb. 3).

Werten wir das kleine Experiment aus. Welche Eintragungen könnten wir auf Grund der eben gemachten Erfahrungen in der Abbildung 2 auf der Dimension „Alltags-Wachbewußtsein" vs. „höhere Bewußtseinszustände" vornehmen?

- Vielleicht haben Sie einen Wechsel von Konzentration und Entspannung erleben können; vielleicht haben Sie einen Wechsel von analytischem, planvollem Vorgehen zu eher rezeptivem Gewahrwerden, von aktivem Erkunden zu einem pathischen Angemutet-Werden erlebt;
- vielleicht haben Sie, als Ihr Blick weicher wurde, so etwas wie Staunen, Verwunderung oder Faszination erlebt; vielleicht konnten Sie bei sich ein höheres Ausmaß an Offenheit erleben; vielleicht tauchte ein synästhetisches Erleben auf und Sie rochen den feinen Duft der Rose; vielleicht stellten sich intuitive Erkenntnisse ein;
- vielleicht waren Sie von dem Erleben der Rose völlig erfüllt und der Gedankenstrom, der sich sonst unablässig und unaufhörlich vollzieht und uns beherrscht, wurde stiller oder er trat sogar vollständig zurück – es tauchte vielleicht eine neue Bewußtseinsqualität auf, z.B. von innerer Ruhe, Zentrierung, „in der Mitte-Sein", Leichtigkeit, Klarheit, Unangestrengtheit, Mitgefühl, Freude etc. (Galuska 2003, S. 11).

Alle diese Bewußtseinsphänomene können wir auf der Dimension „Alltags-Wachbewußtsein" vs. „Höhere Bewußtseinszustände" eintragen (Abb. 4). Wenn ein Bewußtseinsphänomen sich nur wenig vom Alltagsbewußtsein unterscheidet, dann ist es näher am linken Pol der Graphik zu lokalisieren: die Kriterien der linearen Zeit, des dreidimensionalen Raums, der Subjekt-Objekt-Trennung und der Kausalität behalten noch weitgehend ihre Gültigkeit. Wenn aber diese Kriterien ihre Bedeutung zunehmend verlieren, dann wird ein Bewußtseinsphänomen eher und vermehrt die Merkmale der „höheren Bewußtseinszustände" aufweisen und wird deshalb näher an den

Abb. 3. Die Rose.

Instruktion:

Phase (1): Betrachten Sie die Rose ganz genau. Untersuchen Sie die Form der Blütenblätter, – ihre Anordnung, – die Dichte, – achten Sie auf die Biegung der Blätter, – ihre Größe, – den Wechsel von Licht und Schatten. Wie weit ist die Rose geöffnet? Analysieren Sie den Zustand der Ränder der Blätter. Untersuchen Sie jedes Detail ganz genau und benennen Sie es.

Phase (2): Lassen Sie nun Ihren Blick weich werden, – fokussieren Sie nicht mehr scharf, – lassen Sie sich von der Rose anmuten lassen. Ihre Gesichtspartien um die Augen entspannen sich, werden gelöst, – vielleicht huscht ein Lächeln über Ihr Gesicht. Schauen Sie sanft zur Rose, – öffnen Sie sich für die Rose. Und wenn Sie möchten, lassen Sie sich von der Schönheit der Rose ansprechen, – lassen Sie die Schönheit der Rose auf sich wirken, – lassen Sie sich von der Rose berühren, – vielleicht können Sie sogar den Duft der Rose riechen.

Phase (3): Wenn Sie mögen: wechseln Sie zwischen diesen beiden Haltungen einige Male, um den Unterschied deutlicher zu erleben.

rechten Pol heranrücken. Wir erhalten somit eine Übersicht über mögliche Bewußtseinsphänomene und über ihre Verteilung in der Bewußtheits-Dimension, d. h. wir zeichnen eine Landkarte der Bewußtseinszustände, eine Topographie.

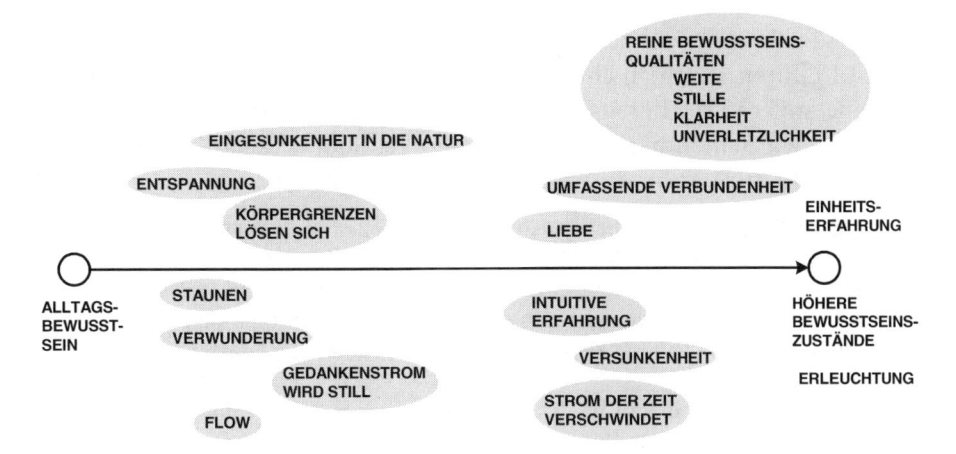

Auf dem Weg zu einer Psychologie des Bewußtseins 161

Abb. 4. Die Topographie der Bewußtseinszustände.

Ich formuliere wieder eine kurze Zusammenfassung in vier Punkten:

(1) Das Rosen-Experiment hat uns gezeigt, daß wir zwischen verschiedenen Bewußtseinszuständen wechseln können. Wir können uns in dem Kontinuum zwischen den beiden Polen Alltagsbewußtsein vs. höhere Bewußtseinszustände bereits in ganz alltäglichen Situationen hin und her bewegen. Die Veränderung unseres Bewußtseinszustandes ist uns somit ein ganz vertrauter Vorgang.

(2) Wenn wir in solchen Methoden der Lenkung unserer Aufmerksamkeit und Achtsamkeit, wie wir sie gerade in dem Rosen-Experiment kennengelernt haben, mehr geübt sind, dann werden wir uns auch von dem Pol des Alltags-Wachbewußtseins weiter entfernen können.

(3) Wir werden dann feststellen können, daß wir diese Veränderung des Bewußtseinszustandes auch absichtlich und gezielt einleiten können. D.h., wir können bei uns selbst höhere Bewußtseinszustände – im Sinne einer Fertigkeit – induzieren.

(4) Schließlich der hier wichtigste Punkt: Im Alltags-Wachbewußtsein erleben wir uns eingeengt auf unsere begrenzte Person: wir erleben uns als personal und ich-zentriert. Je intensiver und häufiger wir Bewußtseinsphänomene erleben, die in der Dimension weiter zum rechten Pol eingeordnet werden, desto mehr öffnen und weiten wir uns. Bewußtseinsweitung bedeutet, wir werden durchlässig für veränderte, sog. höhere Bewußtseinserfahrungen.

Wenn wir dieses Ziel der Normalisierung von höheren Bewußtseinszuständen erreichen wollen, brauchen wir eine neue Bewußtseinskultur. In ihr würde die Differenzierung von Bewußtseinszuständen als eine wichtige Sozialisationsaufgabe angesehen werden. Das Potential des Menschen, gezielt unterschiedliche Bewußtseinszustände bei sich zu induzieren, wird in westlichen Kulturen (noch) nicht als Ressource wahrgenommen. Dem können wir eine andere Prioritätensetzung in der indischen Kultur gegenüber stellen, wenn wir dem indischen Psychoanalytiker Sudhir Kakar in seinen Aussagen zur Kultur der Bewußtseinsdifferenzierung folgen.

> „Menschliche Freiheit scheint also im traditionellen indischen Kontext eine Zunahme der Möglichkeit zu bedeuten, unterschiedliche innere Zustände zu erfahren, während sie gleichzeitig das Handeln in der äußeren Welt auf Stereotype und fraglose Anpassung beschränkt. In Indien betont man das Streben nach innerer Differenzierung, während die Außenwelt konstant gehalten wird.
>
> Im Gegensatz hierzu hängt die Vorstellung von Freiheit im Westen mit einer Zunahme des Handlungspotentials in der Außenwelt und einer Erweiterung der Auswahlmöglichkeiten zusammen, während der innere Zustand des Menschen konstant gehalten wird, nämlich im Zustand eines rationalen Wachbewußtseins, von dem andere Weisen der inneren Erfahrung als Abweichungen ausgeschlossen sind" (Sudhir Kakar 1982, S. 281).

Aber Sie werden sich auch vorstellen können, daß solche Wandlungen des Bewußtseinszustandes sich auch einfach vollziehen können, sie geschehen „einfach so" ohne unsere Absicht, ohne unser gewolltes Zutun. Wir stellen eventuell im Verlauf eines Entspannungs-Trainings zu unserem Erstaunen eine Veränderung unserer Körpergrenzen fest: die Körpergrenzen verlieren ihre Festigkeit und ihre Bestimmtheit. Die Form unseres Körpers wird dann unbestimmter; wir grenzen uns nicht länger klar und eindeutig von unserer sogenannten Umwelt ab. Möglicherweise sind wir auf eine solche Veränderung gar nicht vorbereitet. Sie bricht vielmehr in unsere vertraute Wirklichkeit von Festigkeit, Bestimmtheit, eindeutiger Begrenztheit und Dauer plötzlich, ohne Vorwarnung mit größter Intensität ein. Wir können uns diesen dramatischen Wandel der Erfahrung nicht erklären. Der Zustand, in dem wir uns vorfinden, verwirrt uns – er ängstigt uns zutiefst. Vielleicht glauben wir, dieser außerordentlich verwirrende Bewußtseinszustand würde nicht wieder nachlassen oder verschwinden – wir geraten in Panik mit der Vorstellung, wir würden auf Dauer und rettungslos verrückt werden (Belschner u. Galuska 1999).

Merkmale „Höherer Bewußtseinszustände"

Solche intensiven, aber völlig normalen Bewußtseinsphänomene werden aus Unkenntnis leicht falsch interpretiert, nämlich als abweichend bzw. als Hinweis auf eine psychische oder somatische Störung (vgl. dazu die neue Kategorie 62.89 „Religiöses oder spirituelles Problem" im DSM IV). Es ist also für Professionelle außerordentlich wichtig, Beispiele von höheren Bewußtseinszuständen zu kennen, sei es, daß man sie selbst erfahren hat oder sei es, daß sie in der Literatur berichtet werden, – Beispiele, die den rechten Pol der Dimension repräsentieren. Als Professionelle sollten wir in der Lage sein, aus solchen Erfahrungen bzw. Beschreibungen die wesentlichen Merkmale herausschälen zu können. Zwei kurze Skizzen mit den Erfahrungen höherer Bewußtseinszustände von prominenten Zeugen mögen zur Veranschaulichung dienen.

Beispiel A: Willigis Jäger

„... man (darf) nicht vergessen, daß es immer eine Beschreibung aus dem Nachher ist. Darum kommt auch immer wieder das Wort ‚Ich' vor, obwohl es in der Erfahrung kein Ich gibt. Also: ‚Leerheit', die nicht leer ist, aus der Töne, Farben, Gefühle und Gedanken kommen. Es ist eine meta- oder suprakosmische Leerheit. Ich und Leerheit sind zusammengeflossen. Leerheit, Gottheit, Nada kann auch Fülle heißen. Es ist eine Fülle, die schwanger geht mit allen Möglichkeiten. Sie enthält alle Potenzen und ist Ursprung und Schöpfung. Angekommen, daheim, nichts fehlt. Lachen, aber es ist kein Lachen über etwas, es ist einfach Lachen. Glück, aber es ist kein Glücklich-Sein über etwas. Grenzenlose Liebe, aber kein ‚Ich liebe dich'. Paradoxerweise gibt es aber weder Liebe noch Haß, weder Leben noch Tod, weder Du noch Ich, keine Grenzen, nicht Raum, nicht Zeit. ES geht einher mit Leichtigkeit, Selbstverständlichkeit und Freiheit. Alle Polarität ist aufgehoben. Nichts ist absurd, im Gegenteil, alles ist ganz selbstverständlich. Da ist der Schlag einer Trommel. Die Töne tropfen aus dem Nichts wie Perlen und verschwinden. Kein Innen, kein Außen. Ein Schluck Saft, da ist nur dieser intensive Geschmack. Gehen, nur dieser Schritt. ES geht, ES sieht, ES fühlt, ja so widersinnig das scheint: ES denkt. Auch Gedanken perlen hervor und verlieren sich wieder" (Jäger 2000).

Beispiel B: Friedrich Nietzsche

„Ich ging an jenem Tage am See von Silvaplana durch die Wälder; bei einem mächtigen pyramidal aufgetürmten Block unweit Surlei machte ich Halt. Rechne ich von diesem Tage ein paar Monate zurück, so finde ich als Vorzeichen eine plötzliche und im Tiefsten entscheidende Veränderung meines Geschmacks, vor allem in der Musik. ... Der Begriff ‚Offenbarung', in dem Sinn, daß plötzlich, mit unsäglicher Sicherheit und Feinheit, etwas sichtbar, hörbar wird, etwas, das einen im Tiefsten erschüttert und umwirft, beschreibt einfach den Tatbestand. Man hört, man sucht nicht; man nimmt, man fragt nicht, wer gibt; wie ein Blitz leuchtet ein Gedanke auf, mit Notwendigkeit, in der Form ohne Zögern, – ich habe nie eine Wahl gehabt. Eine Entzückung, deren ungeheure Spannung sich mitunter in einen Tränenstrom auflöst; bei der der Schritt unwillkürlich bald stürmt, bald langsam wird; ein vollkommenes Außer-sich-Sein mit dem distinktesten Bewußtsein einer Unzahl feiner Schauder und Überrieselungen. ...; eine Glückstiefe, in der das Schmerzlichste und Düsterste nicht als Gegensatz wirkt, sondern als bedingt, als herausgefordert ... Alles geschieht im höchsten Grade unfreiwillig, aber wie in einem Sturme von Freiheitsgefühl, von Unbedingtsein, von Macht, von Göttlichkeit. ..." (Jäger 2000, S. 53).

In den beiden Beispielen des Zen-Meisters Willigis Jäger und des Philosophen Friedrich Nietzsche handelt es sich um tiefgreifende, den Menschen erschütternde Erfahrungen. Sie werden auch als „mystische Erfahrung", als „Erleuchtungs-Erfahrung", als „Durchbruch zum Wesen" (Dürckheim 1972) bezeichnet. Da in solchen Erfahrungen die fünf Kriterien, die wir zur Kennzeichnung des Alltagsbewußtseins genutzt haben, nicht mehr völlig gültig sind, sind sie für Menschen – so sie unvorbereitet sind – schwer oder überhaupt nicht einzuordnen – und deswegen wirken sie verstörend und ängstigend, aber zugleich auch faszinierend und beglückend. Denn:

- Die Zeit hört schließlich auf zu fließen; es gibt keine Zeit mehr, es gibt nur diesen Augenblick.
- Dinge geschehen einfach ohne kausale Verursachung.
- Es gibt keine Trennung von Subjekt und Umwelt, sondern es wird eine umfassende Verbundenheit und Einheit erlebt; es gibt nicht mehr das Gegenüber von Ich und distanzierter „Umwelt".
- Aus der Verbundenheit und Einheit heraus verschwindet auch die Dreidimensionalität des Raumes.
- Hinzu kommt noch, daß diese Erfahrungen nicht mehr mit unserer Sprache beschreibbar sind: sie sind transverbal. Wir können nur versuchen, die Erfahrung durch Vergleiche, Metaphern, Symbole und Bilder annähernd zu umkreisen (James 1997).

An dem Kriterium der Subjekt-Objekt-Trennung im Alltagsbewußtsein will ich den Wandel der Bewußtseinszustände zusätzlich mit Beispielen aus der Bildenden Kunst veranschaulichen. Wird diese Erfahrung der Getrenntheit, der Separation, der Isolation zunehmend aufgehoben, so wird die Erfahrung der Wirklichkeit zunehmend ausgestattet mit den Merkmalen der Verbundenheit, des Eingewobenseins, des Darin-Enthaltenseins, des Darin-Aufgehoben-Seins bis hin zur völligen Einheits-Erfahrung. Dieser Wandel der Wirklichkeitserfahrung soll an Hand von drei Gemälde von Franz Marc aufgezeigt werden.

Auf dem ersten Bild „Rote Rehe II" (1912) hebt Marc den Körper der beiden Rehe deutlich als Vordergrund vom Bildhintergrund ab: wir haben keine Schwierigkeit, die Rehe als Rehe zu erkennen. Wir „sehen" eine klare Trennung von Reh und Umwelt.

Bei dem zweiten Gemälde ist die Aufgabe schon etwas schwieriger: ich kann Sie fragen, ob Sie etwas Gegenständliches in dem Gemälde erkennen können. „Der Mandrill", so der Titel des Bildes (1913), und sein Umfeld

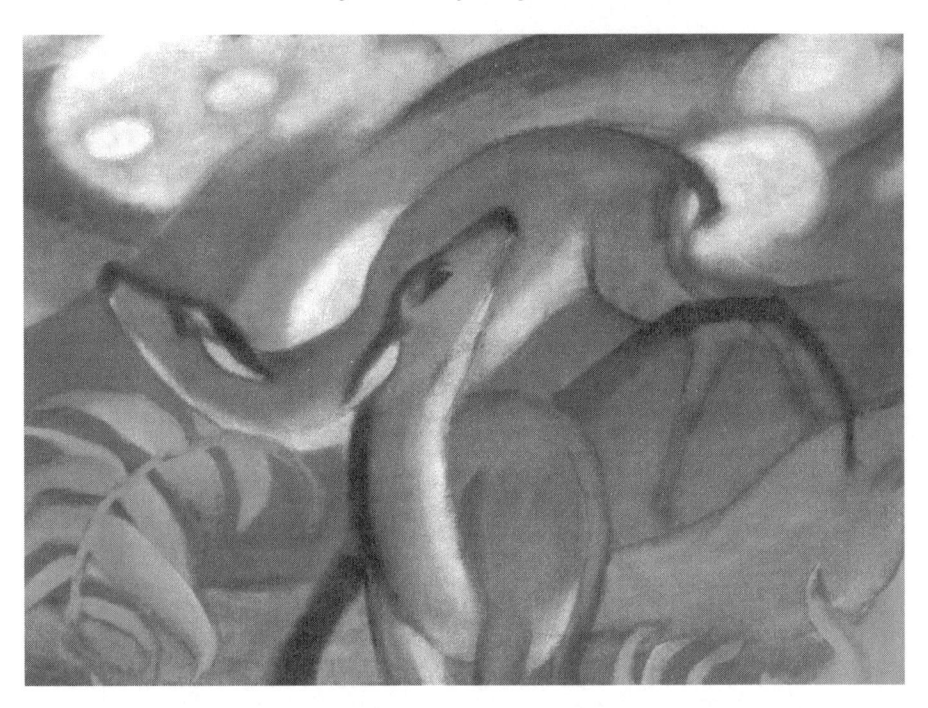

Auf dem Weg zu einer Psychologie des Bewußtseins

Abb. 5. Rote Rehe II (Franz Marc, 1912).

Abb. 6. Der Mandrill (Franz Marc, 1913).

Abb. 7. Bild mit Rindern I (Franz Marc, 1913/14).

sind nicht mehr völlig getrennt, sondern sind ineinander verwoben. Es entsteht die größere Einheit von Tier und Dschungel.

Bei dem dritten Gemälde (1913/14) wird es noch schwieriger, die Tiere als abgrenzbare Einheiten aus dem Gesamt-Bild herauszulösen. Es besteht vielmehr eine Einheit, besser: eine Ganzheit, in der über die Farben Erfahrungs-Qualitäten zum Ausdruck kommen. „Bild mit Rindern I" lautet der Titel.

Ziehen wir einen Schluß aus dieser Veranschaulichung: Wir konstruieren uns im Alltagsbewußtsein eine Wirklichkeit, in der wir uns selbst und andere Objekte aus dem „Ganzen" herauslösen und sie zu gesonderten, voneinander getrennten Dingen werden lassen. Die Wirklichkeit besteht aber nicht aus diesen gesonderten, isolierten Dingen, sondern das Grundphänomen der Wirklichkeit ist die Verbundenheit. Diese basale Verbundenheit erkennen wir aber nicht, wenn wir im Monopol des Alltagsbewußtseins gefangen bleiben. Erst die Auflösung dieses Monopols läßt uns aufbrechen, um den Reichtum von Bewußtseinsphänomenen als persönliche Erfahrung zu entdecken. Dieser Reichtum repräsentiert ein Potential des Menschen, das grundlegend zu seiner humanen Ausstattung gehört.

Für unsere Epoche besteht (unabweisbar) die Bildungs-Aufgabe, dieses Potential zu entwickeln und zu kultivieren, also eine Bewußtseins-Bildung zu ermöglichen (vgl. dazu die Schriften von Aurobindo (1957) oder Gebser (1986) zur Evolution des Bewußtseins). Der Physiker Hans-Peter Dürr hat diesen Sachverhalt mit den folgenden Worten beschrieben: „Jedes Elektron füllt das Universum aus ... Es ist immer nur das Ganze da, das ‚Eine‘, ‚Nicht-Zweiheit‘. Wir sind Details aus dem Ganzen ... Wir sind nie vollständig abgetrennt. Eigentlich haben wir eine holistische Welt, in die wir eine getrennte Welt hineinkonstruieren" (Dürr 2002; Dürr u. Oesterreicher 2001).

Bewußtseins-Bildung als kulturelle Aufgabe

Ziel dieser Bewußtseins-Bildung wäre – gerade für Professionelle in medizinischen, psychotherapeutischen und psychosozialen Berufen – daß sie

- solche unterschiedlichen Bewußtseinszustände ansteuern können,
- sie in sich aufrufen können,
- zwischen unterschiedlichen Bewußtseinszuständen differenzieren können,
- gerade und vor allem höhere Bewußtseinszustände für einen gewissen Zeitraum aufrecht erhalten können.

Mit welchen Methoden kann nun eine solche Bewußtseinsbildung gefördert werden? Eine einfache Möglichkeit besteht darin, die Achtsamkeit zu trainieren. Wir brauchen also ein Werkzeug, das es uns erleichtert,

- inne zu halten,
- uns in unserer augenblicklichen Befindlichkeit wahrzunehmen und
- unsere sprachliche Ausdrucksfähigkeit über die Phänomene des Bewußtseins zu verbessern.

Dies kann mittels der CD „Training der Achtsamkeit" erreicht werden, die im Hintergrund der professionellen Tätigkeit (z. B. einen Buchbeitrag schreiben, Vorlesung halten, Artikel in einer Fachzeitschrift lesen) läuft und auf der in unregelmäßigen Zeitintervallen der Ton einer Klangschale erklingt (Anm. 2). Die Instruktion lautet dann:

Beim Ertönen des Klangs unterbreche ich meine momentane Betätigung für 10 Sekunden, um in die Stille zu gehen. Ich versuche, ganz bei mir zu sein, achtsam bei mir selbst zu sein. Ich frage mich:

Was fühle ich jetzt in diesem Augenblick? Was empfinde ich gerade jetzt in diesem Augenblick in meinem Körper?

Diese Achtsamkeits-Übung ermöglicht ein ausgezeichnetes, wenig aufwendiges Training der Wahrnehmungsfähigkeit.

Das „Westliche Glaubensbekenntnis des 21. Jahrhunderts" – und seine Folgen

Kehren wir noch einmal zu dem Monopol des Alltagsbewußtseins zurück. Es dürfte nützlich sein, sich die verborgenen, die impliziten Annahmen zu verdeutlichen, die wir mit diesem Alltagsbewußtsein verknüpfen. Wir sind im Verlauf unserer Biographie daraufhin sozialisiert worden, diese impliziten Annahmen in vollem Umfang zu akzeptieren. Charles Tart (2003) hat diese Annahmen in einem „*Westlichen Glaubensbekenntnis*" prägnant formuliert. Er führt dieses Glaubensbekenntnis in einem Experiment ein: Er fordert die Teilnehmer seiner Workshops auf, das Glaubensbekenntnis laut zu sprechen und die Worte, die sie sprechen, so intensiv wie möglich zu glauben – sie sollen sich also emotional engagieren. Ich möchte Sie zu diesem Experiment einladen: Sprechen Sie laut das „Westliche Glaubensbekenntnis". Wenn Sie möchten, legen Sie dabei bitte Ihre rechte Hand auf die Herzgegend.

Mit diesem *Glaubensbekenntnis des 21. Jahrhunderts* hat Charles Tart versucht, die wesentlichen Annahmen des Mainstreams für die jetzige Kultur, für die Mentalität der Menschen und auch für das professionelle Handeln pointierend zu beschreiben. Dieses Glaubensbekenntnis formuliert ein Monopol des Alltagsbewußtseins. Menschen, die nach diesen Annahmen ihre Lebens- und Berufspraxis organisieren, benötigen keine Differenzierung der Bewußtseinszustände.

Es läßt sich eine weitere wichtige Folge für die Wissenschaften ableiten: Entsprechend diesem Glaubensbekenntnis müssen die Theorien der Wissenschaften die Dimension des Bewußtseins nicht enthalten. Wenn das Alltagsbewußtsein der allein anerkannte Modus des Bewußtseins ist, wird er selbstverständlich und verschwindet vollständig aus der Formulierung von Theorien. Wenn Sie eine Recherche in der wissenschaftlichen Literatur durchführen und danach suchen, ob das Bewußtsein als eine unabhängige Variable in der Planung, Durchführung und Auswertung von Experimenten und Studien berücksichtigt wird, dann werden Sie ein sehr eindeutiges Ergebnis erhalten: Sie werden keinen Hinweis darauf finden. Entsprechend dem bisherigen Monopol des Alltags-Wachbewußtseins stellt die Varianz von Bewußtseinszuständen keinen relevanten Einflußfaktor auf den Verlauf und das Ergebnis von Experimenten dar. In den derart vereinfachten Modellen der Wissenschaften, sei es Medizin, Biologie oder Psychologie, kann

Das Glaubensbekenntnis des 21. Jahrhunderts

ICH GLAUBE – an das materielle Universum als die einzige und absolute Wirklichkeit, an ein Universum, das durch feststehende, physikalische Gesetze und den Zufall beherrscht wird.

ICH GLAUBE – daß das Universum keinen Schöpfer, keinen objektiven Zweck und keine objektive Bedeutung oder Bestimmung hat.

ICH GLAUBE – daß alle Vorstellungen über Gott oder Götter, über nicht körperliche Wesen oder Kräfte Aberglauben und Irrglauben sind. Leben und Bewußtsein sind völlig identisch mit physikalischen Prozessen und entstanden aus zufälligen Wechselwirkungen physikalischer Kräfte. Wie alles andere Leben hat mein Leben und mein Bewußtsein keinen objektiven Zweck und keine Bedeutung oder Bestimmung.

ICH GLAUBE – daß alle Werte und Moralvorstellungen, meine eigenen oder die von anderen, einzig durch biologische Determinanten, durch die persönliche Geschichte und den Zufall entstanden sind. Der freie Wille ist eine Illusion. Deshalb müssen die höchst rationalen Werte, nach denen ich persönlich leben kann, auf dem Wissen begründet sein, das für mich gut ist und was mir Vergnügen bereitet. Und daß das schlecht ist, was mir Leid zufügt. Jene, die mich erfreuen oder mir helfen, Schmerz zu vermeiden, sind meine Freunde. Jene, die mir Leid zufügen oder mich von meinem Vergnügen abhalten, sind meine Feinde. Die Vernunft verlangt, Freunde und Feinde in einer Weise zu benutzen, die mein Vergnügen maximiert und mein Leid minimiert.

ICH GLAUBE – daß die Kirchen keinen anderen wirklichen Nutzen haben, als den der sozialen Unterstützung. Ich bestätige, daß es keine objektiven Sünden zu begehen oder zu verzeihen und keine göttliche oder übernatürliche Vergeltung der Sünde oder Belohnung für Tugend gibt, obwohl es vielleicht soziale Handlungskonsequenzen geben mag. Tugend ist für mich, das zu bekommen, was ich will – ohne von anderen dabei erwischt oder bestraft zu werden.

ICH GLAUBE – daß der Tod des Körpers der Tod des Geistes ist. Es gibt kein Jenseits, und alle Hoffnung darauf ist Unsinn.

---

der Mensch nun reduziert werden auf ein materielles Objekt. Die ethische Relevanz der Bewußtseinsforschung wird an dieser Stelle offenkundig.

Bewußtseinszustände und professionelle Beziehungsangebote

Ich will eine weitere wichtige Folgerung für die Professionellen anschließen: Mit Hilfe solcher Glaubensbekenntnisse, eines solchen Katalogs von grundlegenden Annahmen formulieren wir in unserem professionellen Handeln die Beziehungsangebote an die sogenannten Patienten. Es geht hier um die wesentliche Frage, wie wir das Anliegen eines Menschen, der uns um professionellen Rat fragt, wahrnehmen. Als (vierte) These formuliert:

Der leidende Mensch ist nicht krank, sondern er hat ein Anliegen!

Die Bedeutung dieser Behauptung wird erkennbar, wenn ich in folgender Weise weiterfrage:

Könnte es nicht sein, daß die professionelle Auffassung über das,
- was dem Patienten „fehlt",
- was ihn „krank" sein läßt,
- das, was an ihm als „krank" diagnostiziert wird und
- das, was ihm zur Gesundung und Heilung angeboten wird,

abhängig ist von der Möglichkeit, zwischen verschiedenen Bewußtseinszuständen zu differenzieren? Ich will deshalb noch einmal die Dimension „Alltags-Bewußtsein" vs. „höhere Bewußtseinszustände" aufrufen (Abb. 8).

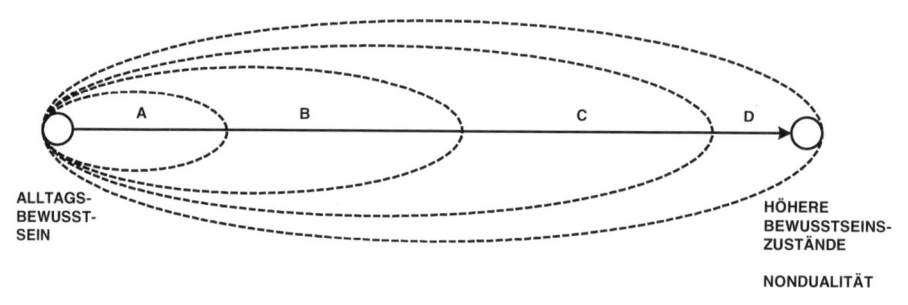

A	sachlich rationale Verhandlung
B	empathischer Diskurs
C	von der Erfahrung reiner Bewusstseinsqualitäten getragene Begegnungen
D	von der Erfahrung der Nondualtiät getragene Resonanz

Abb. 8. Bewußtseinszustände gestalten Beziehungsangebote.

In dieser Dimension habe ich zur Vereinfachung nur vier Bereiche von Bewußtseinszuständen unterschieden. Ich unterscheide den Bereich A der Erfahrung des Alltags-Wachbewußtseins, den Bereich B der Erfahrung der Empathie, den Bereich C der Erfahrung der reinen Bewußtseinsqualitäten und den Bereich D der Erfahrung von Non-Dualität, d.h. der Erfahrung von Einheit. Professionelle können also danach charakterisiert werden,
- welche dieser vier Erfahrungsbereiche des Bewußtseins ihnen bekannt sind und
- welche dieser vier Erfahrungsbereiche des Bewußtseins ihnen in ihrem professionellen Handeln verfügbar sind.

Die vier Erfahrungsbereiche unterscheiden sich durch die Weite des Bewußtseins. Auf den Begriff der Bewußtseinsweite werde ich später wieder zurückkommen. Ich will die vier Erfahrungsbereiche noch ein wenig ausführlicher beschreiben.

(A) Es wird Professionelle geben, die sich in ihrem theoretischen und methodischen Konzept mehr oder weniger ausschließlich dem Bereich A zuordnen werden: sie werden ein Beziehungsangebot formulieren, in dem sie ihre fachliche Kompetenz in den Vordergrund stellen. Sie werden eher eine sachliche, rationale Verhandlung über eine im Materiellen vorfindliche Störung beim Patienten bevorzugen.

(B) Diejenigen, die eine Erweiterung des Bewußtseinszustandes im Sinne der Empathie (Rogers 1983) anbieten können, werden vor allem das Beziehungsgeschehen zwischen Patient und Profesionellem beachten; möglicher Weise werden sie es sogar in den Mittelpunkt der Beratung und Behandlung stellen. Ihre Hypothese für Gesundung und Heilung wird vermutlich auf eine Aktivierung der Selbstheilungskräften des Organismus abzielen.

(C) Unter den Professionellen werden wir vermutlich auch eine dritte Gruppe finden, die ihr Bewußtseinsfeld noch mehr ausweiten kann. Diese Professionellen haben in ihrem eigenen kontinuierlichen Prozeß der Bewußtseins-Erforschung durch Meditation und andere bewußtseinsbildende Methoden wiederholt intensive Erfahrungen gemacht. Dieser anhaltende Erfahrungsprozeß läßt schließlich solche Bewußtseinsqualitäten wie Stille, Weite, Klarheit, Liebe, Unverletzlichkeit, Verbundenheit hervortreten. Die Erfahrung dieser Bewußtseinsqualitäten formt dann einen zunehmend stabilen Boden, aus dem heraus das Geschehen, das wir mit den Begriffen „Behandlung" und „Beratung" bezeichnen, hervorgeht. Der Professionelle ist in diesen Bewußtseinsqualitäten verankert – die Bewußtseinsqualitäten sind der tragende Grund für die Gestaltung der Begegnung mit dem leidenden Menschen.

(D) Schließlich wollen wir hier eine vierte Gruppe von Professionellen postulieren, die die Erfahrung der Non-Dualität gemacht haben (James 1997; Loy 1988). Für sie ist eine solche Wirklichkeitserfahrung wahr geworden, wie wir sie in den Berichten von Willigis Jäger und von Friedrich Nietzsche kennen gelernt haben. Sie haben zutiefst erfahren, daß es „eigentlich" keine Polaritäten, keine Dualität gibt. Sie haben erfahren, daß wir in das Geschehen einer höheren Ordnung unabtrennbar involviert sind.

Um Gesundung und Heilung zu ermöglichen, gilt es, für diese höhere Ordnung offen und bereit zu werden. Die professionelle Person wird in dieser Orientierung zum Werkzeug, um eine Berührung der leidenden Person mit dieser höheren Ordnung anzubahnen. Mit dem Kontakt mit der höheren Wirklichkeit wird ein neues gesundheitsförderliches und heilendes Bezugssystem in das Leben des „Patienten" eintreten. Die Konfrontation mit dem neuen Bezugssystem, der Abschied von dem vertrauten „alten" Bezugssystem und die Arbeit an der Akzeptanz des neuen Bezugssystems kann jedoch eine Vielzahl von emotionalen und kognitiven Anforderungen für die Lebenspraxis mit sich bringen: Verwirrung, Ängstigung, Unsicherheit, Hilflosigkeit, Ohnmacht – emotionale Zustände, die wir eher meiden wollen (Mees 1991). Der Professionelle wird auf der Grundlage seiner eigenen Erfahrung über solche Entwicklungsprozesse des Bewußtseins das Kennenlernen und die Adaptation der Kernsätze dieses anderen Bezugssystems in die Lebenspraxis begleiten, damit die Ausweitung des Bewußtseinsfeldes bei der leidenden Person im Rahmen ihrer aktuell verfügbaren Ressourcen integriert werden kann.

Aus diesem Modell läßt sich nun eine (fünfte) These bezüglich der Prozesse von Gesundung und Heilung ableiten. Diese These hat zwei Teile:

Teil 1:
Gesundung und Heilung bedeutet, ganz zu werden. Ganz werden bedeutet, daß das gesamte Spektrum des Bewußtseins – so wie es hier skizziert wurde – für einen Menschen erfahrbar und verfügbar wird.

Teil 2:
Wenn für Gesundung und Heilung professionelle Hilfe benötigt wird, dann muß diese professionelle Hilfe jeweils das Beziehungsangebot A oder B oder C oder D von den Professionellen aufrufen, das ein Ganz-Werden unterstützt. Welches dieser vier Beziehungsangebote jeweils zutreffend ist, ergibt sich aus der Besonderheit des Anliegens des leidenden Menschen.

Das Beziehungsangebot eines Professionellen kann also hinsichtlich des Bewußtseinsspektrums immer umfassender werden. An dieser Aussage wird sofort deutlich, daß es durch die Einführung der Bewußtseins-Dimension nicht zu abgehobenen, „esoterischen" Beratungen und Behandlungen kommt, durch die eine „Weltflucht" unterstützt wird. Die Befähigung des leidenden Menschen, für sich eine alltägliche Lebenspraxis zu etablieren, die er bejahen kann (Schmid 2000), bleibt das zentrale Kriterium für den Erfolg von Beratung und Behandlung.

Empirie

Die Differenzierung von Beziehungsangeboten

In unseren Forschungen haben wir solche Beziehungsangebote von Professionellen im Bereich von Gesundheitsförderung und Psychotherapie untersucht (Belschner 2001, 2002, 2003). Aus diesen Studien stelle ich einige wenige Ergebnisse vor, damit die Bedeutung und der Nutzen der Dimension des Bewußtseins erkannt werden kann. Die Beziehungsangebote repräsentieren – wie schon ausgeführt – unterschiedlich umfängliche Bereiche der Dimension „Alltagsbewußtsein" vs. höhere „Bewußtseinszustände".

In diesen Studien wurden drei faktoranalytisch gewonnene Bewußtseinshaltungen unterschieden: Die Bereiche C und D haben wir darin (noch) nicht getrennt. Die drei Bewußtseinshaltungen wurden zusammenfassend mit dem Begriff „Präsenz" bezeichnet. Wir sprechen deshalb von *Algorithmischer Präsenz*, *Empathischer Präsenz* und *Nondualer Präsenz*. Die Tabellen 1 bis 3 enthalten zur Veranschaulichung der drei Modi der Präsenz Beispiele der Aussagen eines Fragebogens, mit dem diese Bewußtseinshaltungen erfaßt wurden. Beim Lesen der Aussagen können Sie für sich prüfen, welche dieser drei Bewußtseinshaltungen Sie in besonderem Maße anzieht bzw. von welcher Sie sich eher abgestoßen fühlen.

Tabelle 1. Die Items des Faktors *Algorithmische Präsenz*

Item Nr.	Item	Ladung
17	Im Gespräch mit der Person B achte ich sehr darauf, die Regeln des therapeutischen Vorgehens (z. B. Diagnostik, Interventionsplanung) einzuhalten, so wie es professionellen (oder wissenschaftlichen) Standards entspricht.	–.746
36	Für das Handeln in Beratung/Therapie gibt es klare, wissenschaftlich begründete Regeln, an die ich mich halte.	–.685
24	Vor dem Beginn einer Beratung/Therapie sehe ich meine Aufzeichnungen durch und entwerfe einen Therapieplan.	–.667

Bei der Bewußtseinshaltung *Algorithmische Präsenz* wird das beratende oder psychotherapeutische Handeln von Regeln geleitet, die Autorität verlangen und Autorität geben: Vom Professionellen wird verlangt, wissenschaftlich begründete Techniken zu nutzen, es wird ihm aber auch die Sicherheit gegeben, lege artis zu handeln. Er wird von den Unsicherheiten und Unwägbarkeiten des professionellen Prozesses entlastet, indem der Glaube an die Planbarkeit und Kontrolle des Geschehens in der professionellen Situation im Vordergrund steht.

Tabelle 2. Die Items des Faktors *Empathische Präsenz*

Item Nr.	Item	Ladung
05	Ich versuche, ganz frei zu werden für die Person B.	.732
03	Ich beobachte mich und versuche, die Gefühle, die bei mir auftauchen, wahrzunehmen.	.722
04	Ich entspanne mich.	.678
06	Ich höre der Person B zu und lausche auf das Unausgesprochene.	.668
37	In einer Beratung/Therapie ist es wichtig, daß eine Beziehung von großer Unmittelbarkeit und Resonanz zwischen Person B und mir entsteht.	.495
02	Ich beobachte die Person B, wie sie Platz nimmt, wie sie sitzt/liegt/… und versuche, ihre Körpersprache zu lesen.	.437

Die Aussagen zur *Empathischen Präsenz* zeichnen einen Professionellen von grundsätzlicher Offenheit für die andere Person und sich selbst. Einerseits will er frei werden von den eigenen Anliegen, andererseits will er sich intuitiv in die Wirklichkeit der anderen Person begeben und das bislang vom Patienten in seiner Lebens-Geschichte noch nicht „Erhörte" und unausgesprochen Gebliebene empathisch erspüren. Der Unterschied zum Beziehungsangebot *Nonduale Präsenz* besteht darin, daß die professionelle Person im personalen Bewußtseinsraum verankert bleibt.

Tabelle 3. Die Items des Faktors *Nonduale Präsenz*

Item Nr.	Item	Ladung
42	Früher habe ich geglaubt, daß ich als Beraterin/Therapeutin den Prozeß der Veränderung steuern kann. Heute versuche ich, den für eine Gesundung/Heilung erforderlichen Weg im Einklang mit einer höheren Ordnung/Wirklichkeit zu erspüren.	.918
41	In der Beratung/Therapie bin ich ein Werkzeug, durch das eine höhere Ordnung/Wirklichkeit wirksam werden kann.	.893
43	In der Beratung/Therapie ist immer einer höhere Ordnung/Wirklichkeit anwesend, für die wir durchlässig werden müssen.	.862
44	Mit unserem Ich regeln wir den Alltag. Der Sinn unseres Lebens in diesem Alltag erschließt sich im Einklang mit einer höheren Ordnung/Wirklichkeit.	.837
30	In der Beratung/Therapie bin ich dazu da, den Bewußtseinsraum hin zu einer höheren (transpersonalen) Ordnung/Wirklichkeit zu weiten.	.831
45	Im Prozeß von Beratung/Therapie tastet sich die Person B an eine höhere Ordnung/Wirklichkeit heran. Die Durchlässigkeit der professionellen Person A für diese höhere Ordnung/Wirklichkeit ist dabei eine hilfreiche Bedingung.	.824

Im Beziehungsmodus *Nonduale Präsenz* versteht sich die professionelle Person als Werkzeug. Der (Beratungs-, Therapie-) Effekt wird nicht durch sie als handelnde Person bewirkt, sondern sie schafft im professionellen Prozeß die Voraussetzungen dafür, daß der Kontakt zu einer umfassenden, nondualen Ordnung gefunden oder wiedergefunden werden kann. Diese ist nicht identisch mit den Selbstverständlichkeiten der Kultur, der Zielperson (z. B. Patient) und Professioneller (z. B. Berater, Psychotherapeut) angehören. Die nonduale Ordnung liegt vielmehr jenseits der relativen Standards einer bestimmten Kultur, d. h. es geht um den Kontakt mit einer höheren, „transpersonalen" Wirklichkeit.

Aus den Listen der Aussagen ist zu entnehmen, worin sich die drei Bewußtseinshaltungen unterscheiden. Je nach vorrangiger Bewußtseinshaltung wird die Beziehung anders gestaltet werden. Die größte Herausforderung für die Professionellen bringt dabei die dritte Bewußtseinshaltung der nondualen Präsenz mit sich. Denn es fragt sich, worin besteht nun das übergeordnete Ziel des professionellen Handelns? Als (sechste) These formuliert:

Für die Förderung von Gesundung und Heilung muß im Beratungs-/Behandlungsprozeß die folgende übergeordneten Frage gestellt werden: Was will durch mich bzw. den leidenden Menschen in die Welt gebracht werden?

Ich lade Sie wieder zu einem kleinen Experiment ein. Lassen Sie bitte diese Frage für einige Sekunden auf sich wirken:

„*Was will durch mich in die Welt gebracht werden?*"

... Welche Antworten tauchen spontan auf? ... Entspannen Sie für einen Moment noch etwas tiefer ... – ... Welche Antworten tauchen nun auf?

Fahren wir in unserer Erörterung fort. Es gelten unter der nondualen Bewußtseinsorientierung nun nicht mehr die uns vertrauten, ich-haften Zielsetzungen wie unermeßlicher Reichtum, steile Karriere, weltweite Bedeutung, globale Macht, unersättlicher Sex usw. (Siehe dazu das immer noch vergnügliche „Lehrbuch" von Jameson, Ford u. Loriot aus dem Jahre 1956 mit dem Titel „Wie werde ich reich, schlank und prominent?"). Welche Ziele können aber dann gültig werden? Ich will eine mögliche Antwort mit Hilfe einer Graphik skizzieren (Abb. 9).

Ich repräsentiere zunächst die mögliche Ganzheit des Menschen durch einen Kreis. Durch die Realisierung dessen, was ein Mensch ursprünglich, nämlich gemäß seinem *Wesen* in die Welt zu bringen hat, wird er ganz. Seine Biographie mag aber nun derart verlaufen, daß diese Ganzheit nicht erreicht wird. Der Mensch formt in seiner Lebenspraxis eine spezifische

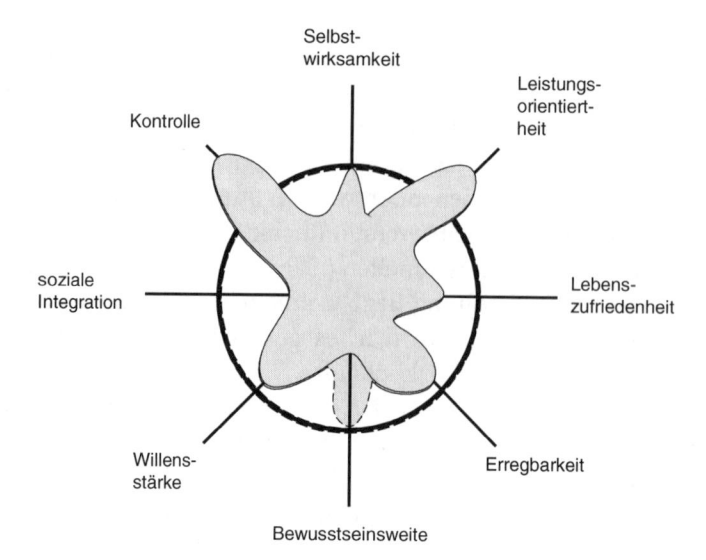

Abb. 9. Die mögliche Ganzheit des Menschen und die Ausformung von Persönlichkeitsmerkmalen in Relation zur möglichen Ganzheit.

Gestalt seiner Persönlichkeitsstruktur aus. Diese bleibt in manchen Bereichen hinter seinem Auftrag, hinter seiner Lebensaufgabe zurück; in anderen Bereichen fordern die Kultur oder die aktuellen Bedingungen seiner Lebenspraxis, daß die Ausformung eines Merkmals seiner Persönlichkeitsstruktur über das für ihn Angemessene hinausgeht.

In die Abbildung 9 habe ich zur Konkretisierung einige psychologisch wichtige Persönlichkeitsdimensionen (z. B. Erregbarkeit, Kontrolle, Lebenszufriedenheit, Leistungsorientiertheit, Selbstwirksamkeit, soziale Integration, Willensstärke) eingetragen. Würde diese Abbildung eine bestimmte Person beschreiben, so würden wir bei ihr jeweils ein Ausmaß von Leistungsorientierung und Kontrolle feststellen, das dieser Person nicht gemäß ist. Andererseits würde diese Person ihrer Chance zur Ausbildung von Willensstärke nicht entsprechen.

In diese Abbildung 9 ist auch meine Antwort auf die Frage nach den übergeordneten Behandlungszielen eingetragen. Sie finden in der Mitte unten den Begriff *Bewußtseinsweite*. Ich bezeichne damit den Sachverhalt, welcher Umfang von Bewußtseinszuständen einer Person aktuell bzw. habituell verfügbar ist. Dieses Merkmal fehlt bislang in den psychologischen Modellen zur Beschreibung einer Persönlichkeitsstruktur.

Um das Persönlichkeitsmerkmal „Bewußtseinsweite" zu veranschaulichen, hatte ich in der Abbildung 8 die vier Bereiche A, B, C und D unterschieden. Das „Behandlungsziel" wird also darin bestehen, den Bewußtseinsraum zu weiten. Eine Person sollte in der Beratung dahingehend an-

Auf dem Weg zu einer Psychologie des Bewußtseins 177

ALLTAGS-
BEWUSST-
SEIN

HÖHERE
BEWUSSTSEINS-
ZUSTÄNDE

NONDUALITÄT

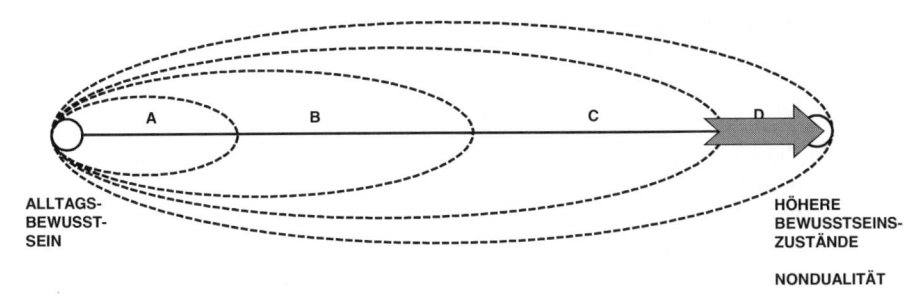

A   sachlich rationale Verhandlung
B   empathischer Diskurs
C   von der Erfahrung reiner Bewusstseinsqualitäten
    getragene Begegnungen
D   von der Erfahrung der Nondualtiät
    getragene Resonanz

Abb. 10. Das Entwicklungsziel *Weitung des Bewußtseins.*

geregt und begleitet werden, das Potential ihrer Bewußtseinsentwicklung mehr und umfänglicher zu realisieren. Sie wird sich also in Richtung „ganz" und „heil" entwickeln, wenn die Differenz zu der Erfahrung reiner Bewußtseinsqualitäten und zur Erfahrung von Nondualität vermindert wird (Abb. 10).

Die klinische Relevanz der Differenzierung von Beziehungsangeboten

Für diese These gibt es empirische Belege aus mehreren klinischen Studien (Fachklinik Heiligenfeld, Bad Kissingen, Ärztl. Direktor: Dr. Joachim Galuska; Caduceus Klinik, Bad Bevensen, Ärztl. Direktor: Peter Findeisen). Aus Platzgründen werden die Ergebnisse nicht ausführlich dargestellt (Belschner 2001, 2002).

Bei Patienten mit unterschiedlichen ICD-Diagnosen konnte durchgängig belegt werden, daß der Therapieerfolg dann größer war, wenn im Zeitraum des stationären Aufenthaltes zwei Entwicklungen komplementär stattgefunden hatten:

1. Personen mit hohem Behandlungserfolg nahmen sich wieder als zuständiger und kompetenter im Hinblick auf ihre Lebenspraxis wahr. In der Skala zur *Generalisierten Selbstwirksamkeit* (Schwarzer u. Jerusalem 1997) weisen die sehr erfolgreichen Patienten einen signifikanten Zuwachs auf.
2. Für einen sehr großen Behandlungseffekt ist aber noch eine zweite Entwicklung erforderlich: Die erfolgreichen Patienten machen besonders starke Entwicklungen in Richtung auf die Erfahrung höherer Bewußtseinszustände. In der Skala *Transpersonales Vertrauen* (tpv,

Tabelle 4. Items der Skala *Generalisierte Selbstwirksamkeit* (Schwarzer u. Jerusalem 1997)

Item Nr.	Item
01	Die Lösung schwieriger Probleme gelingt mir immer, wenn ich mich darum bemühe.
02	Wenn sich Widerstände auftun, finde ich Mittel und Wege, mich durchzusetzen.
03	Es bereitet mir keine Schwierigkeiten, meine Absichten und Ziele zu verwirklichen.
04	In unerwarteten Situationen weiß ich immer, wie ich mich verhalten soll.
05	Auch bei überraschenden Ereignissen glaube ich, daß ich gut damit zurechtkommen kann.
06	Schwierigkeiten sehe ich gelassen entgegen, weil ich immer auf meine Fähigkeiten vertrauen kann.
07	Was auch immer passiert, ich werde schon klarkommen.
08	Für jedes Problem kann ich eine Lösung finden.
09	Wenn eine neue Sache auf mich zukommt, weiß ich, wie ich damit umgehen kann.
10	Wenn ein Problem auftaucht, kann ich es irgendwie kompetent meistern.

Tabelle 5. Die Skala Transpersonales Vertrauen (tpv)

Item Nr.	Item	Ladung
45	Ich fühle mich mit einer höheren Wirklichkeit / mit einem höheren Wesen / Gott verbunden. Darauf kann ich auch in schweren Zeiten vertrauen.	.862
55	Ich versuche, mich der Hand Gottes / eines höheren Wesens / einer höheren Wirklichkeit anzuvertrauen.	.860
48	Wir Menschen können nicht alles bestimmen. Es gibt eine höhere Wirklichkeit / ein höheres Wesen / Gott, dem ich mich anvertrauen kann.	.860
50	Manchmal habe ich den Eindruck, daß ich in meinem Leben aus einer höheren Einsicht heraus geführt werde.	.818
52	Religiöse Praktiken (z. B. Beten, Mantren sprechen, geistige Lieder singen, meditieren) helfen mir in schwierigen Situationen.	.770
56	Meine Seele lebt auch nach meinem Tod weiter.	.734
47	Ich bin Teil eines großen Ganzen, in dem ich geborgen bin.	.729
51	Ich bezeichne mich als religiös, auch wenn ich keiner Glaubensgemeinschaft angehöre.	.697
71	Ich bin ein Mensch mit Körper und Intellekt. Und ich bin auch untrennbar mit dem Kosmos verbunden.	.632
54	Es gibt in einem Menschenleben manches Glück oder Unglück, das meine Möglichkeiten des Erklärens und Verstehens übersteigt.	.585
70	Ich habe schon die Erfahrung gemacht, daß ich mich mit der Welt und dem Kosmos eins fühle.	.536

Tabelle 6. Zusammenstellung der Patientengruppen mittels der beiden Tests.

Gruppe 1	solche Patienten, die am Behandlungsende in beiden Tests niedrige Werte aufweisen
Gruppe 2	solche Patienten, die am Behandlungsende im TPV hohe Werte, in der Generalisierten Selbstwirksamkeit niedrige Werte aufweisen
Gruppe 3	solche Patienten, die am Behandlungsende im TPV niedrige Werte, in der Generalisierten Selbstwirksamkeit hohe Werte aufweisen
Gruppe 4	solche Patienten, die am Behandlungsende in beiden Tests hohe Werte aufweisen

Belschner 1998) weisen diese sehr erfolgreichen Patienten ebenfalls einen signifikanten Zuwachs auf.

Für die Auswertung haben wir die Gesamtstichprobe in 4 Gruppen von Patienten aufgeteilt.

Das eben referierte Ergebnis läßt sich graphisch folgendermaßen darstellen (Abb. 11):

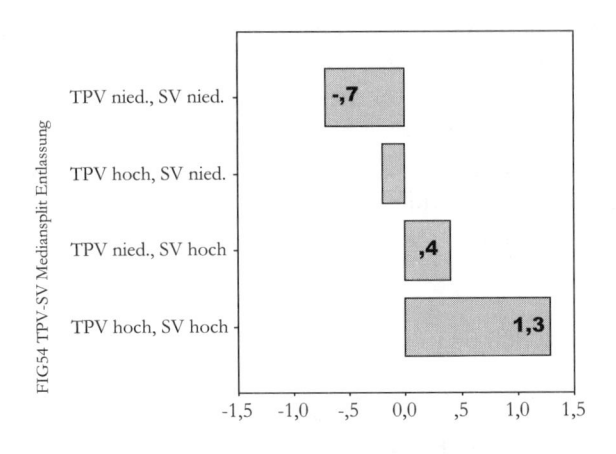

Abb. 11. z-transformierte Werte des multiplen Erfolgskriteriums für die 4 Stichproben.

In der Gruppe 4 versammeln sich die Patienten, die in den beiden Skalen der Selbstwirksamkeit und des Transpersonalen Vertrauens hohe Zuwächse zu verzeichnen hatte. Diese Gruppe weist den besten Behandlungserfolg (EMEK-17, z-transformiert) mit dem Wert 1,3 auf. Demgegenüber weist die Patientengruppe 1, in der sich die Patienten mit den niedrigsten Zuwächsen in den beiden Skalen befinden, auch den niedrigsten Behandlungseffekt mit dem Wert -0,7 auf. Die beiden Patientengruppen 2 und 3, bei denen jeweils nur in einer Skala ein bedeutsamer Zuwachs zu verzeichnen war, zeigten mittlere Behandlungseffekte.

Wir können also davon ausgehen, daß die Einbeziehung der Dimension des Bewußtseins in das klinische Behandlungskonzept auch von ökonomischer Bedeutung ist: ein integrales, d.h. die Dimension des Bewußtseins berücksichtigendes Behandlungskonzept „rechnet" sich im Hinblick auf die Behandlungskosten. Angesichts der ständigen Debatten um die Explosion der stationären Kosten wird hier ein fruchtbarer Weg zur Kostendämpfung gewiesen, der aus meiner Sicht auch ethisch vertretbar ist.

Das klinische Setting als Prototyp einer innovativen Bewußtseinskultur

Ein wichtiger Hinweis ist hier noch erforderlich. Ich hatte eingangs behauptet, daß nicht nur die einzelne Person einen Prozeß der Bewußtseinsweitung zu durchlaufen habe, sondern daß dieser individuelle Prozeß eingebunden sein muß in die Kultur, der ein Mensch angehört. Ich hatte gefordert, daß diese Kultur das gesamte Spektrum der Bewußtseinszustände als normal anerkennen und der wesensgemäßen Ausstattung des Menschen zurechnen muß, damit der Mensch ganz werden kann. Die Klinik oder das jeweilige Behandlungs- oder Beratungs-Setting steht hier stellvertretend für die Kultur, die diese Innovation der Bewußtseinsentwicklung ermöglichen kann. Das klinische Setting wird somit zum Prototypen einer innovativen ganzheitlichen Bewußtseinskultur. Hier wird erkennbar, wie wichtig die Bewußtseinsbildung der Professionellen für die Entwicklung zur Ganzheit bei den Zielpersonen ist.

Zeichen des Wandels in der Mainstreamkultur

Ich hatte eingangs auch davon gesprochen, daß zur Zeit dem Alltags-Wachbewußtsein im öffentlichen Leben und in der Wissenschaft ein Monopol zuerkannt wird. Angesichts dieser Situation ist man sehr sensibilisiert für Indikatoren eines kreativen kulturellen Wandels. Als einen solchen Hinweis interpretiere ich das Faktum, daß das Magazin TIME in der Ausgabe vom 27. Oktober 2003 die 8seitige Titelgeschichte dem Thema „The Science of Meditation" widmet (Abb. 12).

Bemerkenswert an diesem Titel ist, daß er den Begriff „science" enthält: er weist darauf hin, daß zu dem Thema Meditation nun wissenschaftlich ernstzunehmende Untersuchungen vorliegen. In dem Artikel findet man deshalb auch nicht die sonst übliche Häme über die Menschen, die sich anscheinend abstrusen Übungen hingeben. Der Beitrag weist stattdessen auf den gesicherten gesundheitsförderlichen Wert der Meditation hin, ja, er empfiehlt geradezu mit dem Meditieren zu beginnen,

Abb. 12. Titelblatt der TIME-Ausgabe vom 27. Oktober 2003.

um sich durch einen sanften Wandel der wesentlichen Lebenseinstellungen vor Krankheiten zu schützen. Wir können also die Titelgeschichte als einen Beitrag zu mehr öffentlicher Anerkennung und zu einer größeren öffentlichen Wertschätzung für das Thema Bewußtsein interpretieren, vielleicht auch schon als Hinweis auf das Aufkeimen einer neuen integralen Bewußtseinskultur (Aurobindo 1957; Gebser 1986; Jäger 2000).

Das Vorurteil der Weltflucht und die Normalität der Bewußtseinsweitung

Gegenüber der Meditation als einer bewußtseinsweitenden Methode wird immer wieder ein Vorurteil vorgebracht, nämlich: Menschen, die meditieren würden, gerieten in Gefahr, sich aus dem Alltag und seinen Aufgaben zu verabschieden. Es wird unterstellt, sie würden sich auf Kosten der Allgemeinheit aus dem Alltagsleben ausklinken. Dieses Vorurteil der Weltflucht entspricht in keiner Weise dem Konzept der Meditation – und es entspricht nicht der hier vertretenen Auffassung von Bewußtseinsweitung. (Es entspricht auch nicht den historischen Beispielen: Aurobindo und Gandhi etwa, die wesentlich zum Prozeß der Gewinnung der Unabhängigkeit Indiens von der britischen Kolonialherrschaft und zur Demokratisierung Indiens beigetragen haben, waren vorbildliche meditative Bewußtseinserforscher.)

Am Beispiel des Zyklus der sogenannten „Zehn Ochsenbilder" aus der Zen-Tradition läßt sich veranschaulichen, daß eine mittels Meditation erreichte Bewußtseinsweitung zu einer gelingenden Meisterung des Alltags beiträgt. In dem Zyklus wird ein Mensch, der Hirte, geschildert, der sich aufmacht, sein Bewußtsein zu erforschen. Am Ende dieses Selbst-Erforschungsprozesses gelingt es ihm, den Ochsen, d. h. den uns unablässig beherrschenden Gedankenstrom, zu bändigen. Auf dieser neu gewonnenen Basis seines Lebens kann er sich nun – gelassen und einverstanden mit sich selbst – den alltäglichen Aufgaben zuwenden. In dem begleitenden Text zum 10. Bild heißt es (Abb. 13):

Abb. 13. Das 10. Bild des Zyklus „Der Ochs und sein Hirte": „Das Betreten des Marktes mit offenen Händen".

„*Mit entblößter Brust und nackten Füßen
kommt er zum Markte.
Über und über ist er mit Staub bedeckt,
das Gesicht mit Erde beschmiert,
seine Wangen überströmt ein mächtiges Lachen.
Ohne Geheimnis und Wunder
bringt er verdorrte Bäume im Nu zum Erblühen.*"

Mit diesem Menschen hat offensichtlich ein tiefgreifender Wandel stattgefunden. Er kehrt am Ende seines Entwicklungsprozesses auf den Marktplatz des Lebens zurück. Er setzt sich ohne Murren mit den gröbsten, schmutzigen Alltäglichkeiten auseinander. Aber er scheint durch seine meditative Übung etwas Wesentliches gefunden zu haben: er lacht angesichts all dieser Aufgaben. Er beruft sich dabei nicht auf Kräfte, die außerhalb von ihm sind. Und dennoch geschehen eigentlich unmögliche Ereignisse, wir können sagen, Ereignisse der Heilung. Indem er einfach da ist, durch sein schlichtes Da-Sein, durch seine Präsenz, vollbringt er Wunder – Verdorrtes kann wieder erblühen.

Mit diesem Text erhalten wir ein anschauliches Beispiel für die Wirkung, die von der Bewußtseinsweitung ausgehen kann. Meines Erachtens sind wir als Professionelle aufgefordert, uns dieses humane Potential zu erschließen und zum Wohle der Menschen zu kultivieren, damit die Differenzierung von Bewußtseinszuständen in Zukunft zu den normalen Kompetenzen der Meisterung des Lebens gehören wird.

Die Entwicklung einer neuen Bewußtseinskultur

Wenn wir also die kulturellen Voraussetzungen für eine zukünftige Kultur gestalten wollen, in der die Differenzierung von Bewußtseinszuständen als normal akzeptiert und in der höhere Bewußtseinszustände nicht unter den Verdacht der Psychopathologie geraten, dann können wir uns fragen:

Von wem können wir etwas lernen? Gibt es zumindest ein Beispiel, in dem es gelang, die öffentliche Meinung zu beeinflussen?

Ich will Sie mit dem Beispiel eines gelungenen gesellschaftlichen Entwicklungsprozesses bekannt machen. Er findet sich unter dem Stichwort

„Gender Mainstreaming".

Die Bemühungen der Frauenbewegung, Chancengleichheit zwischen den Geschlechtern zu erreichen, sind seit 1999 insofern erfolgreich, als die Strategie des *Gender Mainstreaming* eine verbindliche EU-Richtlinie geworden ist. Sie bedeutet, daß nun die – bislang meist vernachlässigte – Kategorie Geschlecht („Gender") grundlegend in allen politischen Entscheidungsprozessen und Maßnahmen zu berücksichtigen ist. „Mit dem Inkrafttreten des Amsterdamer Vertrages am 1. Mai 1999 haben die EU-Mitgliedstaaten ein vitales Interesse an der Umsetzung von Gender Mainstreaming entfaltet. Artikel 2 und Artikel 3 des EG-Vertrages verpflichten die Mitgliedstaaten zu einer aktiven und integrierten Gleichstellungspolitik im Sinne des Gender Mainstreaming" (Sonntag 2002).

In Analogie zu dieser rechtlich verbindlichen gesellschaftspolitischen Entwicklung bringe ich hier die Forderung ein, die in der derzeitigen historischen Epoche selbstverständlich gewordene und deshalb vergessene Kategorie Bewußtsein („consciousness") in alle gesellschaftlichen Entwicklungs- und Entscheidungsprozesse explizit aufzunehmen. Ich propagiere also die politische Strategie des

„Consciousness Mainstreaming".

Die Analogie besteht darin, ein neues Schlüsselwort in die Forschungspolitik, in die psychologische Forschung und in die psychologische Handlungspraxis einzuführen:

Das Ziel der Strategie des *Consciousness Mainstreaming* besteht darin, sowohl auf der individuellen Ebene Prozesse der Bewußtseinsdifferenzierung zu ermöglichen („*Bewußtseinsbildung*"), als auch auf der institutionellen und gesellschaftlichen Ebene die Entwicklung eines förderlichen Kontextes („*Bewußtseinskultur*") zu etablieren.

Ich will Ihnen die Relevanz der Strategie des Consciousness Mainstreaming an einem Beispiel verdeutlichen. Viele von uns sind in Funktionen tätig, die mit Entscheidungsbefugnis und damit mit Macht ausgestattet sind. Stellen Sie sich nun vor, Sie sind als Gutachter für eine wissenschaftliche Zeitschrift tätig, oder Sie sind im Beirat und Herausgeber-Team einer Verlagsreihe tätig, oder Sie sind als Gutachter im Antragsverfahren für ein Forschungsprojekt tätig. Stellen sie sich nun weiter vor, Sie würden das Kriterium des Consciousness Mainstreaming anwenden.

Sie würden derzeit eine vergleichsweise leichte Arbeit haben. Sie könnten und müßten nämlich nach kurzem Anblättern der Artikel oder Anträge feststellen, daß das Kriterium des Consciousness Mainstreaming nicht erfüllt wird. Sie würden also konsequent die Publikation oder die Bewilligung von Forschungsmittel ablehnen. Und Sie würden – so wie es die Kolleginnen über viele Jahre mit nicht nachlassendem Engagement uns als Modelle vorgemacht haben – eine Nachbesserung oder ein gänzlich neues Studiendesign fordern. Können Sie sich in ein solches Szenario hineinversetzen? Können Sie für sich akzeptieren, daß ein solches Szenario sich mit Ihrer Mithilfe in den nächsten 15 Jahren umsetzen läßt?

Die Etablierung einer Psychologie des Bewußtseins ist also eine Aufgabe, bei der wir wie in der Zen-Geschichte vom Ochsen und seinem Hirten zurückkehren müssen auf den Marktplatz. Lassen Sie uns damit jetzt beginnen!

Anmerkungen

[1] Der folgende Text wurde bereits an anderen Orten mit leichten Änderungen publiziert (Belschner (2004) Die Dimension des Bewußtseins in der Gesundheitsförderung. In: Göpel E (Hrsg.) Gesundheit bewegt. Wie aus einem Krankheitswesen ein Gesundheitswesen entstehen kann. Mabuse, Frankfurt, S 162–187. Belschner W (2004) Die Differenzierung von Bewußtseinszuständen in der Psychotherapie. In: Mauthe J-H (Hrsg.) Heil und Unheil für die Seele. AXEPT Verlag. Belschner W (2004) Consciousness Mainstreaming. In: Belschner W, Hofmann L, Walach H (Hrsg.), Bewußtseinsentwicklung. LIT Verlag, Münster)

[2] Die im Text verwendeten Übungen sind (nur) unter Angabe des Autors und der Quelle übernehmbar.

[3] Die CD „Training der Achtsamkeit" ist beim Autor erhältlich (10,- Euro zzgl. Versandkosten).

Literatur

Alain G (2000) Auroville. Auroville International: avi@auroville.org.in
Alfassa Mira genannt Die Mutter (2001) Der sonnenhelle Pfad Sri Aurobindo Trust, Pondicherry
Aurobindo (1957) Der Integrale Yoga. Rowohlt, Hamburg
Baruss I (2003) Alterations of Consciousness. APA, Washington
Belschner W (1998) Die Skala Transpersonales Vertrauen. Arbeitspapier Universität Oldenburg. Abt. Gesundheits- & Klinische Psychologie. (siehe: Belschner W, Krischke NR (2004) Transpersonales Vertrauen – Manual. LIT Verlag, Münster)
Yeginer A (2000) Forschungsinstrumente der Transpersonalen Psychologie BIS, Oldenburg
Belschner W (2001) Tun und Lassen: ein komplementäres Konzept der Lebenskunst. Transpersonale Psychologie und Psychotherapie 7(2): 85–102
Belschner W (2002) Die vergessene Dimension in Grawes Allgemeiner Psychotherapie. In: Belschner W, Galuska J, Walach H, Zundel E (Hrsg.) Transpersonale Forschung im Kontext. BIS, Oldenburg, S 167–216
Belschner W (2003) Ergebnisse der empirischen Forschung zur Transpersonalen Psychotherapie. In: Galuska J (Hrsg.) Den Horizont erweitern. Berlin, Leutner, S 93–135
Belschner W, Galuska J (1999) Empirie spiritueller Krisen – Erste Ergebnisse aus dem Projekt RESCUE. Transpersonale Psychologie und Psychotherapie 5(1): 78–94
Belschner W, Koch-Göppert G (2003) Transpersonale Psychologie – ein besonderes Kapitel Hochschulpolitik. In: Belschner W, Hofmann L, Walach H (Hrsg.) Auf dem Weg zu einer Psychologie des Bewußtseins. BIS, Oldenburg, S 167–211
Dürckheim Graf K (1972) Durchbruch zum Wesen. Huber, Bern
Dürr H-P (2002) Physik und Ganzheit. (Beitrag im Rahmen des Symposium „Ganzheit", 21.–22.10.2002, Intern. Institute of Biophysics, Station Hombroich, Neuss)
Dürr H-P, Oesterreicher M (2001) Wir erleben mehr als wir begreifen. Herder, Freiburg
Engel K (1999) Meditation. Geschichte, Systematik, Forschung, Theorie. Lang, Frankfurt
Fliegel S, Groeger WM, Künzel R, Schulte D, Sorgatz H (1981). Verhaltenstherapeutische Standardmethoden. Urban & Schwarzenberg, München
Freeman A (2003) Consciousness. A Guide to the Debates. ABC Clio, Santa Barbara
Freud S (1930) Das Unbehagen in der Kultur. GW XIV. Fischer, Frankfurt
Galuska J (2003) Die erwachte Seele und ihre transpersonale Struktur. Transpersonale Psychologie und Psychotherapie 9(2): 6–17
Gebser J (1986) Gesamtausgabe. Novalis, Schaffhausen
Jäger W (2000) Die Welle ist das Meer. Herder, Freiburg
James W (1997) Die Vielfalt religiöser Erfahrung. Insel, Frankfurt
Kakar S (1982) Schamanen, Heilige und Ärzte. Psychotherapie und traditionelle indische Heilkunst. Biederstein, München
Kükelhaus H, zur Lippe R (1982) Entfaltung der Sinne. Fischer, Frankfurt
Laucken U (2003) Theoretische Psychologie. Denkformen und Sozialpraxen. BIS, Oldenburg
Lopez Shane J, Snyder CR (2003) Positive Psychological Assessment. APA, Washington
Loy D (1988) Nondualität. Über die Natur der Wirklichkeit. Krüger, Frankfurt
Martin B (1985) Handbuch der spirituellen Wege. Rowohlt, Reinbek

Mees U (1991) Die Struktur der Emotionen. Hogrefe, Göttingen
Miller WR (Ed.) (1999) Integrating Spirituality into Treatment. APA, Washington
Richards PS, Bergin AE (Eds.) (1997) A Spiritual Strategy for Counseling and Psychotherapy. APA, Washington
Richards PS, Bergin AE (Eds.) (2003) Casebook for a Spiritual Strategy in Counseling and Psychotherapy. APA, Washington
Rogers CR (1983) Therapeut und Klient. Fischer, Frankfurt
Scharfetter C (1997) Der spirituelle Weg und seine Gefahren. Enke, Stuttgart
Schmid W (2000) Schönes Leben? Einführung in die Lebenskunst. Suhrkamp, Frankfurt
Schultz IH (1980) Übungsheft für das autogene Training. Thieme, Stuttgart
Schumacher J, Klaiberg A, Brähler E (Hrsg.) (2003) Diagnostische Verfahren zu Lebensqualität und Wohlbefinden. Hogrefe, Göttingen
Schwarzer R, Jerusalem M (1997) Das Konstrukt Generalisierte Selbstwirksamkeit. (FU Berlin, Institut für Psychologie)
Shafranske EP (Ed.) (1996) Religion and the Clinical Practice of Psychology. APA, Washington
Sonntag U (2002) Gender Mainstreaming: Einführung in ein Konzept und seine Rezeption. Verhaltenstherapie & psychosoziale Praxis 34: 487–492
Tart CT (2000) Bewußtsein aus psychologischer, transpersonaler und parapsychologischer Sicht. Psychische Studien 1(3): 118–125 (Originaltext: htttp://www.paradigm-sys.com/cttart/)
TIME (2003) The Science of Meditation. Ausgabe vom 27.10.2003, S 44–51
Walach H (2001) Bausteine für ein spirituelles Welt- und Menschenbild. Transpersonale Psychologie und Psychotherapie 7(2): 63–78
Weizsäcker V von (1973) Der Gestaltkreis. Suhrkamp, Frankfurt

◇

Wilfried Belschner, Prof. Dr., Dipl.-Psych., Universitätsprofessor für Psychologie an der Carl-von-Ossietzky-Universität Oldenburg, Arbeitsgruppe Gesundheitsforschung, Gesundheitsförderung. Lehr- und Forschungsgebiete: Gesundheitspsychologie, Public Health, transpersonale Psychologie, Qigong. Vorsitzender des Deutschen Kollegiums für Transpersonale Psychologie (DKTP) und der European Transpersonal Association (EUROTAS).
Anschrift: Universität Oldenburg, Fak. IV, Gesundheits- & Klinische Psychologie, Postfach 2503, 26111 Oldenburg
Email: wilfried.belschner@uni-oldenburg.de
Internet:
www.psychologie.uni-oldenburg.de/wilfried.belschner/index.htm
www.uni-oldenburg.de/transpersonal
www.dktp.org

Liebeskraft als Erkenntniskraft
Grundzüge einer spirituellen Wissenschaft *

Claus Eurich

Abschied von der Täuschung
Die Möglichkeiten der Wissenschaft sind noch unerkannt

> „Was können die Weisen Weises lehren,
> wenn sie Gottes Wort verwerfen?"
> (Jeremia 8,9)

Die Menschheit verdankt der neuzeitlichen Wissenschaft viel. Hervorragende Leistungen haben nahezu alle Fachbereiche vorzuweisen; erstaunliche Erkenntnisse wurden zu Tage gefördert und operationalisiert, sprich in Praxis, technischer oder sozialer Art, umgesetzt. Das also gilt es nicht in Frage zu stellen, daß der menschliche Geist in der Sphäre der Wissenschaft in außerordentliche Leistungsspitzen vorgestoßen ist. Doch dieser Aufstieg hatte einen hohen Preis. Der Verlust von Universitas und Einheitsbewußtsein, die Abwendung von der Liebe zum „Gegenstand" der Forschung, die Trennung von dem Wissen um die finale Verwiesenheit allen Erkennens und Tuns auf den göttlichen Ursprung und Horizont stehen ganz oben auf der Rechnung. Als weitere Positionen folgen: Der Mißbrauch durch fremde Mächte, solche des Geldes, des Marktes und der herrschaftlichen Gewalt; eine Spezialisierung, die den Blick für das Ganze verbot; eine Entseelung von Labors, Seminarräumen, Hörsälen und Besprechungszimmern, in denen die Auszubildenden und der wissenschaftliche Nachwuchs weniger als Zukunftshoffnung für den Lebensraum Erde, sondern eher als willfährige Verfügungsmasse für die Mächte des Gegenwärtigen gesehen und behandelt werden.

Das Haus der Wissenschaft ist zu einem Warenhaus für vielfältigste Spezialinteressen geworden. Es kann nicht verwundern, daß im Laufe dieser Entwicklung das Streben nach universalem Wissen dem Druck nach Spezialisierung, Parzellierung und Instrumentierung weichen mußte. Damit begann auch die bloße Ausbildung den Prozeß der Bildung zu überwuchern und zu dominieren. Unbestritten – die Perfektion, die man durch Spezialisierung in Forschung und Lehre erreichte, brachte einen enormen

---

* Dieser Beitrag erschien auch in den „Transpersonalen Studien" Bd. 9, BIS. Oldenburg.

Zuwachs an Wissen. Aber die Zusammenführung von Spezialisierung mit dem Ideal des Dienstes am Lebenden und Werdenden sowie dem Ideal des universal gebildeten Menschen wurde nicht mehr geleistet; beides ließ sich wohl auch nicht miteinander vereinbaren. Und so hat die „Universität" als Hort und Schutzraum der Wissenschaft ihre „Universalität", und damit ihr Selbstverständnis weitgehend verloren. Ihr fehlen Begriff und Bewußtsein von ihrem eigentlichen Selbst.

Daß es soweit kommen konnte, hat vielfältige Gründe, und Vorsicht ist geboten vor einfachen Antworten. Eines jedoch scheint sicher: An dieser Entwicklung haben die Entmythisierung von Sein und Zeit, der Verlust der Ehrfurcht vor allem Leben und die konsequente Verdrängung des Göttlichen einen entscheidenden Anteil. Der wissenschaftliche Mensch in seinem Machbarkeits- und Allmachtswahn ist sich selbst zum letzten Maßstab geworden; er hat die Macht der instrumentellen Vernunft zum Mythos seiner Seins-Orientierung erhoben und damit auch den instrumentell bewirkten und wesenhaft instrumentellen Fortschritt mythisiert.

Die Aufklärung war angetreten, die Menschen aus überwiegend unverschuldeten Systemen, Orientierungen und Strukturen der Unmündigkeit zu befreien. Durch Wissenschaft, den wissenschaftlichen Fortschritt und seine Verabsolutierung aber entstanden neue Unmündigkeitsstrukturen, die – von heute aus besehen – das Projekt Aufklärung partiell ins Scheitern führten. Die wissenschaftliche Moderne kann gesehen werden als Herauslösung der Logoskräfte aus der ursprünglichen Einheit mit dem Gott zugewandten Mythos, als Dominant-Werden auch einer einseitigen männlichen Rationalität. In der fanatischen Begeisterung für diese Rationalität entfernte sich, unterstützt durch die Materialisierung des Logos in Technik und Strukturen, das wissenschaftliche und verwissenschaftlichte Denken von all dem, was dem Leben und dem Sein Tiefe gibt. Diese Kriegserklärung an den ganzheitlichen Geist und das ganzheitliche Denken bewirkte letztendlich auch den Abschied von der wirklichen Rationalität. Wirklichkeit wurde reduziert auf das Analysier- und Meßbare, das Beherrschbare und Ausbeutbare. Dem Leben in seinen vielfältigen Erscheinungsformen blieb die bloße Opferrolle; Opfer für die experimentellen Riten der Wissenschaftspriester, Opfer für den vergötzten Fortschritt. War zunächst noch der Mensch in einer humanistisch sich verstehenden Wissenschaft absolut gesetzt – mit den bekannten Folgen für Tierwelt und Natur macht die instrumentalisierte Wissenschaft nun auch vor ihm und dem verdinglichten Blick auf sein Leben nicht mehr halt, wie Entwicklungen im Bereich der Bio- und Gentechnologie zeigen. Mehr und mehr enthüllt sich die westliche Wissenschaft, und hier vor allem die sogenannten Naturwissenschaften, in ihrer Lebensfeindlichkeit und in ihrer Reduktion von Leben auf experimentelle Spielmasse als eine moderne Form der schwarzen Magie. Denken wir an dieser Stelle etwa noch einmal an die medizinische Wissenschaft, die um der Optimierung menschlicher Körperfunktionen willen vor keinem Horror des Verbrauchs und der Vernutzung anderer Lebensformen halt macht.

Mittlerweile hat – vom Abendland ausgehend – diese Weise des Umgangs mit Welt das kulturelle Gesamt auf dieser Erde erreicht. Nie war, global betrachtet, die instrumentelle Gewalt größer. Nie waren Inquisitoren eines universalistischen Geltungsanspruchs mit solch universaler Macht ausgestattet.

Die alte Wissenschaft führte in die Verwissenschaftlichung, den sogenannten Szientismus. Höchstgradige Arbeitsteilung und eine fortschreitende methodische Verfeinerung bewirkten einen enormen Zuwachs meßbaren und in mehr und mehr Details sich erweiternden Wissens, letztlich jedoch auf lediglich mittelmäßigem Niveau. Denn das, was sich dem empirischen Blick nicht erschloß, galt wissenschaftlich als nicht existent. Jetzt zeigen und zeigten sich die verheerenden Folgen der Abkehr von der Universitas als Gesamtheit, festzumachen an der Abtrennung von Ethik, von Kunst und Spiritualität vom wissenschaftlichen Prozeß und dem wissenschaftlichen Selbstverständnis. Blockiert wurde damit eine dem geistigen, künstlerischen und ästhetischen zugewandte Weiter- und Höherentwicklung der Erkenntnisfähigkeiten. Was als Ganzheit und im Detail sich als Sein im Kosmos immer auch ästhetisch artikuliert, immer der Vielfalt und Vieldeutigkeit entsprang und sie in sich trägt, verwoben, vernetzt und verwurzelt, es wurde im engen Blick der Moderne auf Eindeutigkeit reduziert. An der entsprechenden Re- und Neuintegration muß eine neue Wissenschaft arbeiten.

Sie zieht ihren Antrieb nicht aus den Erfordernissen und Gesetzen des Marktes, unterwirft sich nicht dem Geltungs- und Deutungsanspruch eines instrumentellen Geistes, der nur parzelliert, sammelt, zählt und mißt. Sie gehört nicht dem Blick der Zwecke und des vordergründigen Nutzens an, verschreibt sich nicht einer Zweckphilosophie. Ihr Heimatraum kommt aus der Vielfalt des Ganzen, liegt in der Vielfalt des Einsseins und fördert sie. Ihr Wesen ruht in Liebe, Nichtverletzen, Güte und reinem Erkennen. Das schließt Selbstbeschränkung und Grenzwertbewußtsein für das Handeln mit ein. Wer aus diesem Kosmos kommt, der wird sich den schmalen Blick um der schärferen Sicht willen leisten können, ohne ihn durch Abgrenzung und grundsätzliche Reduktion erkaufen zu müssen, der wird den Mikrokosmos studieren können, ohne seine Teilhaftigkeit mit dem Makrokosmos aus den Augen zu verlieren. Und in allem wird er denselben Ursprung des Werdens und Sich-Entwickelns am Werke sehen. Aus diesem Kosmos heraus bieten sich keine geschlossenen Weltbilder mehr, die aus geschlossenen Denksystemen erwachsen sind. Klar und gleichzeitig unfaßbar, absolut in Intuition und innerer Gewißheit und durch die Grenzen unserer Erkenntnis doch immer nur relativ, liegt der Prozeß des Werdens vor uns. Ein entsprechendes wissenschaftliches Umdenken und Umlenken erforderte dabei so viel nicht. Große Schritte wären bereits im Bestehenden gangbar. Die Versöhnung von Wissenschaft und Bildung, wie sie schon hinter der Humboldtschen Universitätsidee stand, läßt sich jederzeit verwirklichen. Die methodisch oft unvermeidbare Spezialisierung muß, ja soll dabei nicht aufgegeben werden. Entscheidend sind die integrativen Gewinne, die bereits aus der Spezialisierung zu ziehen sind. Entscheidend sind das Erkennen von Kontexten und die Herstellung von Kontextübergängen, die Anerkennung komplexer Strukturen und der Bau von fach- und sachübergreifenden Schnittstellen: mit der Bereitschaft, sich selbst, die eigenen Motivationen und die eigene Forschung in Frage zu stellen, offen zu sein, bereit zu Hören und bereit zu herrschaftsfreiem und undogmatischem Diskurs. Diese Bereitschaft müssen beide Seiten, Lehrende und Lernende, Forschende und Auszubildende, erbringen. Denn auch im System Wissenschaft bleiben beide Seiten vereint als Suchende. Das fachübergreifende und kontextbezogene Analysieren, Erkennen, Lehren und Lernen führt im günstigen Falle zur Einübung in das, was wir sachlich, zeitlich, sozial, ökologisch und global benötigen: Die Kunst des Überblicks, die Kunst des vernetzten Denkens, die Kunst der Analyse mit zeitlicher, sachlicher und kontextueller Tiefenschärfe. Wer sich in dieser Kunst übt, dem werden Wissen und Analyse auf der einen, sowie Intuition und Vision auf der anderen Seite nicht mehr als fremd und unversöhnlich, sondern zusammengehörig und erkenntnissteigernd erscheinen – wie dies nachweislich, doch zumeist unreflektiert, bei manchen wissenschaftlichen Großtaten der Fall war.

In den sogenannten Naturwissenschaften könnte die Bereitschaft und Fähigkeit zu kontextueller Schau die Dominanz der Apparate brechen. Neben feinster Messung hätten die „Dinge" und Gegebenheiten selbst wieder die Chance, zu sprechen und zu sagen, was sie sind – so wie wir es in der Kunst als selbstverständlich ansehen. Das wäre ein Durchbruch zu wahrhaftem Rationalismus, der tief und nicht verengt ist, und zu einer Rationalität, welche die Vorbedingungen ihres Gegenstandes, seine Eingebundenheiten sowie seine Primär- und Nebenwirkungen berücksichtigt. Es wäre der Durchbruch des Geistes in der Wissenschaft, der immer mehr umfaßt als analytisches und zielgerichtetes Denken. Und das wäre viel, sehr viel.

Eine neue spirituelle Wissenschaft, um die es im Folgenden ausschließlich gehen soll, weist jedoch darüber noch hinaus. Ihr Horizont liegt bei den Dimensionen der Weisheit. Vor die Wissensgier stellt sie Ehrfurcht, Liebe und das Nichtverletzen. Sie heiligt ihren „Gegenstand".

Tiefe Wissenschaft ist Gottsuche

Manche Verbindung von Religion/Gottesbeziehung/Gottsuche und Wissenschaft geriet in der Vergangenheit durch dogmatische Geist-Beschränkungen und fundamentalistische Blindheiten zu Recht in den Ruch erkenntnisfeindlicher Verdunkelung. Seitens einiger Glaubenssysteme wurde der Intellekt von der Verstandesseite her beschnitten, so wie das szientistische Gegenüber ihn auf bloße Verstandesfähigkeit reduzierte. Der Intellekt allerdings ist unsere reichste Quelle, was den Zugang nicht nur zu den Schätzen des Wissens, sondern auch zur Wirklichkeit des Göttlichen anbelangt. In ihm fließen, wenn er sich entwickeln kann und Förderung erfährt, der menschliche Verstand, die sinnliche Erfahrung, die Vernunft und die heilige Erkenntnis zusammen (vgl. Nasr 1990, Kap. 1). Ohne den ganzen Intellekt kann das Fundament aller wahrhaften Wissenschaft, die Vermählung von Philia (Liebe) und Sophia (Weisheit) zur Philosophie, nicht zustandekommen. Auch könnte kaum ein größerer Irrtum begangen werden, als in dem Aufbruch zu kosmischer Philosophie und Wissenschaft die im Detail und ihrer Summe teilweise außerordentlichen intellektuellen Leistungen der Geistesgeschichte negieren oder gar aufheben zu wollen. Was wir übrigens, selbst wenn wir das wollten, gar nicht könnten; durchziehen doch diese zu Weltbildern geformten Erkenntnisse bewußt und unbewußt nicht nur unser Denken, sondern auch unser Empfinden und Handeln. Die Integration des essentiell gereinigten und geprüften Wissens öffnet auch hier das Fenster in neue Wissens- und Bewußtseinsdimensionen. Abendländische, östliche und südliche Weisheits- und Erkenntnisschulen sind integrations- und ausgleichsfähig, wenn wir lernen, sie als Variationen des einen Ursprungsgeistes zu sehen und zu verstehen. Verschiedene Flüsse vereinigen sich zu einem Strom, den es in den Ozean der ewigen Gesetze und damit der Gesetze des Fließens und der Bewegung zieht. Bedarf es noch der Betonung, daß Gegenstand und Selbstverständnis solcher Wissenschaft und Philosophie transanthropologisch, ja transterran sind?

Eine – hier spirituell genannte – Wissenschaft sucht, über Formen, Erscheinungen und Besonderheiten hinaus, nach dem Ursprung, dem Wesen und Ziel des Lebens, des Werdens und Wandelns. Sie sieht in ihrem Ausgangspunkt, daß der Prozeß des Werdens und der Entwicklung nicht nur auf evolutionärer Entfaltung beruht, sondern daß etwas Wesentliches voranging und hinzutritt – Schöpfungs- und Lebensenergie! Physikalische, chemische und biochemische Kraftfelder korrespondieren mit denen des Geistes und des Lebens; und diese Korrespondenz erst führt zu Sein und Entwicklung.

Der Ursprung steht als das Absolute über den Formen, doch die Entfaltung der Formen und Wesenheiten, ihr Werden und ihr Wandel, wandeln das Absolute mit, oder besser, schmücken es aus.

So gesehen, ergeben sich zwei wunderbare Perspektiven: Einmal, daß auch das Absolute, daß auch Ursprungs- und Lebensenergie selbst im Prozeß des Werdens stehen; und zweitens, daß die Ausformung des Werdens in ihrer Vielfalt, Variationsbreite und Herrlichkeit auf den Ursprung zurückweist. Beide Perspektiven allein schon begründen neben den wissenschaftlichen Suchbewegungen und Zielorientierungen des Geistes die gleichzeitige spirituelle Entwicklung des Suchenden und die kontemplative Schau des Universums in Parte und in Toto.

Spätestens wenn die Frage nach dem Ursprung und dem Wesen der Lebensenergie auftaucht, erweisen sich Wissenschaft und reines Erkenntnisstreben als Gottsuche. Das Geistige und Lebensstiftende läßt sich, ohne es zu benennen und zu berühren, nicht erkennen. Hier liegen die Übergänge zwischen Spiritualität und Wissenschaft. Hier zeigen sich beide nicht als gegensätzlich, vielmehr als zusammengehörig für die Ganzheit des ganzheitlichen Erkenntnisaktes. Der Wissenschaft bleibt die Essenz der Wahrheit und Weisheit ohne Zugang zum Göttlichen verborgen; und eine Spiritualität, die ohne die Geisteskraft von Denken und Wissenschaft auszukommen glaubt, droht, Täuschungen und Projektionen zu erliegen. Das Göttliche zu benennen und sich zu ihm und der Suche nach ihm zu bekennen, ist Ausgangspunkt, Stütze und Teil des großen Erkenntnisprozesses zugleich. Um in die Dimension der formlosen Tiefe zu gelangen, muß ich gleichsam das Paßwort verinnerlicht haben. So wie reine Verstandesfähigkeit alleine nie Grund der Vernunfterkenntnis sein kann, sondern die intuitive Einsicht in überzeitliche Weisheit benötigt, so bedarf auch die große Ursprungserkenntnis der Zusammenschau von analytischer und transzendent-intuitiver Erfahrung. Und bei aller Tiefenschau gilt: Die Logoskräfte sind es, die die Transzendenzerfahrung erleuchten, die sie letztendlich menschenzugänglich machen. Aus der Sicht spiritueller Wissenschaft geschieht das, was wir Erleuchtung nennen können, durch den integrativen Akt zwischen Transzendenzerfahrung/intuitiver Schau und dem intellektuellen Erkenntnisprozeß. Beide beteiligten Elemente werden vollständig erst durch das Hinzutreten des jeweils anderen.

Albert Einstein, gelegentlich als materialistischer Physiker verkannt, sprach diesen Zusammenhang einmal mit den Sätzen an:

> „Die wunderbarste und tiefste Erregung, die wir erfahren können, ist die Empfindung des Mystischen. Sie ist die Grundlage aller wahren Wissenschaft. Wem diese Erregung fremd ist, wer nicht mehr staunen und in Ehrfurcht versunken stehen kann, ist so gut wie tot ... Die kosmische religiöse Erfahrung ist der stärkste und edelste Ursprung wissenschaftlicher Forschung" (Barnett 1954, S. 117; Übersetzung C.E.).

Wer dies anerkennt, und wer in der spirituellen Wissenschaft den Weg zur Neuversöhnung von Mystik und forschendem Suchen, von Gottessehnsucht, Gottsuche und Erkenntnisstreben sieht, dem stellen sich Fragen nach den Wegweisungen dieser Wissenschaft, nach dem Bezug zur Schöpfungsganzheit, nach Verfahren, Methoden und Erkenntnisweisen, nach ihrer Praxis.

Erkenntniskraft und Liebeskraft verbinden sich

Durch die Liebe zu ihrem „Gegenstand" und ihrem Erkenntnisziel bindet spirituelle Wissenschaft das, was man gemeinhin Ethik oder auch Tugend nennt, integrativ in ihr Selbstverständnis und ihre Praxis ein. Das Streben nach Erkenntnis und Weisheit verschmilzt mit der Einsicht, daß der Weg dorthin den größten menschlichen Tugenden folgen muß. Dahinter stehen folgende Gründe: Auf dem Weg der Weisheit bleibt die göttliche Lebensenergie verborgen, wenn man sich ihr lebensfeindlich nähert. Lebensimpulse kann ich mit der „Folter des Experiments" (Francis Bacon) nicht erspüren, die Kraft der göttlichen Liebe mit innerer Teilnahmslosigkeit und äußerem Rationalismus nicht einmal erahnen. Für den, der sich in spiritueller Wissenschaft übt bzw. sich ihr annähert, stellt die Orientierung an den großen Tugenden und der Versuch ihrer Verwirklichung eine Art Läuterung dar; der Geist bereitet, indem er sich aus Verstrickungen löst und von Belastungen befreit, der Erkenntnis und der Weisheit den Raum zur Entfaltung. Leitorientierungen sind danach:

- Geist des Nichtverletzens.
- Wahrhaftigkeit.
- Selbstlosigkeit und Dienst.
- Freiheit von Haß, Lüge, Ehrsucht und Hochmut.
- Reinheit der Gedanken, des Sehens, des Hörens, des Sprechens und des Tuns.

Diese interkulturell gültigen Tugenden entsprechen der möglichen Wesenstiefe des Menschen und damit dem Entwicklungsauftrag des bewußten Lebens selbst. Für spirituelle Wissenschaft gelten sie noch radikalisiert. Denn was hier den Prozeß der Erkenntnis trübt, trübt zugleich den Blick in den Auftrag unseres Werdens und damit auch in die Praxis der Verwirklichung. Ziel, Weg und die Weise des Geschehens bedingen sich. Wer nach der Essenz des Ursprungs, der Entwicklung, der Einheit und der Liebe strebt, muß sie bereits als Sehnsucht und Antrieb in sich aufgesogen haben, Scheitern und geläuterter Neubeginn, Versagen und einsichtsreiferes Weitermachen inbegriffen!

Der Sproß der Tugenden birgt schließlich auch erst das in sich, was für Wissenschaft, die diesen Namen verdient, substantiell ist: die Klugheit mit ihrem doppelten Antlitz. Josef Pieper hat dies Antlitz treffend bezeichnet:

> „Eines ist – erkennend, ‚maß-empfangend' – der Wirklichkeit zugekehrt; das andere – beschließend, gebietend ‚maß-gebend' – dem Wollen und Wirken. In jenem Antlitz der Klugheit spiegelt sich die Wahrheit der wirklichen Dinge; in diesem wird sichtbar die Norm des Tuns ... Die Klugheit ‚übersetzt' – erkennend-richtegebend – die Wahrheit der wirklichen Dinge in die Gutheit des menschlichen Wirkens" (Pieper 1938, S. 45).

Maß-Geben – für die alte Wissenschaft war dies Fremdwort und Provokation zugleich. Mauern durchbrechen, Weiterstürmen, mit dem Zweck die Mittel heiligen – da stört das Maß. Was in der spirituellen Wissenschaft Klugheit meint, setzt, von den Tugenden bestimmt, das Maß sehr früh, nämlich schon dort, wo es um den Erwerb wissenschaftlicher Macht durch Verfügung anderen Lebens, durch irreversible Eingriffe etc. geht. Wo bereits der Erwerb und das potentielle Ansinnen zur Disposition stehen, gerät der Gebrauch erst gar nicht zum Problem. So maßlos sich spirituelle Wissenschaft in der Ausdehnung der Intellekt- und Sehnsuchtskräfte auf das Zusammenfließen der Erkenntnis von Wirklichkeit mit der Erfahrung von Transzendenz gibt, so unmißverständlich opfert sie da Möglichkeiten, wo Grenzverletzungen im Bereich der Tugendsphären drohen. Die Liebe und die Ehrfurcht bestimmen den Rahmen der Eingriffstiefe und das Verfahren von Zuwendung und Analyse. Die Liebeskraft selbst wird hier zur Erkenntniskraft und zum mahnenden Gegenüber der Neu-Gier. Das metaphysische Heilswissen also stellt sich vor den um- und rücksichtslosen Eroberungszug des Fachwissens. Spirituelle Wissenschaft lebt aus der Empathie. Und auf der Suche nach Wahrheit und Weisheit wird ihr die Trauer nicht fremd: Trauer in dieser Zeit um das geschundene Leben, Trauer um die verschütteten Möglichkeiten, Trauerarbeit aber auch, um den neuen Horizont des Möglichen nicht dauerhaft durch das Leid der Gegenwart zu verdunkeln. In der Trauer, wenn sie aus dem Herzen kommt, von Liebe geführt, liegt immer ein Doppeltes: Sie erweist dem Gegangenen und dem Gehenden tiefen Respekt und drückt seine Einmaligkeit und Unwiederbringbarkeit aus;

sie entlastet und befreit aber auch Seele und Geist von den Kräften des Gewesenen und bereitet damit den Weg für das Neue. Auch in der Trauer liegt somit ein eigener und unvergleichbarer Erkenntniszugang und Erkenntnisbeitrag. In anderen Worten ließe sich auch sagen: Wo der sterbende Wald und die verseuchten Gewässer kein Mitempfinden auslösen, wo das Leid der geschundenen Tierwelt nicht erschüttert und wo die Befindlichkeit der Menschheit nicht aufwühlt – dort wurde der Zugang zur Tiefe des Lebens verloren. Erst in dieser Tiefe aber kann ich erkennen. Und ohne Erkenntnis gibt es keine wahre Heilung und Versöhnung und kein positives Wachstum.

Spirituelle Wissenschaft sondert sich somit nicht vom Leben ab, sondern hat Teil. Ihr Eingebundensein konfrontiert sie mit Licht und Schatten, mit Ermöglichung und (Sich)Versagen. So kann sie das Leben in seiner Ganzheit durchleuchten, so vermag sie mit an der Kunst des Lebens zu arbeiten und schließlich diese Kunst zu lehren. Der Lebensprozeß selbst und weniger die spekulative Idee und das isolierte Experiment führen durch die Erfahrung in die Verwirklichung. Der Lebensprozeß selbst stellt jedes für unumstößlich gehaltene Wissen auf den Prüfstand und beugt gedanklichem Festhalten und Anhaften vor. So gewinnt neben der Gewohnheit das Schöpferische Raum, so wird die Überraschung immer wieder die Mauern der wissenschaftlichen und religiösen Dogmatik durchbrechen. So, vor allem, entsteht auch Konvivialität (vgl. Illich 1980) als Lust am lebensgerechten Miteinander der Vielheit in der Einheit und als Neuentwicklung von Technik als dem Leben dienend.

Wie groß bemaß sich in der Vergangenheit der Anteil, den Mißachtung, Unterschätzung, Vorurteilsgeladenheit und Antipathie an der Lähmung und Blockierung des Erkennens hatten. Es waren im Endeffekt diese Eigenschaften, die Türen zuschlugen oder verschlossen hielten. Konvivialität kann als Programm gesehen werden, diese Eigenschaften durch den Prozeß der Teilhabe und des Eingebundenseins zurückzudrängen, ja zu überwinden. Wer sich noch inmitten der Bewegung befindet und an ihr teilhat, dem werden sich die Dinge selbst mitteilen; sie werden in ihrer Ausdrucksweise zu erkennen geben, was sie sind – Emotionen eingeschlossen. Solche Zuwendung zu dem Geschehen und dem Wesenhaften hat etwas von der kategorialen Unbefangenheit und Selbstvergessenheit, mit der Kinder wahrzunehmen in der Lage sind. Solche Zuwendung und Teilhabe weckt zugleich die guten und tiefen Kräfte der Achtung, Ehrfurcht und Verehrung. Achtung, Ehrfurcht und Verehrung gegenüber dem einzelnen Leben und dem Lebensprozeß als Ganzen nimmt mich aus der selbstbezüglichen Verfangenheit und schenkt dem „Anderen" den Spielraum zur Vermittlung und Offenbarung seiner selbst.

Ehrfurcht bezogen auf das DU der Umwelt, das DU der Mitwelt und das göttliche DU ... sie bleibt unvollständig, wenn ihr nicht die Ehrfurcht vor dem eigenen Leben folgt. Achte ich mich in Ehrfurcht selbst? Nehme ich auch mich selbst als dem großen Geheimnisraum des Werdens und Wachsens zugehörig wahr? Die Ehrfurcht und Achtung vor dem kosmischen und geschöpflichen Teil meines Seins und Wesens spitzt die Ehrfurcht vor dem Leben erst in ihrer ganzen Tragweite zu. Sie verdeutlicht mir meine Bedeutung und meinen Stellenwert, meine Verantwortung und meine Grenzen, meinen Auftrag im Dienst am Ganzen! Nun gibt es kein Entrinnen mehr, denn nun stehe ich jederzeit durch das Bewußtsein meiner selbst im universalen Kontext. Und Selbstmißachtung hieße: Einschränkung der Erkenntnisfähigkeit durch Bewußtseinsspaltung und Schwächung der Kräfte zum Verbundensein. Persönliche Stagnation hieße, die Entwicklung des Ganzen zu bremsen.

Mit dem Mysterium vertraut werden

Spirituelle Wissenschaft bedarf der spirituellen Schulung. Viele Jahre werden im Kontext der Sozialisation eines Natur- und auch eines Sozialwissenschaftlers nicht nur in die Akkumulation von Wissen, sondern auch in die methodische und wissenschaftssystematische Ausbildung investiert. Monate, ja oft Jahre dauert die Anwendung besonderer Techniken und Verfahren, um in einer spezifischen Forschungsfrage zu neuen Erkenntnissen zu gelangen. In diesen Zeiträumen des Forschens gehen Wissenschaftler täglich mehrere Stunden ganz in ihrem Gegenstand und den angewendeten Methoden auf. Ein Teil ihrer Existenz verschmilzt in einer Spanne ihres Lebens mit dem untersuchten Phänomen. Außenstehende werden sich dieser Hingabe, die auch den außerberuflichen Bereich nicht unberührt läßt, nur selten bewußt.

Was in den Spezialdisziplinen traditioneller Wissenschaft gilt und dort unverzichtbar ist, hat eine im Grundanliegen vergleichbare, wenn auch in der Begründung und in der Praxis zu unterscheidende Bedeutung für die spirituelle Wissenschaft. Die Ehrfurcht vor dem Sein in seiner Ganzheit und Weite und der Geist des Nichtverletzens setzen einerseits Grenzen, was wissenschaftliche Eingriffe in Lebensvollzüge anbelangt. Zugleich fordert die entgrenzte, den geistigen Raum der Prozesse des Seins und Werdens mitumfassende Ausrichtung und Orientierung Entgrenzung auch in der Wahrnehmungs- und Deutungsfähigkeit. Und dies geht nicht ohne eine ständige Verfeinerung unserer „Wahrnehmungstechniken" und eine wachsende Sensibilisierung unserer Wahrnehmungsorgane, der äußeren sowohl als auch der inneren. Es geht auch nicht ohne eins zu werden mit der untersuchten Wirklichkeit. Spirituelle Wissenschaft vollzieht sich im Strom des Lebens stehend. Sie wird für den, der sich von ihr gerufen weiß, zum Teil des Lebens selbst.

Spirituelle Schulung setzt an der Erkenntnis an, daß Studium allein nicht zu Einsichten in den göttlichen Bereich und nicht zur Einsicht in das Wesen des Verbundenseins führt. Vor allem aber hält es uns noch außerhalb der direkten Erfahrung. Einsicht und Erfahrung, ja Einsicht aus Erfahrung, verweisen auf die höchste Form des Erkenntniszugangs und die höchste Qualität des Erkenntnisbegriffs, die intuitiv-kontemplative Zuwendung zu dem Gegenstand selbst. Dies ist die Wahrheit schon der „alten" Mystik, und zeitlos steht sie über den zeitbedingten Ausdifferenzierungen spezieller Systeme der Erkenntnis. In der kontemplativen Zuwendung und Öffnung tritt dem gereinigten inneren Auge der Seele alle Wirklichkeit klarer und schärfer gegenüber. Was das Denken kategorial und wertend, einengend und fixierend kolonialisiert, wird im Schweigen von Geist und Seele abgestreift. Es wächst die Fähigkeit, bar jedes Erkenntniszugriffs zu staunen, es entsteht Ehrfurcht fortwährend und in größter Tiefe neu. Hier findet sich die Gelassenheit hinsichtlich der Unmöglichkeit, alles zu begreifen, die Gelassenheit gegenüber den letzten Geheimnissen des Universums. Der äußerlich und innerlich schweigende Mensch betritt in neuer Unschuld den Raum der ganzen Schöpfung, sein Selbst inbegriffen.

Wie das Licht zur Dunkelheit, so verhält sich das kontemplative Schweigen zu aller äußeren Darbietung des Seins, Worte inbegriffen. So wie das Licht erst angesichts der Erfahrung der Dunkelheit das Eigentliche enthüllt, so gelangen aus der Erfahrung des Schweigens und der Begegnung im Raum spiritueller Sehnsucht alle mit den äußeren Sinnen wahrnehmbaren Wesenheiten erst zu ihrer ganzen Wesensfülle. Der kontemplativ Lernende und Übende arbeitet an der Entwicklung seiner seelischen Wahrnehmungsorgane. Mit jedem Voranschreiten auf diesem Weg, der keinen Abschluß und kein finales Examen kennt, steigt die Fähigkeit, ganz gegenwärtig zu sein und damit offen für neue Wahrnehmungen, offen für das Zukünftige, offen für den noch verhüllten Raum des Ungeborenen, das auf Verwirklichung wartet.

Ohne kontemplative Schulung, ohne kontemplative Übung und ohne die Integration der Kontemplation in den Alltag gibt es keine spirituelle Wissenschaft. Denn wie sollen der Geist des Unbekannten und der Geist des Neuen sich offenbaren, wenn ihnen nicht der Raum bereitet ist? Selbst dort, wo spirituelle Wissenschaft sich vorübergehend in den Bahnen der traditionellen Erkenntnisschulen bewegt, bindet die Kontemplation zurück und voran an die heilige Weisheit, durchleuchtet sie auch das experimentelle und empirische Tun. Vor allem aber entleert sie kontinuierlich unsere gedanklichen Innenwelten, baut so geistigen und wahrnehmungsbezogenen Verhärtungen und Verwirrungen vor und schafft die Luft, von der jede Wissenschaft, die diesen Namen verdient, lebt – die schöpferische Kreativität.

Was für den Weg eines jeden mystisch orientierten Menschen gilt, ist für spirituelle Wissenschaft gleichsam konstitutiv: Die Einheit von Aktion und Kontemplation, die sich ergänzenden und gegenseitig durchdringenden Intervalle von Wissen und ehrfurchtsvollem, reinigendem Schweigen, die alltägliche Pendelbewegung von Immanenz und Transzendenz.

Die Übung des inneren Loslassens ist – gewollt oder ungewollt – immer auch eine Schulung der äußeren Sinne und der sinnlichen Wahrnehmung. Die Reinigung des Geistes in der Disziplin des Loslassens klärt und schärft zugleich die Sinne. Sie können nun für den ganzen Reichtum der Wahrnehmungen geöffnet werden. Die geistige Reinigung entlastet die sinnliche Wahrnehmung von scheinbar eindeutigen Bedeutungszuweisungen und Zuordnungen. Sie entlastet von den Grenzziehungen, die ein begrenztes Weltbild in einem begrenzten Geist zieht und wohl ziehen muß. Durch den ersten sinnlichen Eindruck hindurch spricht das wahrgenommene Gegenüber, das erfahrene DU, von seiner noch größeren Wesenheit, die wiederum nur der gereinigte Geist verstehen kann.

Selbstredend fließen auch in solche Wahrnehmungen naturwissenschaftliche Grunderkenntnisse, die unser Wissen prägen, mit ein, vervollständigen und bestätigen sinnliche und geistige Wahrnehmungen. Und wir müssen den traditionellen Wissenschaften dankbar sein, daß sie so manchen unsichtbaren Vorgang im Geschehen natürlicher Abläufe erst bewußt machen. Spirituelle Wissenschaft – und insofern sieht sie sich weniger als Konkurrenz denn als Erweiterung – nimmt gerade auch dieses Wissen auf und will es erfahrbar machen. Sie bindet es zurück an unsere Tiefenwahrnehmung, reintegriert es in ein wachsendes, ganzheitliches Verständnis von Welt.

Die Schulung der Wahrnehmung und die Schulung der Sinne entlastet den Wahrheits- und Weisheitssucher von dem Berg der Eindrücke, den die dem äußeren Leben ganz ausgelieferten Ohren, Augen, Nasen und Tastorgane ansonsten täglich neu errichten. Übungen der Konzentration, der Wachheit und der Achtsamkeit helfen dabei.

Mit der Übung der Kontemplation und der Schulung der Wahrnehmung verändern sich auch die inneren Koordinaten der Zeit. Die Chronos-Zeit, die als ununterbrochene Uhrzeit gleichgültig voraneilt, wird durchlässiger für das Empfinden des Augenblicks, des besonderen Moments, des KAIROS. In ihm bricht das Ewige in das Zeitliche ein, berührt der „Himmel" die „Erde" (vgl. Eurich 1996, S. 55–91). Das Zeitlose tritt in die Stunde und offenbart jeden Moment als grundsätzliche Gegenwärtigkeit, die potentiell alles enthält.

„Der Augenblick ist Gottes Gewand", nennt Martin Buber das. Im Augenblick und der Fähigkeit, ihn wahrzunehmen zeigt sich die Gegenwärtigkeit des Göttlichen aus dem heraus, was wir Ewigkeit nennen. Für einen Moment scheinen alle Zeitlichkeit und unsere Verfangenheit in ihr aufgehoben. Für einen Moment auch wird das mögliche Neue sichtbar, von den Umständen der Gegenwart befreit. Im KAIROS ergeben sich richtungsweisende Situationen der Geschichte – personal, gesellschaftlich, kosmisch. Es sind Situationen der Entscheidung, der Inspiration und der Verwandlung. Die Zeit scheint zu verharren und der Raum sich aufzulösen. Doch solche Situationen in der Geschichte können vieles bedeuten, existieren doch zahllose Ströme der Geschichte parallel und gleichzeitig, fast so viele, wie Menschen existieren. Und jeder dieser Ströme fließt mit eigener Geschwindigkeit. In der Wahrnehmung des KAIROS und durch sie hindurch zeigt sich, daß es nicht *die* Geschichte gibt, sondern daß es gilt, die jeweils besonderen Geschichtsmomente im Gesamt aller Ströme zu sehen und zu verstehen – auf das Meer der Vereinigung zu. Im Augenblick verschmelzen die Ströme des Bisherigen zu einer Synthese, in der das Geschichtliche aufgehoben ist – auf das Kommen des Neuen und seine Verwirklichung hin. Die Wahrnehmung des KAIROS fordert. Sie fordert den Weisheitssucher in die Verwirklichung hinein. Sie öffnet den Lebensraum von der Unendlichkeit her, um ihn im Endlichen neu zu gestalten und fortzuentwickeln.

Sich der Äußerungsvielfalt und der Ganzheit des Seinsprozesses stellen – das will spirituelle Wissenschaft. Welch unvergleichlichen Reichtum bietet hierbei die Kunst. Ohne Kunst läuft Wissenschaft Gefahr, in bloßem Materialismus und in Parzellierung zu erstarren (vgl. Gutowski, S. 326f.). Wir sollten uns das Anliegen der höheren Kunst vergegenwärtigen, vergleichbar der Wissenschaft, zu den Ur- und Ursprungsbildern des Seins und Werdens vorzudringen und ihnen mit höchster Fertigkeit zum Ausdruck zu verhelfen – in Bild, Gestalt, Bewegung und Klang. Als Schöpferisches selbst Ausdruck der Schöpfung, teilt sie etwas von deren Wesen mit und läßt die Schöpfung sich selbst erkennen. In ihrer Vielfalt spiegelt sich Erkenntnis in besonderer Sprache. Zu Recht wurde sie in manchen Traditionen der Geistesgeschichte als die Modellierung der sichtbaren und unsichtbaren Wesenhaftigkeit, der sichtbaren und unsichtbaren Impulse des Werdens angesehen. Diese reine Kunst, wenn auch von der Künstlerpersönlichkeit generiert, drückt somit gleichwohl Überindividuelles aus. Aus kontemplativer Schau geboren, entäußert sich in ihr das Überzeitliche in wesenhafter Gestalt. Ihr Bild, ihre Bewegung und ihr Klang ahmen das Universum nach und fügen ihm Neues hinzu. Jedes Kunstwerk in diesem Sinne wirkt somit wissenschaftlich erhellend, erweitert den Erkenntnisraum – und zwar sowohl im Prozeß seiner Erschaffung, als auch dem seiner Rezeption und Wahrnehmung.

Die Kunst gibt Zeugnis von dem, was der Mensch an schöpferischer Erkenntnis hervorbringen kann. Sie ist ein Element des schöpferischen Kosmos, im Menschen gereift und vervollkommnet. Und sie verweist durch ihren Glanz auf Schönheit und Ästhetik als Glanz des Seins, als Aura des Absoluten, des Werdens und der Wahrheit schlechthin. Die Schönheit und die Ästhetik der Schöpfung haben ultimativen Eigenwert. In ihnen drückt sich dadurch, daß sie auf den Ursprung zurückverweisen, das höchste Ziel des Werdens aus. In Schönheit und Ästhetik, nicht in Gleichförmigkeit und Wüste soll dieser Planet als Teil des kosmischen Geschehens sich höherentwickeln. „Gott ist schön und liebt die Schönheit", wie es ein sufisches Lied besingt. Durch die Kunst als Element der spirituellen Wissenschaft werden wir immer wieder an diesen Zusammenhang erinnert und auf ihn hin orientiert.

Spirituelle Wissenschaft integriert. Erkenntniskräfte und Sehnsuchtskräfte, Ehrfurcht und Verstehen, Demut und Gestaltung, Diagnose und Heilung fließen in ihr zusammen und bereichern sich in Inhalt und Ausdruck, in Form und Bewegung, in Kontemplation und Aktion gegenseitig. Durch solche Integration fallen Trennungen. Objektiv und subjektiv, Innen und Außen, lassen sich als voneinander gespalten nicht aufrechterhalten. Zwischen der sinnlich erfahrbaren und der geistigen Welt liegen graduelle Stufungen in der Zuwendung und der Erkenntnis, doch keine grundsätzliche Unterschiedlichkeit. Das Gefühl stellt gleichgewichtig zum vernunftgesteuerten Verstehen eine wertvolle Erkenntnisweise dar. Mit dem Herzen schauen und mit den Augen erfassen und vermessen – das sind in ihrer Zusammengehörigkeit Schritte zur Erfahrung des Verbundenseins.

Und kann es spirituelle Wissenschaft ohne die Eros-Kräfte geben – ohne Leidenschaft, die Empfindung der Zärtlichkeit, der Fürsorge und der Liebe? Nicht als bloße sentimentale Regung der Psyche, sondern als abrundenden Ausdruck der Seins-Ganzheit sehen wir Eros und Gefühl im Kontext der neuen Wissenschaft. Leonardo Boff:

> „Eros im klassischen Sinne ist die Kraft, die uns mit Enthusiasmus, Freude und Leidenschaft die Gemeinschaft mit den Dingen, die wir spüren und schätzen ... und schließlich Gott selbst suchen läßt ... Ihren Impuls, die Dinge zu erkennen, zu ordnen und zu beherrschen, schöpft die Vernunft aus dem Eros, der ihr innewohnt. Der Eros ist der Antrieb jener Mystik, die den Wissenschaftler auf die Suche gehen läßt nach der Formel, die die Strukturen der Wirklichkeit aufschlüsselt ... Das Besondere des Eros besteht darin, daß er das Subjekt mit dem Objekt vereint durch Mit-leiden, Enthusiasmus und Glut" (Boff 1995, S. 26).

Die Eros-Kräfte auch sind es, die beständig die Sehnsucht nach Schönheit und Ästhetik in Bewegung halten. Sein Maß, das er braucht, um nicht überzufließen, empfängt der Eros durch die Kontemplation, die Reinigung, seiner Antriebskräfte und durch die Mühe, die Beharrlichkeit und die Disziplin, ohne die kein spiritueller Schritt getan werden kann.

Verwirklichung

Spirituelle Wissenschaft dient der Tiefenerkenntnis und der Tiefeneinsicht. Sie hat daneben jedoch immer auch eine Bedeutung als Entwicklungsweg für den einzelnen Menschen. Mit der Erkenntnis wird das eigene Sein reflektierbar; mit der Wandlung des Seins erweitert sich der Rahmen der Erkenntnis. Das führt zu besonderen Anforderungen, was das Verhältnis Lehrer-Schüler, ja was den Entwicklungsprozeß als Weg und Durchgangsstation des Lebens anbelangt.

Bevor Sokrates den Giftbecher trinkt, kann er den letzten Lebenstag mit seinen Schülern verbringen. Daß sie sich an sich selbst halten müssen, wenn er gegangen ist, an das eigene Gewissen, den eigenen Geist, das eigene erwachende Bewußtsein – das gibt er ihnen mit auf den Weg. Und der „große Bericht von Buddhas Sterben" verzeichnet:

> „Nur an die Lehre habt ihr euch zu halten, nicht aneinander! Nur auf euch selbst sollt ihr euch stellen, jeder auf die eigene Einsicht und persönliche Entscheidung, nicht auf den Meister. Der wird weggehen; dann hat jeder nur seine eigene Willenskraft und Erfahrung, sonst niemand und nichts" (nach Guardini 1981, S. 15).

Der Weg der Erkenntnis ist ein Weg des Miteinander – auf Zeit. Die Lehrerinnen und Lehrer gehen voran, eröffnen, intensivieren und begleiten den Prozeß. Aber sie sind keine „Meister" schlechthin. Sie stellen ihre Person zurück hinter die Lehre und richten ihre ganze Energie auf die Befreiung des Gegenüber aus: Befreiung zur Bewußtwerdung, Befreiung zu sich selbst, Befreiung zu Gott. Sie geben Rat und lassen los. Sie ringen um die Weisheit mit und geben frei. Sie vermeiden Bindungen, die zur Verwechslung von Botschaft und Botschaftsträger bzw. einer amalgamierenden Überlagerung führen könnten. Gewiß muß der anleitende Mensch weitgehend mit seiner Lehre identisch sein, doch nie zur Herausstellung der eigenen Person, sondern immer als Beispiel. Jeder, der über Erfahrungen als Lehrerin oder Lehrer, an Schule oder Universität verfügt, kann erfahren haben, daß seine besten Lehrmeister die Schüler sind – als Kinder ihrer Zeit, mit ihren Fragen, ihren Problemen, Hoffnungen, Ängsten und Sehnsüchten.

Gerade in spirituellen Kreisen lebte der Meisterkult in der jüngeren Zeit wieder verstärkt auf, mit Ehrfurchts- und Demutsbezeugungen gegenüber den Meisterinnen und Meistern des einen oder anderen spirituellen Weges; und mit den entsprechenden Blendungen und Irreführungen. Wer sich selbst als Meister sieht und bezeichnen läßt, hat von dem spirituellen Auftrag nichts verstanden. Befreiung, Offenheit, Demut und Dienst lautet die Aufgabe. Und hierin gibt es keinen Abschluß mit finaler Güteklassifizierung.

„Aber ihr sollt euch nicht Meister nennen lassen; denn einer ist euer Meister; ihr aber seid alle Brüder", ermahnt Jesus das Volk und seine Jünger (Matthäus 23,8). Dieser Satz ist Programm für spirituelle Wissenschaft, für die Geschwisterschaft der Lernenden und Lehrenden, die sich in der gemeinsamen Suche zusammenfinden.

Wo sich das Interesse an Erkenntnis, Wandlung und Heilung auf das Ganze hin orientiert, dort sollen auch ganzheitliche Lebensbezüge immer wieder den Alltag des Prozesses bestimmen. Nicht nur in „offiziellen" Veranstaltungszeiten zusammen sein, sondern immer wieder für Tage oder für Wochen zusammenzuleben, den Tagesablauf miteinander zu teilen, gehört dazu. So können kognitive, soziale, emotionale und kontemplative Elemente und Prozesse ineinandergreifen und zusammenwachsen als Erfahrungsganzheit. So können sich Wissensarbeit, Naturerfahrung und Kunst gegenseitig bereichern, ohne daß große Zeitsprünge oder räumliche Distanzen ein Zusammenklingen unmöglich machen. So läßt sich eine Alltagsdisziplin einüben, ohne die jeder Aufbruch vergebens bliebe. Etwas von diesem Ansatz lebt ja in der College-Idee, und etwas von dieser Utopie wird in einigen indischen Ashrams verwirklicht. Für die Konzeption spiritueller Wissenschaft und die Verwirklichung in spirituellen Akademien bedürfen sie der Neubelebung und Erweiterung. Neu wird sich auch die Frage stellen, wie Lehrende und Lernende zueinander finden.

Spirituelle Wissenschaft – in diesem Begriff findet sich scheinbar Unvereinbares zusammen. Entsprechend stellt sich auch die „Zielgruppe" dar. Zwar hat hier nicht alles, was als bewußte Ausdrucksform des Lebens sich äußert, per se seinen Platz, doch kann es ihn finden unter der Vorgabe des Zusammenklangs, der ernsthaften und disziplinierten Suche in Gemeinschaft, der Bereitschaft zu hören und zu lernen, der Integration von Aktion und Kontemplation. Die unterschiedlichsten Gaben, Charismen und Weltzugänge zu integrieren, sie füreinander und ausgerichtet auf das Ganze zu befreien und fortzuentwickeln – das soll geschehen. Der Künstler und die Tänzerin, der Naturmystiker und die Naturwissenschaftlerin, die Medizinerin und der Schamane, der Chemiker und die Geomantin ... sie sind gerufen – wenn hinter all ihrem Leben und Streben, hinter aller Erkenntnis und allem Ausdruck die Suche nach dem Göttlichen, nach dem Woher und dem Wohin, nach den schöpferischen Kräften für das Sein steht. Getragen durch den Geist des Nichtverletzens werden so die destruktiven und dämonischen Kräfte, die über die Jahrhunderte von der traditionellen Wissenschaft, oft unabsichtlich und unwissend freigesetzt wurden, langsam zurückgedrängt.

Es wäre riskant, für die Verwirklichung der Utopie spiritueller Wissenschaft auf die Einsicht und Umsetzungsbereitschaft der traditionellen Bildungseinrichtungen zu setzen. Partielle Ideen lassen sich in der einen oder anderen Nische durch den einen oder anderen Menschen zwar zum Ausdruck bringen und in das Lehrprogramm integrieren – mehr jedoch wird auf absehbare Zeit nicht möglich sein. Fehlende Einsicht, ein grundlegendes anderes Bildungsverständnis, mangelnde Flexibilität und vor allem die Dominanz ganzheitsfeindlicher Interessen stehen einer spirituellen Erweiterung und Erneuerung unserer Universitäten entgegen. Und vielleicht ist das auch gut so. Je weniger strukturellen, finanziellen und inhaltlichen Ballast ein Aufbruch mit sich tragen muß, umso freier und entschiedener lassen sich die ersten Schritte gehen. Und es braucht hierzu nicht viel. Sich an gefundenen und nicht aus dem Boden gestampften Orten zu begegnen, eine Strecke Zeit und einen Lebensabschnitt Suche miteinander zu teilen, die Erfahrung und das Wissen zu vernetzen, in gegenseitigem Respekt und in Verbindlichkeit, das wäre ein Beginn. Es wäre ein Anfang, der an vielen Punkten dieser Erde seinen Ausgangspunkt nehmen könnte.

Der KAIROS für den Aufbruch zur spirituellen Wissenschaft ist da.

Literatur

Barnett L (1954) The Universe and Dr. Einstein. W. Sloane and Assoc., New York
Boff L (1995/1983) Zärtlichkeit und Kraft. Patmos, Düsseldorf
Eurich C (1996) Die Kraft der Sehnsucht. Kösel, München
Eurich C (1998) Mythos Multimedia. Kösel, München
Eurich C (2000) Die Kraft der Friedfertigkeit. Kösel, München
Guardini R (1981/1962) Johanneische Botschaft. Herder, Freiburg
Gutowski K (1989) Vom Homo Sapiens zum Homo Divinus. Mellinger, Stuttgart
Illich I (1980) Selbstbegrenzung. Eine politische Kritik der Technik. Rowohlt, Reinbek
Nasr SH (1990/1981) Die Erkenntnis und das Heilige. Diederichs, München
Pieper J (1938) Vom Sinn der Tapferkeit. Hegner, Leipzig

◇

Claus Eurich, Prof. Dr., Hochschullehrer für Kommunikationswissenschaft am Institut für Journalistik der Universität Dortmund; Meditationslehrer.

Wichtigste Veröffentlichungen der letzten Jahre: Die Kraft der Sehnsucht. Kontemplation und Ökologisches Engagement. München 1996/1998; Mythos Multimedia. Über die Macht der neuen Technik. München 1998; Die Kraft der Friedfertigkeit. Gewaltlos leben. München 2000; Spiritualität und Ethik. Unterwegs zu einem Ethos des Einsseins. Stuttgart 2003

Anschrift: Universität Dortmund, Emil-Figge-Straße 50, 44227 Dortmund
Telefon: (0231) 7552827
Email: claus.eurich@uni-dortmund.de

Östliche Wege zum Selbst

Christine Schönherr

Einleitung

Das Thema meines Vortrages leitet sich ab aus Grabers großem Interesse an indischer Philosophie, die ihn in seinem Denken und Schreiben nachhaltig beeinflußt hat. Ich hatte das Glück, Einblicke in Grabers Bibliothek nehmen zu können und dort eine große Anzahl teils vergriffener Bücher vorzufinden, die sich mit indischer Spiritualität beschäftigen. Es war für mich interessant, Grabers handgeschriebene Randnotizen zu lesen. Alle Abschnitte, die sich auf das „Selbst" beziehen, wurden von Graber besonders markiert und mit dem Wort „Selbst" am Seitenrand hervorgehoben. Der Erforschung des Selbst galt seine besondere Zuwendung. Einige der Bücher enthielten eingelegte Blätter von Rezensionen, die er für die Schweizer Zeitschrift für Psychologie geschrieben hatte. Eine seiner Rezensionen bezieht sich auf eine Sammlung von Aufsätzen, die unter dem Titel „Vedanta und Wir" herausgegeben worden waren. Vedanta ist eine der sechs philosophischen Schulen Indiens, die offensichtlich für Graber die Hauptquelle war, aus der er geschöpft hat. So werden wir uns nachfolgend mit dem Vedanta, auch als Advaita Vedanta bezeichnet, beschäftigen. Einblicke in den Tantrismus schließen sich an. Den Abschluß bildet Yoga, der ebenso wie der Vedanta zu den sechs philosophischen Systemen gehört, und auf den Sutren des Patanjali basierend, sehr detailliert Wege zur Vereinigung mit dem Göttlichen aufzeigt.

Vedanta

Schauen wir uns näher an,

1. in welchem Umfeld der Begriff Vedanta steht und was damit gemeint ist,
2. was mit Selbst im indischen Kontext gemeint ist und
3. welche Wege zum Selbst führen.

Der Begriff Vedanta leitet sich ab von den Veden (heiliges Wissen), den ältesten Offenbarungstexten des Hinduismus, ungefähr um 1500 v. Chr. entstanden. Dies sind Sammlungen religiöser Hymnen und Sprüche für das Opferritual. Am Ende der vier Vedas befinden sich jeweils als letzte Textgruppe die Upanishaden, die auch als Vedanta (Ende des Veda oder Endziel des Veda) bezeichnet werden. Vielleicht kann die grundlegende Aussage der Upanishaden am besten mit einer Erzählung aus der Chandogya-Upanishad verdeutlicht werden: ein Mann mit verbundenen Augen irrt in der Fremde umher, bis ihm jemand die Binde abnimmt und er, von Dorf zu Dorf sich durchfragend, schließlich in seiner Heimat Ghandara ankommt.

So wie dieser Mann leben wir zumeist in der Fremde, sind blind für unser wahres Sein, ohne dies jedoch zu bemerken. Wichtig ist, die Augenbinde abgenommen zu bekommen (z. B. durch einen Lehrer), sich der Fremdbestimmung, Gebundenheit und des Getriebenseins in der Welt bewußt zu werden. Gehen muß man den Weg selbst. Das Ziel ist die Befreiung (Moksa) für die Erfahrung des Unsagbaren.

Es kommen dabei immer wieder die beiden Begriffe vor, nämlich Brahman und Atman, die sehr bedeutsam sind. Brahman ist Fundament der Welt, der Ursprung, aus welchem alles hervorgeht, das Unsagbare, das sich dem verstehenden Begreifen entzieht, „von dort kehren die Worte zusammen mit dem Denken um, ohne es erreicht zu haben" (Taittirya-Upanishad). Es wird nur gesagt, was Brahman nicht ist (neti-neti; nicht dies-nicht jenes). „Es ist nicht grob und nicht fein, nicht kurz und nicht lang, nicht hörbar und nicht fühlbar, nicht gestaltet, unvergänglich" (Katha-Upanishad). Doch gibt es eine positive Beschreibung über Brahman: Brahman ist Sat (Sein), Cit (Geist, Bewußtsein), Ananda (Seligkeit). Die Seligkeit entsteht dort, wo das Eins-Sein, die Einheit mit Brahman erfahren wird. Wer wird eins mit Brahman? Das ist Atman. Atman ist der göttliche Funke, das Brahman im Menschen, die Seele oder das Selbst. Auch Atman übersteigt alle Vorstellungskraft. „Er ist ungreifbar, denn er wird nicht gegriffen, unzerstörbar, denn er wird nicht zerstört; unhaftbar, denn es haftet nichts an ihm" (Brhadaranyaka-Upanishad). Atman steht im Gegensatz zu dem, was die Individualität des Menschen ausmacht, seine Meinungen, Fähigkeiten, seine äußere Erscheinung, sein Ego. Die Urerfahrung, die immer wieder beschrieben wird, „ayam atma brahma" (Mandukya-Upanishad) ist die Einheit von Atman und Brahman, oder wie Meister Eckhart es ausdrückt: „Gott ist mir näher, als ich mir selber bin". Der Weg zu Gott führt nicht mehr nach oben zum Himmel, sondern wandelt sich zu einem Weg nach innen.

Es gibt eine Upanishad, die Garba-Upanishad, die sehr detailliert die Entwicklung des Embryo beschreibt. Da heißt es auch, daß dieser sich im

Mutterleib noch an seine früheren Geburten und seine guten und bösen Taten erinnert, was er dann allerdings „zu den Pforten der Geschlechtsteilen gelangend, durch die Einzwängung gequält und unter großen Schmerzen geboren" vergißt.

Kommen wir noch einmal zurück zu dem Begriff Vedanta, von dem wir gehört haben, daß er sich auf die Upanishaden bezieht. Er steht auch im Zusammenhang mit dem berühmten Sankara (788–820 n. Chr), der die Schule des Advaita-Vedanta (a = nicht, dvaita = Zweiheit) gründete. Das Absolute wird von ihm in der Form der „Nicht-Zweiheit" verstanden, das heißt, es gibt letztlich keine Zweiheit zwischen Mensch und Gott. Für seine Lehre kann der folgende Satz einstehen: der göttliche Urgrund ist wirklich, die Welt ist Illusion. Er versucht dies in dem folgenden berühmt gewordenen Modell zu erklären: Die Erzählung spielt in Indien. In der Abenddämmerung tritt ein Mann aus seinem Haus und sieht vor sich eine große Kobra auf dem Weg liegen. Da das in Indien keine Seltenheit ist, stellt sich bei dem Mann keine Panikreaktion ein. Er bleibt ruhig und betrachtet die Schlange mit innerer Gelassenheit und Distanz. Er erkennt, daß die Schlange weder Kopf noch Augen hat. Das Bild ändert sich kaum, die Schlangenform existiert nach wie vor, doch die Erkenntnis stellt sich ein: die vermeintliche Schlange ist ein Seil. Unwissenheit (Avidya) und Täuschung (Maya) lassen uns das Seil mit der Schlange verwechseln, lassen uns Vergängliches für Unvergängliches, unser Ich für die Wirklichkeit halten anstatt Atman, das immerwährende Selbst.

Der Weg des Advaita-Vedanta ist ein Weg der Askese, des Entsagens der Welt, in Form von Schweigen, Fasten, Studium der Schriften, sich Zurückziehen in den Wald, um sich die Gebundenheit an die Welt bewußt zu machen und sich dadurch lösen zu können, mit dem Ziel, zu wahrer Erkenntnis zu gelangen. In der Svetasvatara-Upanishad wird bereits eine spirituelle Praxis unter dem Namen Yoga aufgezeigt, eines der frühesten Zeugnisse des Yoga. Da heißt es:

> An einem ebenen, reinen Ort frei von Steinen, Feuer oder Schmutz, der dem Geist angenehm ist durch Geräusch von Wasser, wo nichts den Blick stört, dort soll er Yoga üben. An einem ruhigen Ort, in einer windstillen Höhle soll er seinen Geist sammeln.

Im Zentrum dieser Praxis des Yoga steht die Meditation des Lautes OM. Es ist das Urwort, das nicht nur alle anderen Worte umfaßt, sondern auch die ganze Welt, das ganze Universum. Es meint parallel zu den Begriffen Brahman und Atman die Einheit von allem. Das OM wird zunächst immer laut wiederholt, dann leise und zuletzt nur noch im Denken. Das zerstreute Bewußtsein wird konzentriert und nach innen gelenkt.

Drei weitere Wege, die zur Einheit mit dem Selbst und dem göttlichen Urgrund führen, werden in der Bhagavadgita aufgezeigt, die zu den bekanntesten Texten der indischen Kultur gehört: Karma-Marga, Jnana-Marga und Bhakti-Marga.

Karma-Marga bedeutet der Weg des Handelns. Damit ist ein Handeln gemeint, bei dem nicht aus der Motivation des Erfolgs heraus gehandelt wird, sondern aus der Bewußtheit für den Augenblick, ein Handeln entsprechend der eigenen Berufung, aus der eigenen Mitte aus dem wahren Selbst, unabhängig von einem Streben nach irdischem Erfolg.

Für den Intellektuellen eignet sich der Jnana-Marga, der Weg des Wissens und der Erkenntnis, Jnana-Marga meint keine intellektuelle, sondern eine reflektierende Schulung des Bewußtseins für ein Leben aus dem Selbst.

Den dritten Weg möchte ich in Zusammenhang mit Ramana Maharshi bringen, der einer der bedeutendsten Vertreter des Jnana-Weges ist. Ich möchte näher auf ihn eingehen, da sich auch Graber mit ihm beschäftigt hat. Er schrieb sogar eine Rezension über ein Buch von Heinrich Zimmer, das dem großen indischen Heiligen gewidmet ist. Auch aus dieser Rezension spricht Grabers große Begeisterung für die indische Spiritualität.

Ramana Maharshi hatte mit 17 Jahren ein Initialerlebnis, eine spirituelle Todeserfahrung, die ihn sein wahres Selbst erkennen ließ und sein Leben entscheidend veränderte:

> „Eines Tages also saß ich allein und fühlte mich keineswegs schlecht, – da packte mich jäh und unzweideutig der Schrecken des Todes. Ich fühlte, ich müsse sterben. ... Ich streckte meine Glieder lang und hielt sie steif, als würde die Todesstarre eingetreten. Ich ahmte einen Leichnam nach, um meinem weiteren Erforschen den äußeren Schein der Wirklichkeit zu leihen, hielt den Atem an, schloß den Mund und hielt die Lippen fest aufeinander gepreßt, daß mir kein Laut entfahren konnte. ... ‚Gut', sprach ich dann zu mir selber, ‚dieser Leib ist tot'. Starr, wie er ist, werden sie ihn zur Leichenstätte tragen; dort wird er verbrannt und wird zu Asche. Aber wenn er tot ist, – bin dann ‚Ich' tot? Ist der Leib ‚Ich'? – Dieser Leib ist stumm und dumpf. Ich fühle alle Kraft meines Wesens, sogar die Stimme, den Laut ‚Ich' in mir, – ganz losgelöst vom Leibe. Also bin ich ein ‚Geistiges', ein Ding, das über den Leib hinaus reicht. Der stoffliche Leib stirbt, aber das Geistige, über ihn hinaus, kann der Tod nicht anrühren. Ich bin also ein todloses ‚Geistiges'. All das aber war nicht Denken, es stürzte als lebendige Wahrheit in Blitzen auf mich ein: ich ward es unmittelbar gewahr, ohne Überlegen oder Folgern. ... Dieses Ich oder mein ‚Selbst' blieb von diesem Augenblick an mit allmächtiger Anziehungskraft im Brennpunkt meiner wachen Aufmerksamkeit. Die Furcht vor dem Tode war ein für allemal vergangen. Dieses Verschlungensein ins ‚Selbst' hat von jener Stunde an bis heute nicht aufgehört" (Todeserlebnis in Zimmer 2001, S. 23f.).

Er sagte später hierzu: „Sterben kann ich nicht, das habe ich schon hinter mir wie einer das Kindsein oder das Jungsein." Diese einschneidende Erfahrung, die von einem Moment auf den anderen in ihm aufleuchtete, war für sein ganzes weiteres Leben bestimmend. Er verließ seine Familie, ließ sich in der Nähe des Berges Arunchala in Tiruvanamalei nieder. Zu ihm kamen Tausende von spirituell Suchenden aus aller Welt. Er zeigte einen Weg, in dessen Zentrum immer wieder nur die eine Frage stand: „Wer bin ich?", womit er den Weg der reflektierenden Schulung des Bewußtseins aufzeigt.

Gleichzeitig war er auch ein Vertreter des Bhakti-Weges, des dritten Weges aus der Bhagavadgita, der gleichzusetzen ist mit religiöser Hingabe an Gott, um so die Loslösung vom Anhaften an die Dinge der Welt zu fördern und die Trennung von Atman und Brahman zu überwinden. Hier werden die emotionalen Kräfte, die auch die Bindung an die Welt bewirken, für das Freiwerden (Moksa) genutzt.

Tantrismus

Ganz andere Wege zur Erfahrung der Einheit werden im Tantrismus aufgezeigt. Der Tantra ist keine Religion, er ist keine religiöse Philosophie wie der Vedanta. Er ist eher eine Lebens-Einstellung, die nicht vorrangig auf intellektuellem Verständnis, sondern auf Intuition und Erfahrung beruht und seit dem 5. Jh. n. Chr. auf alle Bereiche des geistigen Lebens in Indien einwirkt. Sein Ziel ist ebenfalls die allumfassende göttliche Bewußtheit, bzw. die Rückkehr zum Ursprung.

Im Tantra gilt die Maxime, daß der Mikrokosmos (der menschliche Körper) gleich dem Makrokosmos (dem Universum) ist, weshalb dem menschlichen Körper als Entsprechung des ganzen Universums große Bedeutung zukommt und er sogar als Tempel Gottes bezeichnet wird. In dem tantrischen Übungsweg (Sadhana) werden deshalb auch alle Sinne mit einbezogen, um eine Erweiterung des Bewußtseins zu erzielen, „vom Sinnlichen zum Übersinnlichen". Das Thema des diesjährigen Internationalen Yoga-Kongresses in Zinal lautete: „Die Entfaltung der Sinne".

Im Tantra wird das ganze Universum als eine Einheit angesehen, in der alle Teile miteinander verwoben sind (eine Bedeutung des Wortes Tantra ist auch Gewebe, Geflecht), so daß vom Grashalm bis zu Shiva alles in Beziehung und gegenseitiger Abhängigkeit steht. Diese Einheit manifestiert sich als zwei Pole und dies in der Symbolik von Shiva und Shakti. Im hinduistischen Tantra bildet Shakti den weiblichen und dynamischen Pol, Shiva den männlichen, den passiven, transzendenten Pol, oder in einem Bild ausgedrückt, Shiva ist das Feuer und Shakti die Brennkraft. Das göttliche Prinzip wäre also nichts ohne seine dynamische Kraft. Hier liegt auch ein wesentlicher Unterschied zum Vedanta, dessen neutrales und vollkommen passives Brahman von den Tantrikern kritisiert wird. In dieser innergöttlichen Dynamik ist auch die gesamte geschaffene oder manifestierte Wirklichkeit mit einbezogen, die im Gegensatz zum Vedanta, als real und sehr positiv betrachtet wird.

Es ist naheliegend, daß eine Spiritualität, die sich auf diese Metaphysik gründet, ebenfalls dynamisch sein muß, als Teilhabe an der kosmischen Schwingung. Der Körper wird in den spirituellen Transformationsprozeß mit eingeschlossen, auf Basis einer feinstofflichen Physiologie z. B. in Form von Körperübungen, mit dem Ziel, ein Strömen von Energie und spirituellen Urkräften im Körper durch feinstoffliche Energiekanäle (Nadis) anzuregen, so daß er durchlässig wird für das Licht aus dem innersten göttlichen Kern. Es geht um die Verwandlung des Leibes, nicht um ein Versinken im Leiblichen, wie der Tantrismus oft mißverstanden wird.

Neben den Körperübungen werden noch andere Hilfsmittel hinzugezogen, wobei Mandalas, Yantras, Mantras und Mudras besondere Bedeutung erlangt haben. Bei Mandalas und Yantras handelt es sich um geometrische Figuren, zentriert in einem zentralen, Bindu genannten Punkt, der als Tor zur transzendentalen Realität gilt. Sie dienen ebenso zur Konzentration und Verinnerlichung des Geistes wie das Rezitieren von Mantras. Manche sind mit Aussagen besetzt. Teilweise haben sie keinen definierbaren Sinn und stellen nur Klangschwingungen dar, die den Geist nach innen führen.

Mudra meint eine Körperhaltung, der eine bestimmte Bedeutung und aus dieser heraus auch eine starke Wirkung zugesprochen wird. Bekannt sind Mudras auch als Handgesten, z. B. Anjali Mudra oder Jnana Mudra, bei denen sich Daumen und Zeigefinger verbinden. Der Daumen steht für das göttliche, der Zeigefinger für das individuell menschliche Bewußtsein.

Allen Hilfsmitteln gemeinsam ist die Aufgabe, das zur Ruhe Kommen aller Aktivitäten in der materiellen Dimension zu unterstützen, um in die spirituelle Dimension eintauchen zu können.

Im Zusammenhang mit der Metaphysik des Tantra und der sich daraus ergebenden Übungspraxis möchte ich auf einen sehr außergewöhnlichen Text hinweisen, nämlich auf das Vijnana Bhairava, was man mit „die mystische Erkenntnis der göttlichen Wirklichkeit" übersetzen könnte. Es geht hierbei nicht um Theorie oder Philosophie, sondern um 112 Möglichkeiten, die göttliche Natur auch in alltäglichen Situationen in sich zu entdecken. Gemäß der tantrischen Sichtweise kann auf Grund der Allgegenwart des Göttlichen alles zum Ausgangspunkt der Erfahrung der göttlichen Wirklichkeit werden. Dadurch wird der Weg zur mystischen Erfahrung sehr erweitert.

Wichtig ist es erst einmal, zu einer Befreiung aus den gewohnheitsmäßigen Denkstrukturen und zu einem unzerstreuten Zustand des Geistes zu gelangen. Am Anfang und am Ende vieler Tätigkeiten und Befindlichkeiten gibt es einen Zustand der Leere, der von Seligkeit erfüllt ist, wenn man darin eintaucht, so etwa im Moment vor dem Einschlafen oder Aufwachen (Vers 75). Sogar der Moment vor und nach dem Niesen wird als eine Möglichkeit für den beschriebenen Eintritt in diese Leere beschrieben (Vers 118). Auch Musik wird als ein privilegiertes Mittel angesehen, um vom sinnlichen Bewußtsein über die ästhetische Erfahrung (sie wird als der jüngere Bruder der mystischen Erfahrung bezeichnet) in den transzendenten Zustand zu gelangen (Vers 73). Die Verse 65 bis 74 sind verschiedenen Erfahrungen der Freude gewidmet, von der scheinbar banalen Freude des Essens und Trinkens bis zur höchsten mystischen Seligkeit. Nichts ist ausgeschlossen, weil jede Form der Freude zum Zustand der transzendierenden Seligkeit führen kann, wenn ich zu ihrer Essenz gelange.

Yoga

Ich möchte nun noch auf einen dritten Hauptweg zum Selbst kommen, der besonders klar strukturiert ist und die personale sowie transpersonale Dimensionen verbindet. Das Fundament dafür ist das Standardwerk des Hatha-Yoga, der fälschlicherweise oft nur als Körperyoga verstanden wird, nämlich die Sutren des Patanjali, deren Entstehungszeit zwischen 200 v. Chr. und 200 n. Chr. liegen. Der gesamte Text mit seinen 195 Sutren (Aphorismen) ist so kurz, daß er auf einer Seite vollständig gedruckt werden kann, aber zu umfangreichen Kommentaren geführt hat, die den Text zum Teil recht unterschiedlich deuten.

Bei Patanjali geht es um eine Beschreibung der Ursachen, warum wir uns immer wieder als eng, unzufrieden und unglücklich erleben, um Strategien, die uns helfen, solche Situationen zu überwinden, indem die in jedem von uns vorhandenen Ressourcen positiv genutzt werden. Dieser Text ist fast 2000 Jahre alt und fasziniert auch heute durch seine Aktualität. Die Sutren zeigen, daß Yoga ungleich mehr zu bieten hat, als eine Reihe wirksamer Körper-, Atem- und Meditationstechniken.

Gleich im zweiten Sutra definiert Patanjali, was er unter Yoga versteht und gibt damit eine Art Zielvorgabe, die eine ganz bestimmte Qualität unseres Geistes beschreibt: „Er möge frei sein von Unruhe, aktiv und in Klarheit ausgerichtet". Im weiteren analysiert Patanjali die Struktur unseres Geistes, erläutert fünf Aktivitäten, die in ihm herrschen und unsere Verhaltensweisen bestimmen, wie Erkenntnis, falsche Wahrnehmung, Einbildung, Schlafbewußtsein und Erinnerung. Er zeigt neun Arten von Problemen auf, die der Entwicklung von Klarheit in unserem Geist entgegenwirken, wie z. B. geistige Trägheit, übermäßige Zweifel, fehlende Umsichtigkeit auf Grund von Hast. Danach werden Symptome beschrieben, die als Folge der eben genannten Hindernisse spürbar werden können, wie ein Gefühl von Enge, tiefer Niedergeschlagenheit, ja sogar Depressionen oder die Unmöglichkeit, den Atem ruhig zu führen. All dies geht einher mit einem Geist, der in Probleme verwickelt ist, der wie „betrunkene Affen" umher springt. Anschließend widmet Patanjali sich der Frage, welche Mittel wir anwenden können, um Hindernisse, die unserer geistigen Weiterentwicklung im Wege stehen zu überwinden.

Neben der Hingabe unserer Sinne an das Göttliche rät er:

– zur Ausrichtung auf Dinge, die größer sind als unser individuelles Ich, unser „meinendes Selbst";
– zu Atemübungen, die das Ausatmen betonen und verlängern;
– zum Erforschen der Tätigkeit unserer Sinne, um so besser zu erkennen, welchen Einfluß sie auf unseren Geist und damit auf unsere Handlungen haben;
– zum Kontakt zu Menschen, die Hürden im Leben gemeistert haben, die uns noch unüberwindlich scheinen;
– zum Erforschen unserer Träume zur Klärung von Problemen.

Patanjali bietet aber noch mehr an, um in uns die Fähigkeit von unterscheidender Klarheit zu fördern und uns so die höchste Schau des Unvergänglichen zu ermöglichen, nämlich seinen berühmten achtfachen Pfad, der alle Dimensionen des menschlichen Daseins berücksichtigt.

Die Darstellung der acht Glieder des Yoga reicht von unserer Beziehung mit dem Außen hin zu einer sehr intensiven und tiefen Innenschau. Die Glieder sind als Einheit zu verstehen und wachsen gemeinsam, wenn ein Mensch sich auf dem Yogaweg weiterentwickelt. Die ersten beiden Glieder (Angas) betreffen unser Leben in der Gesellschaft, unsere Beziehung zu den anderen (Yama) und zu uns selbst (Niyama). Yamas und Niyamas verwandeln sich im Laufe des Weges zu Leitlinien einer Geisteshaltung und werden selbst zum Übungsfeld.

Die Glieder 3 bis 5 beschreiben die drei äußeren Bereiche des Weges. Es geht um die Übung der Sitzhaltung, der körperlichen Sammlung und Ruhe (Asana), der Atemregulierung (Pranayama) und um das Zurückziehen der Sinne (Pratyahara).

Die letzten drei Glieder gehören zum inneren Kern. Dharana (Konzentration) bezeichnet die Fähigkeit, in anhaltender Ausrichtung auf einen Gegenstand zu verweilen. Dhyana ist eine Steigerung zu Dharana, der Prozeß der Annäherung und des Begreifens des Meditationsobjektes wird intensiver, der Strom unaufhörlicher Achtsamkeit ist auf das gewählte Objekt oder Thema gerichtet.

Yogisches Handeln, Sitzen, Atmen, das Zurückziehen der Sinne, das Meditieren gewinnt zunehmend an Verinnerlichung und Gelassenheit, durch die das aufbrechen kann, was an letzter Stelle des achtfachen Pfades steht: Samadhi. In Samadhi, als Zustand der inneren Einung, der Seinsfühlung, wie Graf Dürckheim es nennt, ist der Geist von allen äußeren Formen und Aktivitäten entleert, er ist frei und klar. Er ruht in sich, in seiner Wesensidentität. Das schlummernde Bewußtsein ist zur leuchtenden Klarheit der Schau erwacht, „ayam atman brahman" (Mandukya-Upanishad), die Einheit von Atman und Brahman ist entstanden, wie es im Vedanta heißt, ein zeitloser, glückseliger Zustand hat sich eingestellt.

Wer sehnt sich in seinem tiefsten Inneren nicht danach, und warum? Die Antwort gibt ein anonymer Spruch aus Indien: „Nur Göttliches mag sich nach Gott sehnen."

Literatur

Bäumer B (1990) Patanjali. Die Wurzeln des Yoga. Scherz, Bern München
Bäumer B (1997) Upanishaden. Die heiligen Schriften Indiens. Kösel, München
Bäumer B (2003) Vijnana Bhairava. Das göttliche Bewußtsein. Adhyae Grafin
Desikachar TKV (o.J.) Über Freiheit und Meditation. Das Yoga Sutra des Patanjali. Via-Nova, Fulda
Godman D (1995) Ramana Maharshi. Sei, was du bist. Scherz, Bern München
Salvesen C (2003) Advaita. Vom Glück, mit sich und der Welt eins zu sein. O. W. Barth, Frankfurt
Sriram R (2003) Patanjali. Yoga Sutra. Eigenverlag
Wolz-Gottwald E (2004) Yoga-Philosophie-Atlas. Via-Nova, Petersberg
Zimmer H (2001) Der Weg zum Selbst. Lehre und Leben des Shri Ramana Maharshi. Hugendubel, Kreuzlingen

◇

Christine Schönherr, Lehrtätigkeit am Orff-Institut, Universität Mozarteum, Salzburg, im Bereich Musik und Tanzpädagogik, Autorisierte Lehrkraft für AAP (Atemrhythmisch angepaßte Phonation nach Coblenzer-Muhar), diplomierte Yogalehrerin (BDY/EYU/BYO). Mehrfach Referentin auf dem Europäischen Yogakongreß in Zinal, Schweiz. Zahlreiche Studienreisen nach Nord- und Südindien.
Anschrift: Vollererhofstraße 315, 5412 Puch, Österreich
Telefon: [Österreich 0043] (06245) 83204
Email: christine.schoenherr@moz.ac.at
Internet: www.yoga.at/common/member_content.php?memberid=134

Ursprungsbilder

Alfons Reiter

Das Bild „Hitze" (Abb. 1, S. 217) von Charlotte Kollmorgen war das Logo des Symposiums. Mit der Ausstellung ihrer Bilder gab sie der Tagung einen würdigen ästhetischen Rahmen.*

Die Bilder der Künstlerin sind ursprünglich in Form, Farbe und Dynamik. Die Unmittelbarkeit elementarer Inhalte fesselt den Betrachter. Die Bilder sind offen, lassen uns Vertautes erkennen, verhüllen dies gleichzeitig und lassen uns ehrfurchtsvoll innehalten. Aus welchen Quellen und Tiefen schöpfte hier die künstlerische Intuition, daß sie den Betrachter so berühren?

Die Titel wie „Übergänge", „Umwälzungen", „Das All", „Welterneuerung" verweisen auf Elementares, Schöpfung und Schöpfungsbeginn. Die Künstlerin suchte die Gefühle in Worte zu fassen, die die Bilder bei ihrer Entstehung begleiteten.

Viele der Bilder erinnern spontan an Fotos der befruchteten Eizelle und den Weg bis zur Einnistung, wie sie uns aus dem neuesten Film von L. Nilsons „Das Wunder der Liebe" bekannt sind. Ich sprach dies an, als ich mit der Künstlerin die Bilder betrachtete, und wunderte mich, damit nicht offene Türen einzurennen. Bewußt war ihr nur, darin sehr ursprüngliche Gefühle und Inhalte ausgedrückt zu haben.

Den Bildern kann mehr als eine phantasievolle Ursprünglichkeit zugesprochen werden. Sie könnten ein introspektiver Zugang zum inneren Entwicklungswissen sein, das bis zu den eigenen Ursprüngen zurück reicht.

Die Fortschritte in der Pränatalen Psychologie und Medizin verweisen auf die Aktivität des werdenden Lebens und auf Speicherungen von Anfang an (Chamberlain 1997). Wir sprechen heute vom „kompetenten Embryo und Fötus". Es entstehen Speicherungen, noch ehe ein Gedächtnis im späteren Sinne existiert. Im Sinne des holographischen Paradigmas wird das unmittelbare physiologische wie auch das atmosphärische Umfeld und bereits komplexe Situationen des Embryos bzw. Fötus gespeichert.

Diese Engramme können später mit introspektiven Methoden reaktiviert werden; so in Träumen, in imaginativen Psychotherapien (Reiter

---

* Eine Bildergalerie aller gezeigten Bilder ist zu sehen unter
http://graber-symposium.sbg.ac.at/kollmorgen.htm

1994), mit psychedelische Methoden (Grof) oder über das „genetische Sehen", wie es uns aus schamanistischen Kulturen berichtet wird. Es ist ein Bewußtseinszustand, bei dem mental in den Körper des anderen hineingegangen und dessen biochemischen Vorgänge und der jeweilige gesundheitliche Status visualisiert werden kann (Schmücker 1991, S. 161f.). Über dieses „genetische Sehen" kann der Schamane den Fötus im Leib der Mutter visualisieren, aber auch in Form einer Zeitreise beim Kranken die Krankheitsursache bis in die vorgeburtliche Zeit zurück aufspüren. Bei den introspektiven Zugängen soll nicht die künstlerische Intuition vergessen werden. Im erweiterten Kunstbegriff wird eigentliches Künstlertum als Lebensvollzug aus seinem Ursprung heraus verstanden. Der eigentliche Künstler habe Zugang zu seinem Ursprung und wisse um die Grundgesetze des Lebens. Dazu Paul Klee: „Berufen sind die Künstler, die bis in einige Nähe jenes geheimen Grundes dringen, wo das Urgesetz die Entwicklungen speist" (zit. nach Neumann 1987, S. 18).

Kunst kommt etymologisch von „kennen", „erkennen". Ohne eine vorgegebene Kunde kann keine Erkenntnis stattfinden. Damit heißt „Kunst als Kunde des Lebens", daß der Mensch aus seiner Natur eines Lebewesens immer schon kundig ist. Und das von seiner embryonalen Entwicklung an. Der Lebenslauf in der Mutterleibs-Höhle – so die Befunde aus der Embryologie – ist zugleich der „Werklauf für lebensentscheidende Kunde und darin für Kunst" (Neumann 1987, S. 21). Die Wiedergeburt der Kunst ist damit Wieder-er-Innerung des Ur-Sprungs in uns.

Dieser Hintergrund stellt die Bilder in einen Interpretationsrahmen, wo Menschsein von seinem Beginn, von der Seele her gedacht wird. Über ihre künstlerische Intuition könnte die Künstlerin einen introspektiven Zugang zu ihren Ursprüngen bekommen haben, das in ihre Kunst einfließt. Daran lassen die Bilder wie „Umwälzungen", „Übergänge" oder „Aussichten" denken. Sie imponieren wie Visualisierungen (vergleichbar mit dem „genetisches Sehen") des Befruchtungsvorganges oder der Einnistung.

Die künstlerische Intuition erfaßt noch mehr. Sie hat Zugang zum Ursprungs- und Entwicklungswissen aller hierarchisch aufsteigenden Ebenen des Menschseins. Nach C. G. Jung hat die künstlerische Wahrnehmung einen besonderen Zugang zur Individuationsgestalt, dem Verlauf der Verkörperung unsere Seele. Die Kreisbilder wären so auch als Mandelas, als Symbole der Selbstwerdung zu verstehen (Müller u. Seifert 1994).

Aus dieser Perspektive könnten die folgenden Bilder – mit aller Vorsicht – wie folgt interpretiert werden:

In „Hitze" (Abb. 1) sehen wir eine rote Kugel, klar in Farbe und Form. Sie wird von einem gegensätzlichen Element eingewoben. Es ist erdig, wuchernd, gefäßdurchzogen. Verkörperung der Seele bedeutet die Verbindung

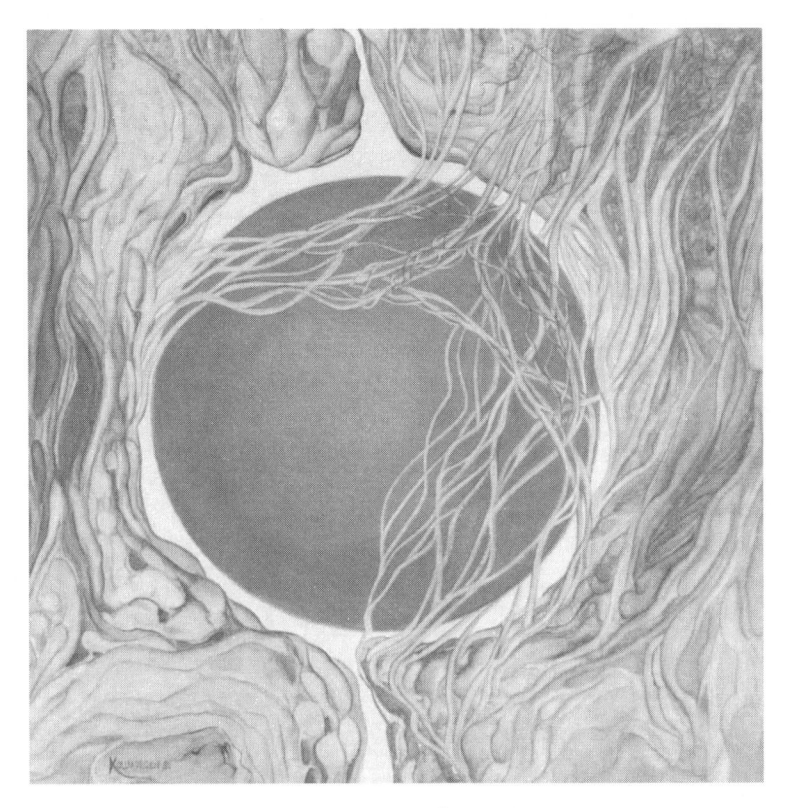

Abb. 1. „Hitze" von Ch. Kollmorgen (Öl auf Leinwand 60 × 60 cm).

von Geist und Körper. „Sein" tritt in endlicher Form in die Erscheinung. Der Augenblick der Befruchtung ist vergleichbar mit dem Urknall, einer Supernova, der Geburt eines Sterns. „Hitze" wäre zu dieser Interpretation stimmig.

In „Spirale Gedanken" (Abb. 2) könnte die Individuationsgestalt bereits einen Schritt weiter gegangen sein. Die rote Kugel ist von Gefäßen eingeflochten. Die Kugelgestalt wirkt elementar, kraftvoll und zugleich feingliedrig und verwundbar. Ein Trabant im Kosmos, umgeben von Violett; eine symbolreiche Farbe, immer wieder mit der spirituellen Dimension in Verbindung gebracht. Darunter eine ganz andere Welt. Eine unwirtliche anmutende Landschaft.

Auch hier deuten sich wieder Gegensätze an, wie schon in Bild „Hitze". Jetzt aber möglicherweise die Gegensätze, wie sie zwischen der Supernova und dem „Mutterboden" herrschten. Die unter dem kugeligen Gebilde hochragende Zacke wirkt nicht einladend, um sich in diesem Boden niederzulassen. Die künstlerische Intuition könnte die Atmosphäre eingefangen haben, die hier als Bejahungsqualität auf das werdende Leben

Abb. 2. „Spirale Gedanken" von Ch. Kollmorgen (Öl auf Leinwand 60 × 60 cm).

gewirkt hat. Dieser Gedankengang könnte in Bildern wie „Verdichtung", „Welterneuerung" u. a. weitergedacht werden.

Ohne Zweifel: Solche Interpretationsversuche sind gewagt. Die Gefahr ist, wilden Deutungen Tür und Tor zu öffnen. Und die Bilder brauchen sie auch nicht. Was immer die künstlerische Intuition an elementaren Inhalten aus einem Ursprungswissen hob – sie haben wie Träume eine selbstheilende Funktion und teilen sich sublim auch den entsprechenden Ebenen im Betrachter mit.

Andererseits: Es sind wie in Träumen Botschaften aus unserem zentralen Selbst. Unser Ichbewußtsein, entfremdet dem eigentlichen Menschsein, bekommt über introspektive Zugänge Entwicklungsbegleitung für das „Werde, der du bist!" Wie immer die Werke auch selbst wirken – es sind in ihnen konkrete Botschaften an den Künstler und Kunstbetrachter gerichtet. Wie in der Dichtung können und sollten wir auch hier das in den Bildern verdichtete „innere Entwicklungswissen" erkennen und für uns nutzen.

Literatur

Chamberlain DB (1997) Neue Forschungsergebnisse aus der Beobachtung vorgeburtlichen Verhaltens. In: Janus L, Haibach S (Hg.) Seelisches Erleben vor und während der Geburt. LinguaMed, Neu-Isenburg, S 23–36

Müller L, Seifert T (1984) Analytische Psychologie. In: Petzold J (Hg.) Wege zum Menschen. Junfermann, Paderborn, S 175–244

Neumann S (1987) Ist in der komplexen Gesellschaft Gesundheit möglich und wenn, wäre sie Kunst und wozu noch Kunstwerke, wenn jeder Mensch ein Künstler ist? Kunst & Therapie 11: 10–33

Reiter A (1995) Pränatale Wurzeln phobischer Ängste. Kasuistik eines seriellen Traumas des „Nicht-gewollt-Seins". Int. J. of Prenatal and Perinatal Psychology and Medicine 8(4): 509–528

Schmücker E (1991) Prä- und Perinatale Kommunikation unter kulturpsychologischem Aspekt. Diss. Universität Salzburg

◇

Alfons Reiter, A. Univ. Prof. Dr. Mag., Fachbereich Psychologie der Universität Salzburg, Psychoanalytiker, Psychotherapeut, Lehre und Forschung, Publikationen: Klinische Psychologie, Psychoanalyse in ihren Weiterentwicklungen, Humanistische und Transpersonale Psychologie, Pränatale Psychologie, Kunst und Therapie.
Anschrift: Hellbrunner Straße 34, 5020 Salzburg, Österreich
Telefon: [Österreich 0043] (0662) 80445110
Email: alfons.reiter@sbg.ac.at
Internet: www.sbg.ac.at/psy/people/reiter/index.htm

Pränatale Koenästhesie und bildliche Symbolisierungen

Ruth Hampe

Gustav Graber spricht in seinen Schriften von der Beziehung zwischen atomarer Welt und Psyche. Ausgehend von dem Satz: „Die Seele entstammt dem atomaren All" (vgl. Graber 1972, S. 154), hebt er den besonderen Zeit- und Raumbezug des pränatalen Erlebens hervor. Für ihn reicht das pränatale Unbewußte bis in einen atomaren Urgrund des Seins bzw. die Intrauterinregression in eine „horizontlose Welt, eine Welt unüberblickbarer Weite" (Graber 1972, S. 19). In dem Zusammenhang möchte ich auf den Aspekt des pränatalen Erlebens in Anlehnung an Belá Grunberger (vgl. 1982) eingehen, und zwar auf die pränatale Koenästhesie veranschaulicht an einigen Bildbeispielen von Adolf Wölfli. In seinen Bildern sind verschiedentlich pränatale Grundstrukturen wahrzunehmen, in die seine Bilderzählungen eingebunden sind. Es geht mir zudem um ein Verstehen einer kulturhistorischen Determiniertheit im Archaischen (vgl. Hampe 1999, S. 199ff.) und gleichfalls um ein szenisches Verstehen (vgl. Lorenzer 2002, S. 65f.) von Lebensentwürfen in ihrer psychischen Determiniertheit.

Zu pränatanalen Grundformen bei Adolf Wölfli

Bildnerische Transformationen innerer Erlebniszusammenhänge sind in ihrer präsymbolischen Komplexität vielfach mit mythologischen Aneignungsformen verbunden. In dem Bilderzyklus von Adolf Wölfli (vgl. 1998), der als psychisch Kranker fast 30 Jahre bis zu seinem Tod in der Klinik Waldau bei Bern/Schweiz künstlerisch tätig war, wird dieser Aspekt besonders deutlich. In seinen vielschichtigen Bildagglommerationen wiederholt sich, wie Harald Szeemann (vgl. 1976) hervorhebt, das Thema „Keine Katastrophe ohne Idylle und keine Idylle ohne Katastrophe" in verschiedenartigen Variationen, wobei die Sexualproblematik mit im Zentrum seiner bildnerischen Bearbeitungsformen steht. Idylle kann bei Wöfli vielfach an einer pränatalen Regression festgemacht werden, dem koenästhetischen Einheitsbezug im Uterus. Das Bild „Kondor-Ei" von 1911 (Abb. 1) macht dies zum Beispiel deutlich (vgl. Hampe 1988 S. 81ff.).

Abb. 1. „Kondor-Ei" von 1911

Wie in einer Zwiebel eingeschlossen befindet sich im Zentrum die Gestalt eines Menschen, zusammengesetzt aus einzelnen sogenannten Vögeli-Formen. Den äußeren umschließenden Rand bildet ein 16teiliges Glöggli-Band – also Glöckchenband – um die Zentrierungsgestalt mit strahlendem Kopfschmuck und Kreuzdarstellung sowie mit einem Zepter in der Hand. Dies kann pränatale Allmacht als pränatale Koenästhesie in dem exaltierten Zustand des Unendlichen und Unbegrenzten symbolisieren. Zusammengesetzt aus einzelnen Vögeliformen verweist die Darstellung in der Mitte auf eine beständige Pulsation im ergänzenden Miteinander. Sie ist von einer dreiteiligen Schale umgeben, ähnlich den drei Schichten der Keimscheibe in der frühen embryonalen Entwicklung als Ektoderm, Mesoderm und Endoderm. Die roten umgrenzenden Ränder sind zudem zweigeteilt strukturiert, d. h. durch Schrägstriche und deren Fortfall. Auffallend sind auch drei Kopfformen im inneren Oval. Zum einen läßt sich eine dunkle Kopfform mit Widderhörnern – ohne das sakrale Symbol des Kreuzes auf dem Haupt als Verweis auf eine kosmische Integrität polar zur hellen Kopfform der Hauptgestalt – feststellen, die kontradiktisch in der Anordnung den triebhaften Aspekt symbolisieren mag. Zum anderen können die beiden anderen Kopfdarstellungen mit Kreuzsymbolik, in der Gegenrichtung umschlossen von den Widderhörnern, den geistigen Aspekt des männlichen und weiblichen Ursprungspaares symbolisieren. Die darauffolgende Schale zeigt in der unteren Mitte eine Kopfdarstellung mit Kreuz, die einen Stab zur linken Seite hin mit der Hand hochhält. Diese verbindet eine weibliche Kopfform ohne Kreuz mit der Darstellung einer ‚Zion-Schnecke' als gefiedertes Auge im Sinne einer Ursprungsmetapher, eines kosmischen Selbstkerns. Die Schriftsymbolik, die verstreut eingefügt ist, verweist zum einen mit der Zahlenangabe von 1 213 000 auf das Seelen zählende Kanada und Amerika, deren Herrscher die Hauptfigur durch das hochgehaltene Zepter zu sein scheint, des weiteren auf die ‚Riesen=Stadt Brandau', die als besitzendes Vögeli in der Hand gehalten wird. Ansonsten ist der Text mehr lautreimlich gestaltet, wie z. B. die Abwandlung ‚gurta Schritt, gusa, witt, gritt'. In Anbetracht dieser Fassung einer pränatalen Koenästhesie mit herrschaftlicher Machtzuweisung nimmt Wölfli eine Verknüpfung eines weltlichen mit einem sakralen Ursprungszusammenhang vor. Die Darstellung des Eies korrespondiert in diesem Rahmen mit der Symbolik der Archaik wie auch der Alchemie, wo es vielfach verwendet wird als kosmisches Ei, das einen Ursprungs- und Einheitsbezug symbolisiert bzw. die Schöpfung einer ganzheitlichen und integralen Psycho-Kosmogonie.

Der Prozeß der Heilung orientiert sich bei Wölfli an einem immensen Schaffensdrang und an der Verkörperung eines fast abgerundeten Lebenswerkes. Dies ist von einer zunehmenden Harmonisierung seiner Psyche ab 1917 begleitet. Die Symbolik ist noch keineswegs voll erfaßt worden und wird in der Errichtung einer Gegenwelt meist einer individuellen Mythologie zugeordnet. Zur Biographie ist zu sagen, daß Wölfli am 29. Februar 1864 geboren wurde und 1895 nach einem Sittlichkeitsdelikt in stationäre Behandlung kam. Erst dort soll die Schizophrenie vollends ausgebrochen sein, bis 1899 eine allgemeine Ruhestellung eintrat, einhergehend mit dem Beginn seiner zeichnerischen Ausdrucksfindung. Um 1917 nahm Wölfli die Namensänderung zu Skt. Adolf II. vor und war nach ärztlichen Aussagen recht zugänglich und freundlich. Er starb 1930. Die Kunst war für ihn ein Mittel der Selbst-Transformation, mit der er sich stets an ein Publikum gewandt hat. In ihr projiziert sich die unmittelbare Erfahrung seiner eigenen psychogenetischen Struktur.

Zur psychogenetischen Struktur und Geometrie in den Bildgestaltungen

In der Doppelkomposition „Der Zion=Stärn in seiner natürlichen Informatiohn. Skt. Adolf=Gross=Gross=Gott=Vatter=Ei" von 1919 (Abb. 2) wird ein 16teiliger Zion-Stern rechts sowie ein in zwei Halbkreise geteiltes Ei links gezeigt (vgl. Hampe 1995, S. 173f.). Dieses Ei läuft nach oben hin spitz zu und trägt eine zentrierte Ringsymbolik in Gestalt der liegenden Acht bzw. eine doppelseitige Becherform mit Köpfen rechts und links dargestellt. Als Rechteck wird das Bild von einem dunklen Glöggli-Rand umschlossen, und zwar insgesamt 64 mit zusätzlich acht gelben Glöggli in den Kardinal- und Eckpunkten. Die in den Ecken eingefügten Vögeliformen sind in den Spektralfarben gestaltet und laufen jeweils in Dreierfolge auf die oberen und unteren Mittelpunkte der horizontalen Grundlinien zu. Im ganzen scheint diese Komposition genau in den Zahlen-, Formen- und Farbverhältnissen durchkonstruiert zu sein und soll in seiner Ausrichtung nach oben das „Skt. Adolf=Gross=Gross=Gott=Vatter=Ei" darstellen, und zwar im Sinne einer grundlegenden Formation zum seitlichen ‚Zion=Stärn'. Dieser 16teilige „Zion=Stärn", mit der oberen Strahlenspitze auf blauem Grund, hat eine Kopfform mit Federkrone und Kreuz im Zentrum und ist von sechs ‚Glöggli-Ringen' und einem ‚Dampferschrauben-Band' umschlossen, d. h. anfangs einem achtteiligen Ring, dann einem zwölfteiligen, gefolgt von einem 16teiligen, danach 39 und 49 sowie zwei Bänder mit Vierer-Einteilung von ‚Glöggli' bzw. ‚Dampferschrauben' in der Relation von 9:9:8:9 und 8:8:9:8. Eine Betonung der Kardinalpunkte wie auch eine Zwischenteilung im Verhältnis 4:4 bestimmt die Grundstruktur des Kreises.

Abb. 2. „Der Zion=Stärn in seiner natürlichen Informatiohn. Skt. Adolf=Gross=Gross=Gott=Vatter=Ei" von 1919

Es scheint, als habe Wölfli mit dem ‚Zion=Stärn', der als ‚Skt. Adolf= Heim, Riesen=Stadt auf dem Zion=Stärn' zudem umschrieben wird, an die biblische Prophezeiung von Jesaja (2/3) angeknüpft: „Von Zion wird das Gesetz ausgehen ..." und „Sitz des höchsten Lichts". Er thematisiert damit einen Ursprungsbezug und eine neue Ordnung, aus der er sich zu regenerieren versucht. Auf der rückwärtigen Seite des Blattes berichtet Wölfli von der „Schlacht bei Plevna" und hat zur Verdeutlichung Postkartenbilder mit Schlachtfeldern sowie von einer elegant wirkenden Frau vor einer entfernten männlichen Gestalt als Gefangenem eingefügt. Es ist die Zeit des Versailler Vertrages, des Völkerbundes, als dieses Bild von Wölfli entsteht und Wölfli im Text auf ein Kriegsgeschehen, Riesen=Städte, ein Skt. Adolf=Sieger=Denkmal wie auch auf die Skt. Adolfina als zukünftige Gemahlin des Skt. Adolf II. eingeht. In der Verknüpfung mit der Vorderseite scheint Wölfli eine kosmogonische Verknüpfung mit dem historischen Geschehen vorzunehmen, in dem er selbst als Held und Friedensbringer in der Versicherung Gottes auftritt.

In dem Heft „Von der Wiege bis zum Grab" No. 4 von 1911 thematisiert Wölfli die Insel ‚Niezohrn', die im Text wie auch in Bildgestaltungen unterschiedlich symbolisiert wird. Auffallend ist eine mandalaförmige Gestaltung mit einer Achter-Symbolik im zentralen Bereich wie auch eine zellförmige Grundstruktur. In dem Blatt „Englisch=Großbrittanische Kolonial=Bezierke. Insel Niezohrn" von 1911 (Abb. 3) wird zudem von ihm in den Texteinfügungen ein Schuldkomplex thematisiert, und zwar in der Hinrichtung eines jungen Negers durch Erhängung wegen ‚Sitt=lich=keits= Delikt' (vgl. Hampe 1992, S. 170ff.). Diese Benennung befindet sich im linken Bereich und ist textlich im Gegenüber rechts zur ‚Orangen=Insel' angegeben mit der Unterzeichnung Adolf Wölfli von Schangnau und der Beifügung ‚Negerli=Muki'. Wölfli scheint damit seinen Triebanspruch in der Gestalt des Negers abzuspalten und versucht eine Harmonisierung seiner Selbst im ‚Niezohrn-Inselland', dort, wo die Orangen wachsen, zu erlangen. Auffallend ist, daß die im Fadenkreuz angeordneten Inseln mit einem zwölfteiligen Glöggli-Ring im Zentrum als ‚Niezohrn=Insel' mit entsprechender Himmelsrichtung ausgegeben werden, bis auf die rechtsseitige als ‚Orangen=Insel' im Gegenüber zur ‚Niezohrn=West=Insel'. Zudem sind mit der Achter-Unterteilung der vom Zentrum ausgehenden Strahlen die weiteren rechtsseitigen Inselnennungen alle als ‚Zohrn=Inseln' ausgegeben, bis auf die ‚Orangen=Insel' und ‚Niezohrn=Ost'. Die ‚Wiiga' wird in allen vier Quadranten thematisiert, und zwar in Verbindung mit dem Namen ‚Lisa'. Es scheint, daß Wölfli in den Sprachspielen auf ein Delikt Bezug nimmt, als er zwölfjährig in einer Bauernfamilie als Verdingbub untergebracht war und ein Kind der Familie im Alter von zwei Jahren ver-

Abb. 3. „Englisch=Großbrittanische Kolonial=Bezierke. Insel Niezohrn" von 1911

starb. In dem kosmogonischen Bild des Mandalas scheint er eine Transzendierung persönlicher Schuldzuweisungen vorzunehmen, bzw. bezieht sich auf das Weibliche und die ‚Wiiga' als eine Art Urgrund, aus dem er sich neu zu regenerieren versucht. In der Hinsicht verschmilzt die Symbolstruktur der ‚Wiiga' mit der Aufarbeitung eines vermeintlichen Sittlichkeitsdelikts an der kleinen Elisabeth mit einem kosmischen Ursprungsbezug, aus dem Wölfli Regeneration und Versöhnung zu erlangen hofft. Mit den Blättern „Irrenanstalt=Selima im Niezohrn=Horn", „Rosalia Walther, Grand=Hotelierin auf Niezohrn=Kulm" und „General=Ansicht der Insel Niezohrn" von 1911 thematisiert Wölfli unterschiedliche Aspekte, wobei für

Abb. 4. „General=Ansicht der Insel Niezohrn" von 1911

die beiden letzteren die Zahlensymbolik der Acht in den Mandalaformen auffällig ist. Zugleich scheint die „General=Ansicht der Insel=Niezohrn" (Abb. 4) einem Zellkörper ähnlich.

Zur Zahlen- und Formstrukturierung in Bildgestaltungen

Zahlen kam stets eine Bedeutung in archaischen Gestaltungen wie auch in Mythen und Märchen zu. Die Zahl 8 beispielsweise bestimmt aber auch die

Struktur des Sauerstoffatomkerns (acht Neutronen und acht Protonen), der von acht Elektronen ummantelt wird. In der Entstehung des Lebens aus der Zellteilung beinhaltet die Zahl 8 das Stadium der Entstehung des Lebens mit der Zellteilung. Nach der Teilung in 8 Zellen erfolgt eine Teilung in 16, d. h. als Binärsequenz von 1, 2, 4, 8, 16 etc. Die acht Zellen sollen dabei die Ausgangszellen bilden und erhalten bleiben. In der Musik ist die Oktave der achte Ton vom Grundton und in der Geometrie der Oktaeder einer der fünf platonischen Körper, der aus acht gleichseitigen Dreiecken gebildet wird. Es handelt sich bei den platonischen Körpern um fünf Polyeder, die nach Platon die fünf Elemente definieren: der Tetraeder für das Feuer, der Würfel für die Erde, der Oktaeder für die Luft, der Ikosaeder für das Wasser und der Dokaeder für den Äther. Von alters her bilden Zahlen die Repräsentanten einer dynamischen kosmischen Ordnung, bzw. die Zahl wird als Form aller kosmischen Rhythmen und Schwingungen angesehen. So hat beispielsweise Pythagoras Musik als Sphärenklang im Kosmos betrachtet, welche durch die Bewegung der Planeten in der Rotation um das zentrale Feuer entsteht. Demnach bezieht sich Pythagoras auf Musik als einen wesentlichen Faktor, der den Charakter einer Person formt und physische sowie mentale Probleme zu heilen vermag. Es ist die Lehre der Harmonie, in der Pythagoras das erste Naturgesetz als „alles ist Zahl" formulierte. Wenn Adolf Wölfli also davon spricht: „Die Stimme Gottes ist Menschenstimme und heißt Allgebrah. Allgebrah ist Musik und Gesang. Diese Gottes=Gaben zu fördern. Zu verstärken und zu veredeln, sei stets und alle Zeit, Euer innigstes Bestreben: Dieß wallte Gott. Manuel" (Wölfli 1908/1985, S. 16), steht er in dieser Tradition, ohne daß er als Bauernknecht irgendeine Ausbildung in dieser Richtung genossen hat. Wiederholt treten in seinen Zeichnungen Binärsequenzen auf, d. h. insbesondere die Zahlenfolge 1, 2, 4, 8, 32, 64 als Form der Verdoppelung, wie sie auch in der Zellteilung besteht. Die Acht bildet zudem das Symbol seines Sterns – vielfach als Emblem auf der Brust, umgibt Zentren mit dieser Glöggli-Anordnung u.ä. (vgl. Hampe 1996).

Auch Leonardo da Vinci hat sich neben seinen vielen anderen Studien mit der Geometrie beschäftigt (vgl. Reti 1996). Unter seinen Zeichnungen lassen sich als Studium der Quadratur des Kreises Darstellungen der Kreisgestaltung finden, d. h. in der Anordnung des Kreises auf der jeweiligen Halbierungsachse um das Zentrum und sechs Kreisformen um den inneren Kreis bildet und wiederum insgesamt einen größeren Kreisumfang ergibt. Leonardo da Vinci hat mit diesen Teilungsverhältnissen in Anlehnung an die Platonischen Körper experimentiert und geometrische Muster gezeichnet – eine Gestaltungsform, die bereits aus der Antike bekannt war. Es sind zugleich die Zahlenverhältnisse einer proportionalen Ordnung ent-

Abb. 5. „Comtesse Saladine" von 1911

sprechend der Binärsequenz (1-2-4-8), der Fibonacci Sequenz (1-2-3-5-8) als auch des Goldenen Schnittes, die angewandt werden.

In der Natur gibt es Formkonstellationen wie die Spirale – z. B. in der Gestalt des Blutzellenkerns in 9000facher Vergrößerung –, die ihre Entsprechung in bildlichen Kulturträgern hat (vgl. Hampe 1990, S. 28ff.). Schauen wir uns unter dem Aspekt das Bild „Comtesse Saladine" aus dem Jahre 1911 (Abb. 5) von Adolf Wölfli an, so können wir darin im Zentrum einen weiblichen Kopf mit acht Glöggli als Kreisumgrenzung sowie einen sich nach unten öffnenden spiralförmigen Schlangenleib wahrnehmen (vgl. Hampe

1990, S. 55ff.). Das Hauptmotiv der weiblich bezogenen Schlange mit dem Acht-Glöggli-Ring um das Frauenporträt greift mit dem spiralförmig aufgerollten Leib nach Doufi, Wölflis Kindername, und scheint ihn halb, bis zu dem herausschauenden Rock und den Stiefeln, verschlungen zu haben. Eingebunden in himmlische und irdische Bezugspunkte, geprägt durch ‚Gott der Vatter' mit ‚Bruder=Schwestern' in Engelsgestalt zuoberst sowie Wölfli im Selbstporträt als 22jährigem mit Frauengestalten an der Seite zuunterst, bildet das Geschehen mit den horizotalen Bezugspunkten zweier männlicher Porträtgestaltungen und dem Hinweis auf Amerika sowie mit den zwei weiblichen Porträtgestaltungen in der Vertikalen des Schlangenleibes eine mandalaförmige Strukturierungsform, womit Wölfli seine individuelle Lebensgeschichte mit einem kosmischen Ursprungsbezug als Pendant verbindet.

Das Verschlungenwerden des kleinen Doufi, dem die Frau Wölfli, seine Mutter, mit Kreuzsymbolik auf dem Kopf sowie ein Mann mit Säbel und eine Frau zur Rettung eilend entgegengetreten, und das Selbstporträt mit Widderhörnern, Füllhörnern ähnlich, in die jeweils ein Gesicht mit Musiknoten eingeschlossen ist, stehen in einem Beziehungsverhältnis. Das weiblich strukturierte Verschlungenwerden stellt einen Gegenpol zu dem statisch angeordneten Selbstporträt mit den Wunschphantasien Wölflis hinsichtlich weiblicher Bindungen dar. Mit der Einbindung von jeweils acht B-Formen in gegensätzlicher Position zueinander mit einem Haus ähnelndem Binnenmotiv werden des weiteren in der Setzung die Kardinalpunkte des Schlangenleibes betont. Den B-Formen in Zehner-Anzahl aufgrund der Anfang- und Endsetzung kommt in dieser Formation zudem eine mythische Bedeutung zu, die einen Einheitsbezug unterstützt. Der aufgerollte Schlangenleib erscheint so mit seiner Mandalasymbolik einem kosmisch, weiblich bestimmten Urgrund ähnlich, auf den sich Wölflis Ängste im Hineintauchen richten.

Die Schlangensymbolik, die in der Archaik vielfach in der Begleitung mit weiblichen Gottheiten und der großen Mutter wahrgenommen wird und für die schöpferische Kraft der Erde steht, vereinigt sowohl Licht und Finsternis im Widerstreit miteinander. Im Hinblick auf die Fähigkeit der Schlange zur Häutung symbolisiert sie zugleich den Aspekt des Todes und der Zerstörung wie auch Leben und Auferstehung. Als ganzes mag das Bild eine Transformation von Wölfli selbst in der Rückbezüglichkeit auf einen kosmischen Ursprungsort symbolisieren, wo Zeit und Raum ihre realen Konstanten verloren zu haben scheinen und sich in eine transzendente Welt verflüchtigen. Das Symbolische dieses Bildes in der Ausgestaltung mit Klängen und Wortspielereien benennt nicht, sondern deutet an, was als veränderte Identitätsbildung im ästhetischen Prozeß abläuft. Es eröffnet erweitere Zugänge zum Bildlichen, wo Mythos und Therapie eins werden und Raum- und Zeitbewußtsein in Relation zu Selbstfindungstendenzen bestehen. So werden psychodynamische und kulturvermittelnde Aspekte ästhetischen Handelns in ihrer strukturalen Beziehungsdynamik sichtbar.

Ausblick

Bereits 1907 hat Marcel Rejá in seinen Ausführungen zu Gestaltungsaspekten in der Kunst von Schizophrenen ausgeführt, daß in dem Symbolismus und Ornamentalen insbesondere ‚embryonale Formen der Kunst' (vgl. Rejá 1997, S. 161) sichtbar werden. Dies beinhaltet, daß die Bildgestaltungen einer anderen Wahrnehmung unterliegen und damit einem anderen Raum- und Zeitbewußtsein folgen. Allgemein läßt sich festhalten, daß Wölfli seine abgespaltene Außenwelt über Aktualisierung einer elementaren mitmenschlichen Beziehungskonstellation als naturgesetzlich und mythologisch verhaftet aufbaut. Seine Bilder erscheinen unter diesem Aspekt wie eine spirituelle Vertiefung, wie die Transzendentalität eines Spiegels, der ins Unendliche reicht. Sie offenbaren eine Reise in den inneren Raum und die innere Zeit des Bewußtseins, ein Problemlösungsverhalten im Rahmen einer existentiellen Krise. In der Wiederkehr des Mythischen, des Ursprungsbezuges im elementaren Sein, ähneln sie archaischen Kunstformen in ihrem bildlichen Sprachgehalt.

Der Aspekt einer pränatalen Koenästhesie ist folglich etwas Auffallendes für die Bildsymbolik von Adolf Wölfli. Eine Raum- und Zeitfigur wird in den ornamentalen Bildgestaltungen dargestellt, die einerseits das Reale transzendiert und andererseits in der Reaktivierung einer archaischen Regression diese Symbolstrukturen verräumlicht bzw. in deren Verfestigung einem Wiederholungszwang folgt. Die Bildgestaltungen ähneln Erinnerungsspuren eines allgemeinen sakralen Ursprungs, wo Körpergrenzen in dynamische Vögeliformen aufgelöst werden und in der undifferenzierten Einheit des Augenblicks Vergangenheit, Gegenwart und Zukunft zu verschmelzen scheinen. Eine idealisierte Übertragungsform als Ursprungsmythos im Phallischen (vgl. Grunberger 1982) wird deutlich, und zwar im Sinne eines narzißtischen Wiederherstellungsversuches als Zeichen der Integrität, als Rückkehr zu einer uneingeschränkten pränatalen Vollkommenheit.

In dieser Objektivierung einer pränatalen Koenästhesie findet eine Reaktualisierung primordialer Funktionszusammenhänge in der Harmonisierung der Psyche statt. Als ein Aspekt des Nacherlebens einer ‚Urszene' pränataler Erlebniszustände, der ‚Wiiga', stehen sie einerseits in Relation zur synthetisierenden Potenz des Zeiterlebens, dem Ewigkeits-Erleben (vgl. Loewald 1974). Andererseits wird über die pränatale Koenästhesie die Verdrängung der Urszene zwar visualisiert, bleibt aber in der Fixierung an vergangene Zeiterlebenszustände gebunden, bzw. ist in ihrem Verlust an Transformation auf eine konkrete Realitätserfassung und -erfahrung einer Verräumlichung der Zeiterfahrung ausgesetzt. Heilung akzentuiert Wölfli in der Rückkehr zum Ursprung im Sinne einer Re-ligio und zum Mutterobjekt, wobei die Vermittlung von Mann und Frau eine immerwährende Beziehungsgröße bildet. Er scheint die Verehrung des Weiblichen an einen kosmogonischen Ursprungsbezug festzumachen, der sich in elementaren Zuordnungen gliedert und eine imaginäre Ganzheit bildet. Der Achtstern als Symbol seines Selbstkerns begleitet ihn wie auch seine Figuren als Emblem und deutet auf einen Ursprungsbezug als ‚Skt. Adolf Wiege' hin. Im Hinblick darauf werden Erinnerungsspuren wie an seine frühe Kindheit in der Gemeinde Schangnau ins Mythologische verkehrt, erfahren eine Umdeutung in der Erstellung von Lebensentwürfen, die im Kosmischen aufgehen.

Ich bedanke mich für die freundliche Unterstützung bei der Adolf Wölfli-Stiftung.

Literatur

Graber GH (1972) Neue Beiträge zur Lehre und Praxis der Psychotherapie. Goldmann, München
Graber GH (1975) Gesammelte Schriften, Bd. 1. Goldmann, München
Grunberger B (1982) Vom Narzißmus zum Objekt. Suhrkamp, Frankfurt
Hampe R (1988) Kunst und Therapie in einer Frauenklinik. IBK, Remscheid (Schriftenreihe des Instituts für Bildung und Kultur, Bd. 14)
Hampe R (1990) Bild-Vorstellungen. Eine kunst- und kulturpsychologische Untersuchung bildlicher Formgebungen. Verlag an der Lottbek, Ammersbek b. Hamburg
Hampe R (1992) Die Thematisierung des Weiblichen in den Bildern Adolf Wölflis. In: Hinterhuber H, Heuser M, Sayn-Wittgenstein OG (Hrsg.) Liebe und Depression. Integrative Psychiatrie, Innsbruck Wien, S 167–174
Hampe R (1995) Zur Sonnen- und Sternsymbolik in den bildnerischen Gestaltungsformen Adolf Wölflis. In: Gerlitz P (Hrsg.) Jahrbuch für Symbolforschung, Bd. 12. Lang, Frankfurt, S 165–184
Hampe R (1996) Adolf Wölfli und die Narrengestalt. In: Musik-, Tanz- und Kunsttherapie 7: 20–33
Hampe R (1999) Metamorphosen des Bildlichen. Universität Bremen
Loewald HW (1974) Das Zeiterleben. Psyche 28: 1053–1062
Lorenzer A (2002) Die Sprache, der Sinn, das Unbewußte. Klett, Stuttgart
Rejá M (1997) Die Kunst bei den Verrückten (1907). In: Eissing-Christophersen C, Le Parc D (Hrsg.) Die Kunst bei den Verrückten. Springer, Wien
Reti L (Hrsg.) (1996) Leonardo. Künstler – Forscher – Magier. Packland, Köln

Szeemann H (1976) Keine Katastrophe ohne Idylle – Keine Idylle ohne Katastrophe. In: Adolf Wölfli-Stiftung (Hrsg.) Adolf Wölfli. Basilius Presse, Bern, S 54–65
Wölfli A (1985) Von der Wiege bis zum Graab. Oder, Durch arbeiten und schwitzen, leiden, und Drangsal bettend zum Fluch. Schriften 1908–1912, Bde. 1–2. Fischer, Frankfurt
Wölfli A (1998) Schreiber. Dichter. Zeichner. Componist. Wiese, Basel

◇

Ruth Hampe, Dr., Studium Kunst und Kunstgeschichte und Anglistik für das Lehramt an den Sekundarstufen I und II, 1. und 2. Staatsexamen. Promotion im Studiengang Psychologie (1983/84) zum Thema: „Kunsttherapie – eine Form ästhetischer Praxis. Eine psychologische und kulturhistorische Untersuchung ikonischer Symbolisierungsformen". Habilitation im Fachbereich Erziehungs- und Gesellschaftswissenschaften (1996): „Pädagogik mit dem Schwerpunkt Ästhetische Praxis und Kulturpsychologie". Vorsitzende in der Internationalen Gesellschaft für Kunst, Gestaltung und Therapie und der Deutschen Sektion. Wissenschaftliche Projektarbeiten zu ästhetischen Praxisformen im klinischen, schulischen und sozialpädagogischen Bereich und im Museum mit Dokumentationen in Fachzeitschriften und anderen Publikationen, weiterhin zur Bildsymbolik von Adolf Wölfli und zur ästhetischen Praxis von geistig behinderten Menschen u.a.
Anschrift: Hartwigstraße 34, 28209 Bremen
Telefon / Telefax (0421) 3479292
Email: rhampe@fc.lis.uni-bremen.de

Dr. phil. Gustav Hans Graber, 1893–1982
Gedanken, Eindrücke und Erinnerungen eines ehemaligen Schülers und Lehranalysanden

Gerhard Juchli

Einerseits beeindruckt durch die Bücher „Psychologie der Frau" und „Psychologie des Mannes", andererseits bestrebt, meine Selbstfindung zu fördern und als primär für die Wirtschaft tätiger Graphologe meine psychologischen Kenntnisse zu erweitern und zu differenzieren, wandte ich mich im März 1970 telefonisch an Dr. Graber und bat ihn um Rat und Auskunft. Bereits einige Tage später fuhr ich mit dem Zug von Aarau aus nach Bern, um zum ersten Mal den mir bis dahin nicht näher bekannten Psychologen, Schriftsteller und Leiter des sich damals bereits in der Endphase seiner Existenz befindlichen „Berner Instituts für Tiefenpsychologie" zu besuchen. Die schlicht möblierten Praxisräume – ein Warte- und ein Sprechzimmer – befanden sich im Bereich seiner einfachen Wohnung im zweiten Stock des Hochhauses Gotenstraße 6 in Bern. Ich begegnete einem älteren Herrn von schlanker Statur und mittlerer Größe. Er trug eine Brille, durch deren Gläser mich relativ große und eindrucksempfängliche, doch keineswegs aufdringliche Augen musterten. Dr. Graber begrüßte mich ebenso höflich und freundlich wie ruhig, ja sogar ein wenig bedächtig und trotz sicher aufrichtig gemeinter Willkommensbekundung etwas unverbindlich. Gewiß zu Recht gewann ich den Eindruck, einen gesetzten und entsprechend lebenserfahrenen Gelehrten vor mir zu haben, einen Menschen von betonter Sensibilität und daher von ursprünglich erhöhter Irritierbarkeit und Schwankungsanfälligkeit, – der es aber verstanden hat, im Laufe seines Lebens zunehmend gelassen und abgeklärt zu werden. Wir vereinbarten, daß ich bei ihm eine Lehranalyse beginnen und gleichzeitig an seinen Seminaren teilnehmen werde. Mein nunmehriger Lehrer und Analytiker war damals 77, ich 26 Jahre alt. Er begleitete mich auf meinem Weg vom Frühjahr 1970 bis Herbst 1973. Während dieser Zeit entwickelte sich zwischen uns eine Beziehung, die anscheinend von gegenseitiger Sympathie und Wertschätzung geprägt war. Zwar wahrte Dr. Graber, wie es die psychoanalytische Behandlungsmethode vorschreibt, ausnahmslos eine angemessene Distanz, doch wurde mir spätestens im Frühjahr 1973 klar, daß er, vielleicht aufgrund einer gewissen Wesensverwandtschaft, eine vertiefte Zuneigung empfand. Denn als er mich am Ende einer Analysestunde zur Feier seines 80. Geburtstages einlud, meinte er: „Wenn an diesem Anlaß schon gesprochen werden soll, wäre mir recht, wenn Sie es täten!" Führe ich mir heute die vor ihm und den Gästen gehaltene Rede zu Gemüte, staune ich stellenweise fast gleichermaßen konsterniert, wie wenn ich jetzt als inzwischen sechsfacher Großvater die Liebesbriefe lese, die ich vor vielen Jahren meiner zukünftigen Frau schrieb. Allerdings war ein solches Fest nicht die passende Gelegenheit, auch ein paar eher fragende oder gar leicht skeptische Bemerkungen anzubringen. Das Attest, das mir Dr. Graber nach ca. 2$^1/_2$ Jahren als Bestätigung meiner bei ihm durchgemachten „Lehre" überreichte, läßt ebenfalls darauf schließen, daß er sich von mir verstanden fühlte und von meinen Fortschritten erbaut und überzeugt war. Es heißt da: „... Ich kann Herrn J. nach meinen jahrzehntelangen Erfahrungen als Psychoanalytiker das Zeugnis ausstellen, daß er eine der lebendigsten und fruchtbarsten Analysen absolviert hat. Herr J. verfügt nicht nur über eine reiche Auffassungsgabe, sondern auch über ein großes Wissen und schöpferisches Denken." Trotz der angenehmen mitmenschlichen Verbundenheit mit Dr. Graber hielt ich im Herbst 1973 den Zeitpunkt für gekommen, diese Ausbildungsphase zu beenden und zu neuen Horizonten aufzubrechen. In den ersten Tagen des Jahres 1980 traf ich ihn, er wirkte stark gealtert und bereits sehr gebrechlich, nochmals, als er sich – zufällig wie ich und meine Familie – mit seiner Frau in Leukerbad aufhielt. Mein einstiger Analytiker erkannte mich sofort wieder und sagte als erstes etwas für ihn Typisches: „Von einem noch jungen Mann wie Sie ist ein höchst wertvolles Buch geschrieben worden, das sich mit der Überwindung des Leidens schon im Hier und Jetzt befaßt!" An den Titel erinnerte er sich aber nicht mehr.

Nach diesem summarischen und mehr vordergründigen Bericht über den Lebensabschnitt, der durch nicht geringe Einflüsse durch Dr. Graber gekennzeichnet ist, dürfte es den einen oder anderen Leser interessieren, wie ich ihn als Psychoanalytiker und als Mensch im engeren, ganz persönlichen Sinne erlebte. Zumindest äußerlich gab er sich – wie bereits angedeutet – als sensitive, hellhörige und ausnehmend identifizierungsfähige Persönlichkeit, nicht zuletzt auch aus verstärkten Unabhängigkeits- und Selbstschutzbedürfnissen heraus besonnen und gemäßigt, also nicht besonders spontan, jovial und ausdrucksvoll. Sein Verhalten war dennoch genügend flexibel und aufgeschlossen, um mit ihm gut kommunizieren zu können. Anfänglich und auch zwischendurch saßen wir in den Analysestunden einander gegenüber, doch über Monate hinweg lag ich jeweils der traditionellen psychoanalytischen „Technik" entsprechend auf der Couch und ließ im Beisein des hinter mir sitzenden Zuhörers und Begleiters meinen Gedanken, Einfällen und Emotionen freien Lauf. Hierbei ist mir öfters aufgefallen, daß er – ich wagte mitunter in Anbetracht der herrschenden Stille zu schauen, ob mein Partner überhaupt noch anwesend sei – mit geschlossenen Augen tief, langsam, doch fließend atmend dasaß. Am Ende solcher Sitzungen „weckte" ich ihn jeweils mit einem unüberhörbaren Räuspern auf. Zunächst dachte ich, der in Kürze achtzig Jahre alt werdende Mann hole auf meine Kosten seinen eventuell verpaßten Mittagsschlaf nach, aber die besondere, manchmal geradezu numinos anmutende Form und Qualität seiner Versunkenheit ließ mich bald einmal spüren, daß ich hier nicht mit einem banalen, der Erholung dienenden Nickerchen, sondern mit einer tiefen Meditation, einem totalen Sich-anheim-Geben an den Seinsgrund konfrontiert wurde. Der gefühlsmäßig begründete Verdacht, daß Dr. Graber bei mir, seinem Analysanden, eine heilsame Miterfahrung anregen wollte, wurde zur Gewißheit, als er mir einen Sonderdruck eines seiner Artikel in der „Internationalen Zeitschrift für Psychiatrie und Psychoanalyse" mit dem Titel „Die duale Erlebniseinheit in der analytischen Situation" schenkte. Er schrieb da unter anderem:

> „... Analytiker und Patient befinden sich als Partner in der analytischen Situation a priori in der Beziehung vom tiefsten Unbewußten des einen zu jenem des anderen. Es ist jenes Unbewußte, von dem Carus als dem absoluten, Freud dem Es oder phylogenetischen, Jung dem kollektiven, Szondi dem familiären und ich dem intrauterinen sprechen. Die Aspekte sind zwar grundverschieden, aber erfassen doch alle ein Elementarpsychisches, das dem persönlichen, ichbezogenen zugrunde liegt.
>
> ... Im Analytiker bleibt jedoch nicht allein die auf ihn proijzierte absolute transzendent-göttliche Erlöserfähigkeit vom Leiden wirksam, sondern – wie bereits betont – die a priorisch in ihm selber angelegte und verankerte Gegebenheit der totalen ‚Heilung' für sich selbst und somit auch deren Gegenübertragung auf den Patienten. Caruso schrieb mir dazu: ‚Ich für meine Person vermute mit steigender Entschiedenheit, daß der von mir in ›Psychoanalyse und Synthese der Existenz‹ damals als ›objektiv gegebener‹ beschriebener ›Erlöser-Archetypus‹ in Wirklichkeit das Merkmal der tiefsten psychoanalytischen Regression darstellt, welche auf die primäre Erlebniseinheit hinweist.'"

Wie weitreichend ich damals das Denken von Dr. Graber verinnerlichte, kommt nicht zuletzt in den Gedichten zum Ausdruck, die ich zu jener Zeit reimte und die seinen erfreuten und spontanen Beifall fanden. Einige Beispiele:

> Trost und Mahnung
>
> Stirb, entflieh dieser Zeitlichkeit,
> Die dich im Tiefsten nie berührt;
> Und wandle, ist der Weg auch weit,
> Dorthin wo fromme Einfalt führt!

> Wer Gott vertraut, nach Demut strebt,
> Die Ruhe sucht und sich beschränkt,
> Der findet Wahrheit, wächst und lebt;
> Ahnt, was niemand sieht, niemand denkt.
>
> Rat
>
> Schau hin, sei still und träume
> Von deiner Mitte tiefer Ruh';
> Lös dich, laß frei, verzeihe mir,
> Dann gibt's kein Ich, kein fesselnd Du!
> Fühl das Eine, Wunderbare,
> Das uns hält, stärkt, die Seele nährt;
> Tauch ein, schenk dich, vergiß die Welt;
> Dann wächst in dir, was ewig währt!
>
> Abend am See
>
> Ein kleiner See, von Schilf umkränzt,
> Einsam, fern von Hast und jedem Lärme;
> Das Wasser gleitet, spielt und glänzt,
> Mücken tanzen in der Abendwärme.
>
> Ein Fisch springt schnappend in die Luft, (das Ich!)
> Fällt zurück, schlägt Wellenkreise,
> Und überall ein Blütenduft,
> Ich träume sanft und leise.

Für mich drücken diese Verse noch heute exakt aus, was für ein Welt- und Menschenbild mir Dr. Graber – mag er es auch in seinen Schriften nur ein Stück weit so formuliert haben – absichtlich oder unabsichtlich nahelegte, wobei ich durchaus offen lasse, ob ich seine Intention auch wirklich richtig verstand. Aber wie dem auch sei, letztlich konnte und wollte ich mich nur in Teilbereichen an diesem nach meinem Geschmack allzu selbstgenügsamen, irgendwie enttäuscht und lebensmüde wirkenden Ideal orientieren. Schließlich war ich noch ziemlich jung und verspürte wenig Lust, bereits im Selbst graberscher Definition selig und bedürfnislos zu ruhen. Und doch verrät die im Anschluß an diesen Bericht nachlesbare Ansprache zum 80. Geburtstag meines Lehrers, daß ich seinerzeit seine Autorität als nahezu über jeden Zweifel erhaben empfand, obschon mir die kritischen Stimmen aus seinem Kollegenkreis bekannt waren und unsere sehr wohl ernsthaft arbeitende Studiengemeinschaft da und dort – selbst gehört! – abwertend als Graber-Club disqualifiziert wurde. Die verhältnismäßig breite Front von Fachleuten, die seinen Veröffentlichungen ablehnend gegenüberstand, sowie sein zwar bescheidenes, sympathisches, doch dafür wenig energisches, profilierungs- und suggestionskräftiges Auftreten mögen dazu beigetragen haben, daß die Erinnerung an seine äußerlich nicht gerade markante Persönlichkeit verblaßte und auch das durch Gehalt und Umfang imponierende Lebenswerk zunehmend in Vergessenheit geriet. Last but not least ist im Zusammenhang mit den ursprünglichen Ansichten Grabers zu vermerken, daß noch zur Zeit seines Lebens Forschungsergebnisse bekannt wurden, die ein keineswegs ausnahmslos nirwanaartiges, leid- und störungsfreies fetales Seelenleben bewiesen. Er nahm diese neuen Erkenntnisse wahr und zögerte nicht, was oft übersehen wird, seine bisherige Lehre vom vorgeburtlichen unbewußten Selbst insofern zu korrigieren, als die paradiesische Urphase demnach in erster Linie für den Embryo signifikant sei. Davon abgesehen werde das Geburtstrauma und der Beginn des Lebens außerhalb des Mutterleibes trotz nachgewiesener antizipierter Frustrationen schon während der Fetalzeit stark als angsterzeugend erfahren, und daher könne die intrauterine Befindlichkeit gleichwohl mehr oder weniger als unauslöschliche Urerfahrung des Friedens, der Ganzheit und des wahren Selbstes gelten.

Wenngleich ich heute nach mehreren Jahrzehnten dankbar und mit guten Gefühlen an die zahlreichen Gespräche und an die regelmäßigen Zusammenkünfte mit Dr. Graber zurückdenke, muß ich gestehen, seine Sichtweisen nicht mehr in jeder Beziehung für realitätsgerecht zu halten. Ich habe nicht vor, meine Gründe hierfür im Einzelnen zu erläutern. Nur so viel: Es sind zum Teil ähnliche Erwägungen, wie sie Dr. Crisan in seinem Beitrag* anstellte.

Das pränatale unbewußte Selbst, dessen leidfreie Einheitswirklichkeit Dr. Graber zu erarbeiten und entsprechend zu erkennen und nachhaltig zu erleben empfiehlt, ist meiner zugegebenermaßen subjektiven Erfahrung gemäß ein Sachverhalt, bei dem es kein endgültiges Angekommensein, sondern nur immer eine mehr oder weniger gelungene Annäherung gibt. Es scheint mir ein Kreisen um eine in uns als Ahnung verborgene lebendige, wandlungs- und entwicklungsfähige Gestalt zu sein, die anscheinend in der in uns immanenten Transzendenz wurzelt, und die ich in Anlehnung an Karlfried Graf Dürckheim als individuelle Teilhabe am göttlichen Sein definieren möchte. Dieses Selbst ist freilich nicht nur die Urenergie unseres Lebens, die einen, sofern man ihre auffordernden Strebungen spürt und sie genügend umsetzt, auch in Nöten trägt, sondern sie impliziert ferner die Verpflichtung, das dynamische Inbild unserer Werdeformel mit einem möglichst kräftigen Ich sinnvoll, wesens- und situationsgerecht zu verwirk-

---

* In diesem Band S. 79–87.

lichen. Ich denke, daß diese Betrachtung mit dem von Dr. Gerhard Adler kreierten Begriff „Individuationsinstinkt" verglichen werden darf. Jedenfalls halte ich es für angebracht, das Ich als eine lebens- und bewußtseinsnotwendige und damit unabdingbare Teilmanifestation des Selbstes aufzufassen, als Instanz, die das Potential unseres persönlichen Urseins auf der natürlich-menschlichen Ebene möglichst mittenhaft, vollständig und daher relativ harmonisch verwirklichen soll. Mit anderen Worten: Das Ich scheint mir der zentrale Vollzugs- und Wahrnehmungskörper des Selbstes zu sein, und als solcher eine defizitäre und erweiterungsbedürftige Vorform des bewußten Selbstes, die von ungünstigen Umweltbedingungen gehemmt, schwer beschädigt, oder, sich allzu weit vom ursprünglichen Selbst entfernend, verirren und tragisch verunglücken kann.

Wer umgekehrt regressiv im Selbst verharrt, wozu Dr. Graber zumindest in jüngeren Jahren, wenn auch wahrscheinlich begrenzt gewollt, zu raten schien, verweigert den erforderlichen Gehorsam gegenüber dem von der geistigen Dimension des Menschen ausgehenden Auftrag, so zu werden, wie er vom Seinsgrund her als Person gemeint ist. Dazu gehört die Einsicht, daß wir Bürger der Erde und des „Himmels" sind, wobei ich mit Himmel die geistige Welt meine. Was ist Geist? Ich bin da zuversichtlich: Wohl niemals werden Hirnforscher den Geist – als kreatives, fühlendes und reflektierendes Bewußtsein verstanden – als rein neurophysiologisches Phänomen beweisen und etwa die Faszination einer Fuge Bachs, eine Symphonie von Mozart oder Beethoven oder das geniale dichterische Schaffen eines Goethe oder Shakespeare schlüssig erklären können. Vieles spricht dafür, daß solche Künstler – wohl auch manche Wissenschaftler sowie sozial und philosophisch Engagierte – dank Begabung, Fleiß und Hingabebereitschaft für den schöpferischen kosmischen Geist durchlässige Medien geworden sind und ihre Berufung entsprechend wunderbar zu leben vermögen. Ohne handelndes, erkennendes, die Triebe und Affekte angemessen kontrollierendes Ich wären solche Selbstentfaltungen undenkbar. Deshalb überzeugt es mich, wenn sich Karlfried Graf Dürckheim dazu wie folgt äußert:

> „Doch – gesegnet seist du, mein sündiges Ich; denn wie wüßte ich ohne dich, ohne das Leiden an der Getrenntheit von DEM, den du verstellst, von meinem unendlichen Ursprung, und wo könnte ich, wenn nicht in deiner abtrünnigen Welt, die Treue zur Heimat, der unendlichen, bewähren und vom Einzigen zeugen, der ist!
>
> Nur im Leiden am Endlichen wird das Unendliche, nur in der Spannung zum Unendlichen das Endliche seiner selbst auch bewußt und so das in beiden lebendige Ganze Erfahrung, Verheißung und Auftrag zur Offenbarung in menschlicher Gestalt."

In Bezug auf meine eigene Formulierung des Verhältnisses zwischen Ich und Selbst erlaube ich mir, zunächst ein Zitat von Hermann Hesse anzuführen:

> „Der Mensch ist ja keine feste und dauernde Gestaltung; er ist vielmehr ein Versuch und Übergang; er ist nichts anderes als die schmale, gefährliche Brücke zwischen Natur und Geist. Nach dem Geist hin, zu Gott, treibt ihn die innerste Bestimmung – nach der Natur, zur Mutter zurück, zieht ihn die innerste Sehnsucht: zwischen beiden Mächten schwankt angstvoll sein Leben."

Meinerseits glaube ich, daß beide Aspekte göttlichen Ursprungs sind und es einen vernünftigen, integrierenden und harmonisierenden Weg der Mitte und der Einheit gibt. Dieses Dritte – der zum Sohn oder zur Tochter dieser zwei Urmächte berufene Mensch! – gründet also im ebenso allumfassenden wie übergegensätzlichen göttlichen Sein, an dem wir im Selbst teilhaben, und ist gleichzeitig aufgefordert, eine einmalige Person mit einer von ihr zu erfüllenden Aufgabe zu werden. Unsere Kindschaft scheint im Weiteren keine endgültige Gestaltung zu sein. Als lebendige und Fleisch gewordene Idee will sie fortwährend geübt und durch meditatives Erfühlen und bewußtes Erfassen immer wieder neu wahrgenommen und der aktuellen Situation angepaßt sein. Dieser Weg ist unendlich, denn das menschliche Leben ist, wie gesagt, bei aller relativ konstanten Geprägtheit der Persönlichkeit permanente Wandlung und unaufhörliche Entwicklung, nach meiner Philosophie über den leiblichen Tod hinaus.

Wie ist es praktisch möglich, daß wir es schaffen, zusätzlich zur unabdingbaren Selbsterkenntnis in Fühlung zu jener Person- und Herzensmitte zu kommen, die wenigstens zeitweise Anschluß an jene Universalwirklichkeit gewährt, in der Natur und Geist und hierbei auch ihre wertvollsten Gaben, nämlich Kraft, Liebe und Weisheit, vereint sind? Für manche ist die Meditation geeignet, für andere fernöstliche Kampf- oder Gestaltungskünste usw., aber viele haben zu solchen Praktiken keinen Zugang. Nun, es gibt auch andere Übungen, die hier weiterführen. Sie weisen zwar auch einen meditativen Charakter auf, sind aber für manche Menschen passender, verständlicher und durchführbarer. Ich denke zum Beispiel an die einfache Aktivität des Gehens. Wenn wir das Gehen – darauf kommt es wesentlich an – ausdauernd und regelmäßig so üben, daß wir unseren ureigensten Rhythmus finden, weder zu rasch noch zu langsam voranschreiten, den körperlichen Schwerpunkt bewußt in den Bauchraum verlagern und uns entsprechend elastisch und natürlich, gelöst und selbstvergessen und doch in standfester Haltung sowie tief, ruhig und unverkrampft atmend vorwärts bewegen, ergibt sich die Chance, daß wir vermehrt von einem Erlebnis ergriffen werden, das uns gemäß dem Körper-Seele-Einheitsprinzip – womit übrigens Dr. Graber seine Lehren immer wieder verteidigt hat!

– und im Verein mit stetigen Bemühungen um Bewußtseinserweiterung nach und nach zu reiferen und ausgeglicheneren Vollmenschen verwandelt. Das ist vermutlich der heilsame und immer wieder anzustrebende Lebensrhythmus: nämlich die abwechselnde Einswerdung mit dem alles aufhebenden und zugleich regenerierenden Seinsgrund auf der einen und das Erfüllen der persönlichen Bestimmung mit einem vernünftigen, lebenstüchtigen und von der Seelentiefe gespeisten Ich auf der anderen Seite, und zwar auf zunehmend ausgewogenerer und ganzheitlicherer Stufe.

Ich bin geneigt anzunehmen, daß Dr. Graber – mag es auch vordergründig nicht den Anschein gehabt haben – besonders im hohen Alter eine ähnliche Vorstellung hatte, wie ich sie hier zu beschreiben wagte. Wegen schwerer Traumata in seiner Kindheit und Jugendzeit war er, der ebenso hochbegabte Intellektuelle wie äußerst feinsinnige Ästhet und einfühlsame Mensch, ein zutiefst Leidender, der sich mit einem gewaltigen Aufwand an Disziplin, Beharrlichkeit, Bildungs- und Erfahrungswissen bemühte, andere und sich selbst zu heilen und von den schmerzhaften Folgen der Selbstentfremdung zu befreien. Sicher, nicht jede seiner Thesen wird den Fortschritten der medizinischen und psychologischen Forschung standhalten. Gleichwohl dürften es seine fachwissenschaftlichen Konzepte und Interpretationen verdienen, als inspirierende, gewissenhafte und viele Teilwahrheiten enthaltende Pionierleistungen gewürdigt und anerkannt zu werden.

Es sei mir der Versuch gestattet, die Quintessenz von Dr. Grabers Leben und Werk kurz zusammenzufassen. In einem seiner Bücher schrieb er folgende Sätze, die er mir im Rahmen eines Gesprächs auf meine Fragen hin erläuterte und leicht ergänzte:

> „Aber gerade heute, in der höllischsten Notzeit aller Weltalter, in der das Herz friert ob der wachsenden Eiswüste einer satanischen Ichverblendung, gerade heute sucht der besonnene Mensch abseits der Heerstraße die Wahrheit in sich selbst, sucht Ruhe, Freude und Frieden im wärmenden Heim seiner tiefsten Innerlichkeit. Er tut es, indem er das Ich und seine Gewinnsucht abbaut und sich die große Entsagung zu eigen macht, die vom Besitz, von Macht und Ehrgeiz entbindet und ihm – mag er auch vielleicht äußerlich wohlhabend und einflußreich bleiben – den unermeßlichen Schatz des glückseligen Erfülltseins schenkt."

Die biologisch-psychologische Begründung, dieses potentiell mögliche Erlebnis von Sinn, Geborgenheit und Lebensfülle sei pränatal vorgegeben, ist zwar nur teilweise stichhaltig, vermochte jedenfalls nicht restlos zu überzeugen. Dennoch erscheint mir unangebracht, wenn nicht gar verständnislos, daß nicht wenige Fachleute – offenbar mangels Eigenerfahrung – das von Dr. Graber Gemeinte abwertend als nicht wissenschaftlich und von vornherein als romantisch und lebensflüchtig beurteilen. Nebenbei sei vermerkt, daß Karlfried Graf Dürckheim auf eine Erfahrung hinweist, die mit derjenigen Grabers weitgehend übereinstimmen dürfte:

> „Es gibt ein Stehen in einer überweltlichen Kraft inmitten der Schwäche, das Erlebnis einer überweltlichen Klarheit inmitten der Dunkelheit der Welt und einer überweltlichen Geborgenheit in einer unbegreiflichen Liebe inmitten der Lieblosigkeit dieser Welt."

Ein weiterer Romantiker von „Gottes Gnaden?" Oder eine zufällige Gleichgesinntheit? „Zufälle sind die sichtbaren Spuren unaufspürbarer Prinzipien", schrieb der große Physiker und Nobelpreisträger Wolfgang Pauli. Gewiß, Dürckheim hat gleichzeitig die wichtige Bedeutung und die offensichtliche Unabdingbarkeit des Ichs weit bestimmter, konsequenter und nachdrücklicher beschrieben als Graber. Aber auch letzterer war sich der Wichtigkeit und der selbstverständlichen Notwendigkeit eines lebens-, leistungs- und verantwortungsfähigen Ichs bewußt. Zum Beispiel im letzten Abschnitt des Essays „Sokrates Wiederkehr" seiner literarischen Schriften kommt das klar zum Ausdruck:

> „Sokrates: Du schließt richtig, Theophil. Jedoch sollten wir uns fragen: Was ist Leben? Vielleicht überbrücken wir mit der Antwort die Kluft, die hier klafft. Erinnere dich, was du über mich gelesen: Es war kurz vor meinem Tode. Phaedon, Klebes, Kriton und andere saßen bei mir. ‚Philosophie', so fanden wir, ‚ermuntert die Seele, sich in sich selbst zu sammeln und zusammenzuhalten; und nicht anderen zu glauben als wiederum sich selbst. – Ruhe von dem Allen sich verschaffend, der eigenen Vernunft folgend und immer darin verharrend, daß sie das Wahre und Göttliche und der Meinung nicht Unterworfene anschaut und sich davon nährt.' Sieh, mein lieber Freund, dies erinnernd, sollte uns nicht gar zu schwer fallen, eine Brücke über die Kluft zu bauen: Der Kern der Seele, so fanden wir, hat selbst diese unwandelbare göttliche Beschaffenheit. Was meinst du nun, ist dieser Kern zum Leben gehörig?
>
> Theophil: Gewiß, wie sollte er nicht?
>
> Sokrates: Richtet sich also der Lebenswille auf die Erweckung dieses Kernes, könnte er dann, wie wir wähnten, von der Erlösung der Seele abgekehrt sein?
>
> Theophil: Das Gegenteil trifft zu, Sokrates. Ich erkenne, daß der Wille zur Erweckung des göttlichen Seelenkernes in uns sogar höchster und edelster Lebenswille ist.
>
> Sokrates: Du hast richtig erkannt, mein Bester. Darauf allein kommt es an. Mag jeder unter den Vielen seinen Weg verfolgen. Jeder Weg wird jedem Weg der Wege, den älteste Lehrer vor mir schon priesen, wenn bei allem Tun und Lassen, nach innen und nach außen, der Mensch aus dem tiefsten Kern seiner Seele sich und andere labt, mit der kernhaft wesenseig'nen Gabe: der reinen Menschenliebe."

Trotzdem ist Dr. Crisan nicht zu widersprechen, wenn er schreibt, die Grabersche Psychologie weise – wie auch aus diesem literarischen Auszug klar ersichtlich wird – einen quasi-religiösen Hintergrund auf. Ich gewann seinerzeit sogar den bis heute unvermindert anhaltenden Eindruck, das psychoanalytische Idealziel von Dr. Graber sei besonders bei längerer Betreuung eines Klienten – wiewohl jeweils individuell gefärbt – der Typus des gleichmütigen Weisen, ja sogar des von aller Erdenschwere befreiten Heiligen gewesen, wenn auch keineswegs in Gebundenheit an eine bestimmte Konfession. Aber steht tatsächlich außer Zweifel, daß er mit seinem Gottes-, Welt- und Menschenbild weniger nahe an existentiale Wahrheiten heranreichte als rationalistische und materialistische Denker der Gegenwart, der Zukunft und Vergangenheit? War er möglicherweise doch nicht nur ein leidenschaftlicher Sucher, sondern partiell ebenso sehr ein begnadeter Mitentdecker zeitloser Einsichten und Gegebenheiten?

Vieles spricht dafür, daß Dr. Graber stark von der hinduistischen Vedanta (Wissen über das „Selbst") und damit von den Hauptgedanken der Veden und der Upanishaden inspiriert war. Und mehrmals legte er mir ans Herz, neben der Bhagavad-Gita die Schriften von Swami Vivekananda (1863–1902), dem weltweit bekannten Schüler des indischen Heiligen Sri Ramakrishna (1836–1886), zu lesen und hierbei speziell die Ausführungen über den Bhakti-Yoga zu studieren. Diese Yoga-Richtung meint den Pfad der Liebe, im Speziellen der Gottesliebe. „Fühlt der Mensch diese Liebe in sich, dann liebt er alles, kann nichts hassen und hat ewiges Genügen daran", heißt es in der Einführung zum Thema. Gleichwohl würde ich den religiösen Standort Grabers als überkonfessionell bezeichnen. Es fiel mir nämlich auf, daß er bei Gesprächen auch christliche Gedanken und Empfindungen äußerte. Öfters nahm Dr. Graber Bezug auf ein altes Kirchenlied von Georg Neumark (1621–1681), wobei er stets die erste Strophe zitierte:

> „Wer nur den lieben Gott läßt walten
> Und hoffet auf ihn alle Zeit,
> Den wird er wunderbar erhalten
> In aller Not und Traurigkeit.
> Wer Gott, dem Allerhöchsten traut,
> Der hat auf keinen Sand gebaut."

War er demnach ein Mensch von unklarer und unfaßbarer Religionsphilosophie? Ich sehe es nicht so. So, wie ich ihn kennenlernte, ging es ihm um die Essenz aller Religionen oder, besser gesagt, um die Erfahrung, daß das, was die Welt im Innersten zusammenhält, nur in der Tiefe des eigenen Gemütes gefunden werden kann. Ich bin ganz sicher, daß mir Dr. Graber zugestimmt haben würde, wenn ich seinen Erkenntnisweg damals mit folgendem Zitat von Inayat Khan (1882–1927, islamischer Musiker und Mystiker) zu erläutern versucht hätte:

„Ich suchte, aber finden konnte ich Dich nicht.
Ich rief Dich laut vom Minaret aus,
Ich läutete die Tempelglocken bei Sonnenaufgang und Sonnenniedergang.
Ich badete im Ganges – umsonst.
Ich kam enttäuscht von der Kaaba zurück,
Ich suchte Dich auf Erden,
Ich suchte Dich im Himmel, mein Geliebter,
Endlich hab' ich Dich gefunden –
Verborgen wie eine Perle, in der Muschel meines Herzens."

Was ich bei Dr. Graber trotz Respekts gegenüber seinem hochstehenden Denken und Fühlen als bedauernswert empfinde, ist meiner Ansicht nach seine Tendenz, den Menschen vor allem als ein im Seinsgrund zu erlösendes und aufzuhebendes Wesen und lediglich limitiert als eine zu möglichst umfassender Autonomie und parallel dazu als eine zu sozialer Partnerschaft geborene Person zu sehen, die eines Du, einer mitmenschlichen Antwort und Ergänzung bedarf, um alle Anlagen genügend leben und realisieren zu können. Ich maße mir nicht an, seine Verdienste im Bereich der Tiefenpsychologie irgendwie zu schmälern oder sonstwie in Frage zu stellen. Doch weil er im Zusammenhang mit seiner betonten Sympathie zum hinduistischen und dem daraus hervorgegangenen buddhistischen Lebensgefühl die Bedeutung des Ichs mit seinen Trieben und Gestimmtheiten zwar nicht gerade übersieht, doch offenbar zu negativ einschätzt und als zu überwindendes Phänomen bewertet, vermisse ich bei ihm von einem gewissen Punkt an die Hochschätzung des Individuums und damit auch die persönliche Liebe. Seiner Auffassung von Liebe haftet etwas Universelles, Allgemeines und Undifferenziertes an, immerhin mit dem Vorzug, weitgehend frei von Eigeninteressen und den damit verbundenen Ansprüchen und Begehrlichkeiten zu sein. Liebe ist jedoch, meine ich, nicht nur Agape, ein vergeistigter Altruismus, der seltener – und eher unnatürlicherweise – Einzelnen zu eigen sein mag, sondern ein im Idealfall ausgewogenes Geben und Nehmen zu gegenseitigem Nutzen und/oder gemeinsamer Freude, ein gepflegter Austausch von Gefühlen, Gedanken und Leistungen.

◇

Gerhard Juchli, geboren 1944 in Unterehrendingen bei Baden/Schweiz. Als Dipl. Graphologe/Schriftpsychologe SGB/EGS seit Jahrzehnten freiberuflich für Firmen und behördliche Instanzen als Berater bei der Personalwahl, seit einiger Zeit vor allem als psychologischer Dauergesprächspartner für Persönlichkeiten in verantwortungsvoller Position tätig. Zahlreiche Vorträge bei Gemeinschaften mit ethischen, humanitären und philanthropischen Zielsetzungen über seelenkundliche und alltagsphilosophische Themen. 1970–1973 Lehranalysand und Seminarteilnehmer bei Dr. G. H. Graber.

Anschrift: Schulstrasse 22, 5013 Niedergösgen, Schweiz
Telefon: [Schweiz 0041] (062) 8495080
Email: gerhard.juchli@gmx.ch

Ansprache anläßlich des 80. Geburtstages von Gustav H. Graber (1973)

Gerhard Juchli

Lieber Herr Doktor Graber,

in bewundernswerter geistiger und körperlicher Frische feiern Sie heute Ihren 80. Geburtstag. Im Namen aller Schüler und Freunde gratuliere ich Ihnen zu diesem Fest und versichere Sie unserer herzlichen und verehrungsvollen Verbundenheit.

Es wäre angezeigt, am heutigen Tag Ihr Werk und Ihre bedeutenden Denkanstöße auf psychoanalytischem Gebiet zu würdigen. Wer Sie näher kennt, wird sich allerdings nicht ohne weiteres mit diesem Gedanken anfreunden können. Denn nichts liegt Ihnen ferner, als im Mittelpunkt zu stehen oder auf Lorbeeren auszuruhen. Nachdem wir aber nun einmal versammelt sind, um uns mehrere Jahrzehnte fruchtbarer Arbeit zu vergegenwärtigen, haben Sie sicher nichts dagegen, wenn wir versuchen, uns wenigstens auf Ihr innerstes Anliegen, auf das Wesenhafte Ihres außergewöhnlichen Menschseins zu besinnen.

Die Sendung Ihrer Persönlichkeit dürfte sich zunächst jenen offenbaren, die ein echtes Verständnis für den Sinngehalt Ihrer Bücher aufbringen. Im Gegensatz zu anderen Pionieren der Tiefenpsychologie halten Sie weder die Genuß- und Arbeitsfähigkeit noch das Gemeinschaftsgefühl oder den harmonisierten Kräfteaustausch zwischen Ich und Unbewußtem für das wesentliche Kriterium seelischer Gesundheit. Sie fordern darüber hinaus eine Annäherung an das Selbst, denn eine umfassende Heilung könne nur dem Eigentlichen und Ursprünglichen erwachsen. Was haben wir aber unter dem Selbst zu verstehen? Ist es das Ich mit all seinen Möglichkeiten oder ist es mit den Definitionen C. G. Jungs identisch? Wir wissen, daß Sie das Selbst anders interpretieren. Vor allem wäre es ein Irrtum, wenn jemand das Selbst Ihrer Lehre mit dem Ich gleichsetzte. Das Ich enthält nach Ihren Ausführungen sehr viel Artfremdes und Widersprüchliches, das sich durch Lernprozesse, Identifizierungen usw. angesammelt hat. Das Selbst reicht bei Ihnen unendlich tiefer. Sie sagen: „Die Seele des reifen Embryos ist und bleibt auch für das ganze nachgeburtliche Leben die eigentliche, wirkliche, wahre und unveränderbare Seele des Menschen. Sie allein hat die Art des Eigenen. Sie ist die große Einheit. Ich nenne sie das Selbst." Das

Selbst ist also das embryonale Unbewußte. Das Ich dasjenige Neugebilde der Seele, das sich im nachgeburtlichen Leben über die embryonale Schicht des Unbewußten lagert. Sie beschreiben das Ich als ein nachgeburtlich aus Abwehr innerer (körperlicher) und äußerer Reize Entstandenes, seelisch Gegensätzliches zum Selbst. Die Abspaltung des Ichs vom Selbst nach der Geburt fassen Sie als seelische Entsprechung zu der körperlichen Abspaltung des Embryos von der Mutter auf. Aus dieser Abspaltung entspringe der ‚Zwiespalt der Seele' als Zwiespalt zwischen dem Selbst und dem Ich. Im weiteren sehen Sie zwischen dem Strukturbild des Ichs und der Triebstruktur eine analoge Ambivalenz. Sie sprechen schließlich – ähnlich wie C. G. Jung – von einer bewußten Erlösung im und durch das Selbst. Diese Erlösung könne aber nur dann wirksam eintreten, wenn die Regressionstendenz aufhört, wenn die Triebe und das Ich ihre Herrschaft aufgeben. Und Sie kommen zum Schluß: „Der Erlöste ist seines Selbstes bewußt. Er ist aus der Hülle und Zwiespältigkeit seines Ichs wiedergeboren in sein Ur-Eigenes, sein wahres Wesen. Die Einheit der Seele wird ihm zum großen Erlebnis der Erlösung." Außerdem lassen Sie immer wieder durchblicken, daß es sich beim Selbst nicht nur um den urgesunden und gegensatzlosen Kern jeder Individualität handelt. Es befinde sich sozusagen in Symbiose mit der Fülle und der Leid- und Bedürfnislosigkeit des atomaren Urgrundes. Es sei in engster Verbindung mit der großen Stille der Einheitswirklichkeit, mit der gemeinsamen Mitte aller Religionen.

Außer Ihnen hat übrigens auch Erich Neumann, der hervorragende Schüler Jungs, auf den transzendenten Aspekt des pränatalen Seelenlebens hingewiesen. Ich zitiere einige Stellen aus seinem Buch „Der schöpferische Mensch":

> „… Die vorgeburtliche ichlose Ganzheit ist mit der unbewußten, aber später noch dunkel erinnerbaren Erfahrung eines akosmischen Weltzustandes verbunden. In ihr existiert ein präpsychischer ‚Nebelzustand', in dem keine Ich-Welt, Ich-Du- und Ich-Selbst-Gegensätzlichkeit vorhanden ist. Diese Welt-Seelen-Ausgebreitetheit und Weltleere als Grenzerfahrung des Anfangs entspricht der Erfahrung von der allausgebreiteten Einheitswirklichkeit des Mystikers. In dieser führt aber die Ich-Auflösung und Ich-Überwindung ebenfalls zu einer Grenzerfahrung, nämlich der Erfahrung des absoluten Wissens der pleromatischen Phase. Dieses ‚absolute Wissen' hat C. G. Jung in grundsätzlicher Weise als eine Zentralerfahrung der Psyche nachgewiesen. Zu ihm gehört ein diffuses Weltgefühl und die Weltausgebreitetheit eines nicht mehr im Körper und der mit ihm verbundenen Raumzeit eingeschlossenen Daseins …
>
> … Mit der Geburt tritt der Mensch aber nicht nur in eine neue Welt, die der raum-zeitlichen Wirklichkeit, ein, sondern auch in eine neue Art des Wissens und des Nichtwissens. Die vorgeburtliche Welt ist daher die Welt des ‚extranen' Wissens, das wie im vormenschlichen, so auch im vorichhaf-

ten Leben herrscht, und dessen tiefste Stufe C. G. Jung als ‚absolutes Wissen'
bezeichnet hat. Im gleichen Sinne erzählte ein jüdischer Midrasch, das Kind
im Mutterleib habe dieses absolute Wissen; es sehe von einem zu anderen
Ende der Welt, und es verliere erst bei der Geburt durch den Eingriff eines
Engels seine ursprüngliche Sicht."

Ferner schreibt Neumann, was Sie, Herr Doktor Graber, wenn auch mit anderen Worten, schon früher erklärt haben:

„... Das archetypische Bild der wahren Wirklichkeit, welche die Einheitswirklichkeit ist, erscheint in allen Mythen und Religionen der Menschheit als göttliche Urzeit und als Paradies, als Friedenszeit des Anfangs, als die ‚richtige Welt' der großen Ahnen, als Offenbarungszeit der Verbindung von Gott, Mensch und Welt, als die ‚hinter' allem Erscheinenden liegende Wirklichkeit. In Ritus, Religion und Kunst wird diese Welt beschworen, und der Anschluß an sie bedeutet immer die Erneuerung des polarisierten Menschen in der Ergriffenheit, welche sein Ich von seinem Stande im Bewußtsein und in der geteilten ‚gefallenen', nur menschlichen Welt fortnimmt und ihn durch die Berührung mit der großen Welt des Ursprungs regeneriert ..."

Ihnen, Herr Doktor Graber, kommt wohl das Verdienst zu, innerhalb der Psychoanalyse praktisch gangbare Wege aufgezeigt zu haben, die zu diesem heilsamen Ziel hinführen. So weisen Sie seit vielen Jahren darauf hin, daß die Negation, vor allem aber die Verabsolutierung des Ichs eine Gesundung und Wiedergeburt aus dem Ursprung verunmöglichen. Und daher sei bei den meisten neurotischen Leiden ein Abbau egozentrischer Ansprüche und Fixierungen anzustreben. Leider konnte ich nur andeuten, was wir unter dem bewußten Erleben des Selbstes zu verstehen haben. Worte können in dieser metaphysischen Dimension nur ein schwacher Abglanz der eigentlichen Erfahrung sein.

Neben dem Lesen Ihrer Werke gibt es allerdings einen zweiten Weg, der unser Verständnis für Ihren inneren Auftrag zu vertiefen vermag. Ich meine die persönliche Begegnung mit Ihnen, die einige unter uns im Rahmen einer Lehranalyse erleben durften. Wir sind und waren von der Toleranz, dem Frieden und der unabsehbaren Weite Ihrer enorm geistschöpferischen Persönlichkeit ebenso tief beeindruckt wie von Ihrer großen, mit höchster Bescheidenheit gepaarten Berufs- und Lebenserfahrung. Wer so viel Ruhe und wissende Güte ausstrahlt, lebt aus dem Selbst und wird, vielleicht kann man es sagen, zu einem wahren Diener Gottes.

Aber es wäre zweifellos verfehlt, Sie für einen ausschließlich auf persönliche Vervollkommnung bedachten Menschen zu halten. Sie lieben das Leben, die Menschen, wenn auch in Freiheit und Unabhängigkeit. Und wie kaum ein anderer sind Sie sich im Klaren darüber, daß wir das völlige Eingehen in das Selbst wohl erst nach unserem irdischen Erlöschen erreichen können. Daher spreche ich Ihnen sicher aus dem Herzen, wenn ich Ihnen einige Sätze eines amerikanischen Gelehrten und Menschenfreundes vortrage, der wohl sehr abgeklärt war und rund hundert Jahre alt wurde. Er sprach an seinem 86. Geburtstag zu seinen Freunden und Angehörigen:

> „Ich bin immer noch an der Arbeit hinter dem Pflug her und mein Blick ist in die Zukunft gerichtet. Die Schatten des Abends werden um mich länger, aber in meinem Herzen ist Morgen. Ich arbeite auf den verschiedensten Arbeitsstätten in engem Kontakt mit Menschen und Dingen, ich wärme mir beide Hände am Feuer des Lebens. Freudig bekenne ich: Das Märchenschloß ist noch nicht hinter mir, es schwebt immer noch vor mir, und täglich entdecke ich an ihm neue Überraschungen. Das Beste des Lebens ist immer vor uns. Das eigentliche Geheimnis ist irgendwo vor unseren Augen verborgen, jenseits der Berge der Zeit."

Auch Sie, Herr Doktor Graber, stehen noch aktiv im Leben, und wir freuen uns darüber. Und doch sind Sie anders, um einiges souveräner und vom Unwichtigen abgelöster als wir Durchschnittsmenschen. Vielleicht beschreibt mein folgendes Gedicht, was wir Ihnen gegenüber empfinden:

Der Weise

Aus deiner reifen, voll erblühten Seele
Strahlt ein freies Denken!
Schlicht, zufrieden, als ob nichts dir fehle,
Bist du reich im Schenken!

Vernunft und Maß entbinden,
O freu' dich deiner Gnadenfülle!
Um auch das Leid zu überwinden,
Entschwebst du dieser Erdenhülle!

In deiner vollkomm'nen Existenz
Ruhst du wie ungeboren
Im Schoße der Transzendenz,
Das Begehr'n hast du verloren!

Nichts blieb mehr von dir zurück
Als Güte, milde Geduld!
Du strebst nach höh'rem Glück,
Jenseits von Lust und Schuld!

◇

Ansprache anläßlich des 80. Geburtstages von Gustav H. Graber (1973) 251

Gustav H. Graber an seinem 80. Geburtstag.

Gustav H. Graber an seinem 88. Geburtstag.